中德先进职业教育合作项目（sgave 项目）建设成果
湖州市"十四五"一流专业（新能源汽车技术）建设成果

职业院校汽车专业通用教材
项目驱动、任务引领型教材

ER SHOU CHE JIAN DING PING GU YU JIAO YI （微课版）

二手车鉴定评估与交易

主　编　黄　锋　彭菊生
副主编　张树峰　翁景坚　杜　燕　陶沙沙　韩　伟
参　编　卜祥玲　秦　洁　吴　劲　黄素兰　刘建峰
主　审　冯金玲

华东师范大学出版社
·上海·

图书在版编目（CIP）数据

二手车鉴定评估与交易/黄锋，彭菊生主编.
上海：华东师范大学出版社，2024. —ISBN 978-7
-5760-5219-0

Ⅰ. U472. 9；F766

中国国家版本馆 CIP 数据核字第 2024LT9906 号

二手车鉴定评估与交易
ERSHOUCHE JIANDING PINGGU YU JIAOYI

主　　编　黄　锋　彭菊生
责任编辑　李　琴
特约审读　李秋月
责任校对　樊　慧　时东明
装帧设计　庄玉侠

出版发行　华东师范大学出版社
社　　址　上海市中山北路 3663 号　邮编 200062
网　　址　www. ecnupress. com. cn
电　　话　021－60821666　行政传真 021－62572105
客服电话　021－62865537　门市（邮购）电话 021－62869887
地　　址　上海市中山北路 3663 号华东师范大学校内先锋路口
网　　店　http://hdsdcbs. tmall. com

印 刷 者　杭州日报报业集团盛元印务有限公司
开　　本　787 毫米×1092 毫米　1/16
印　　张　17.25
字　　数　341 千字
版　　次　2024 年 12 月第 1 版
印　　次　2024 年 12 月第 1 次
书　　号　ISBN 978－7－5760－5219－0
定　　价　44.80 元

出 版 人　王　焰

（如发现本版图书有印订质量问题，请寄回本社客服中心调换或电话 021－62865537 联系）

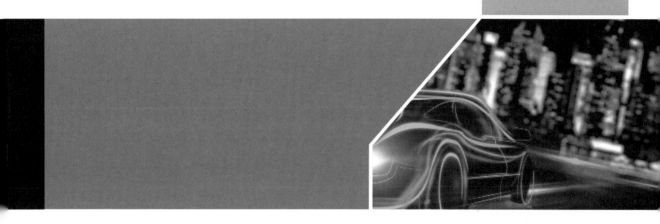

前言
QIANYAN

    本教材以国家资产评估和汽车产业政策等相关法规为指导，本着"实践、实用、实战"的原则，贯彻"一切源于实践、一切为了实战"的职业教育思想，并参照相关的国家职业技能标准编写而成。通过本教材的学习，学生可以学到汽车的基础知识，掌握二手车鉴定评估的基本理论、基本动作、基本流程、基本技能，能够初步管理二手车业务。本教材的内容设计与职业岗位对接，选取的案例贴近生活、贴近工作实际，将创新理念贯彻到内容选取、教材体例设计等方面。

    本教材在编写时努力贯彻职业教育教学改革的有关精神，力求体现以下特色：

    1. 突出实践技能的培养。本教材注重"做中学，做中教"，依据项目式教学的特点对内容进行编排，将实践技能以图片的形式体现，并配以文字说明相关技术要求，将知识性与趣味性巧妙结合，以图代文、图文并茂，形象直观，内容呈现感强，便于学习。

    2. 突出理论知识和实践知识的有效整合。每个项目的安排，除了具体实践技能操作外，还注重理论知识与实践知识的有效整合。

    3. 贴近学生、教师需求。本教材主要针对汽车类专业的学生，在编写中注重项目的选择，贴近生活，易于教师进行教学组织、教学实施与教学评价，整体的设计贴近学生、教师的需求。

4. 配备丰富的资源。本教材配有 14 个微课视频,方便学生学习和混合式教学的开展;同时还配有课件、电子教案等资源,可登录 http://have.ecnupress.com.cn 搜索"二手车"下载使用。

本教材由黄锋和彭菊生担任主编,张树峰、翁景坚、杜燕、陶沙沙和韩伟担任副主编,卜祥玲、秦洁、吴劲、黄素兰、刘建峰参与了编写。

本教材在编写过程中参考了大量的文献资料,在此向文献资料的作者致以诚挚的谢意。由于编写时间及编者水平有限,书中难免有错误和不妥之处,恳请广大读者批评指正。

编者

2024 年 12 月

目 录

项目一 二手车鉴定评估概述

项目导读

　　近年来,随着中国经济的不断发展和城市化进程的加快,消费者在购买汽车时不再局限于新车,很多人会更加青睐二手车,国内二手车市场逐渐走向成熟。

　　消费者购买二手车之前,需要了解车辆的真实情况,包括车辆的历史记录、车况、保养和维修情况等。为了减少消费者的购车风险,二手车鉴定评估工作就显得尤为重要。本项目包括3个任务,分别为二手车交易市场介绍、二手车鉴定评估认知以及汽车基础知识学习。通过以上任务的学习,可以了解二手车市场的发展现状和存在的问题,以及与评估相关的基础知识。

项目目标

知识目标

1. 了解国内外二手车市场的现状。

2. 熟悉二手车鉴定评估师的基本要求。

3. 了解汽车的分类,熟悉汽车的构造。

技能目标

1. 能说出国内二手车市场的优缺点。

2. 能正确描述二手车鉴定评估流程。

3. 能识读汽车 VIN 码,讲解车辆的结构特点、性能指标。

素养目标

1. 培养学生的理解判断力。

2. 培养学生自我管理能力和团队协作精神。

3. 培养学生认真、严谨的工作态度。

任务一　二手车交易市场介绍

任务描述

汽车的产生和发展

二手车市场作为机动车商品二次交易的主要平台,涉及二手车评估、收购、销售等功能,我国各大城市都有很多满足以上功能需求的二手车交易市场,比如北京的"花乡二手车市场"、上海的"曹安路二手车市场"、长春的"华港二手车市场"等。随着二手车市场的发展壮大,各地区的二手车园区或超市也在逐渐形成和发展。做好当地二手车市场调研是二手车从业者开展工作的前提条件,良好的准备工作不仅可以提高工作效率,还能增加顾客信任度。小王是一家二手车行的工作人员,目前还在实习阶段,主管为了检验小王的实习效果,让他做一份当地二手车市场的调研报告,你认为他应该如何准备呢?

任务分析

国家统计局数据显示,目前中国二手车交易市场规模已经超过 2 万亿元人民币,买家可以通过线上或线下方式选择合适的交易渠道。同时,各大汽车品牌也纷纷加入二手车交易市场,为消费者提供更多选择。世界范围内存在着许多著名的二手车交易市场,如美国底特律、日本东京等。这些地方集聚了大量的二手车交易商和消费者,形成了一个庞大而活跃的交易网络。本任务主要了解国内外二手车交易市场。

知识链接

一、二手车及二手车交易了解

（一）二手车概念

二手车的英文是"second hand vehicle"或"used car",意为"第二手的汽车"或"使用过的汽车",在中国也称为"旧机动车"。

二手车的定义直接关系到所涉及车辆的范围,在某种程度上也关系到二手车评估体系的科学性和市场交易的规范性,所以有必要给出明确的定义。

2005年10月1日,由商务部、公安部、工商总局、税务总局联合发布的《二手车流通管理办法》正式实施,此办法总则的第二条,对二手车的定义为:二手车,是指从办理完注册登记手续到达到国家强制报废标准之前进行交易并转移所有权的汽车(包括三轮汽车、低速载货汽车,即原农用运输车)、挂车和摩托车。

(二) 二手车交易市场

二手车交易是指以二手车为交易对象,在国家规定的二手车交易市场或其他经合法审批的交易场所中进行的二手车交换和产权交易。

二手车交易市场是指依法设立、为买卖双方提供二手车集中交易和相关服务的场所,国内常见的二手车交易市场如图1-1所示。

图1-1　二手车交易市场

二手车交易市场经营者应当具备企业法人条件,并依法到工商行政管理部门办理登记手续。除此之外,二手车交易市场经营者应当为二手车经营主体提供固定的场所和设施,并为客户提供办理二手车鉴定评估、转移登记、保险、纳税等手续的条件。

二、国内外二手车市场介绍

(一) 国内二手车市场介绍

1. 我国二手车市场发展历程

我国二手车市场起步虽晚,但伴随着汽车产业的发展和汽车保有量的增长,二手车市场发展速度惊人、前景明朗,尤其是近年来二手车市场已经步入了一个高速发展期。我国二手车市场是基于社会主义市场经济的发展而产生的,在市场化程度逐渐提高的环境下,显现出了超强的发展潜力。我国二手车市场的发展历程,大致上可划分为四个阶段。

第一阶段是 1978 年以前,国家计划性地管理汽车的生产、分配及消费,因而汽车的产量及保有量较低,消费主体主要为政府部门、事业单位、军事部门等。这一阶段的特点是消费主体单一,汽车使用者往往将一辆车从新车使用至报废,二手车的交易特别少,二手车的市场化交易这一方式尚未形成。

第二阶段是 1978—1992 年,此时计划经济开始向商品经济过渡,一部分先富裕起来的人为了生产经营和生活需要以及彰显其身份和地位,开始购买汽车,汽车消费逐渐开始形成规模。同时二手车的相关需求也开始产生,此阶段二手车交易量逐渐呈现出缓缓上升的趋势。

第三阶段是 1993—1998 年,以市场作为导向的经济改革大踏步前进,人民生活水平大大提高,社会的购买力也在很大程度上得到了提高,高收入人群把购买汽车作为一种流行趋势。由于经营二手车可带来高额的利润,使得很多企业开始进入二手车这一流通行业,很大程度上刺激着二手车市场的发展。1998 年,国内贸易部颁布《旧机动车交易管理办法》,使得二手车行业得到了进一步的规范及发展,初步实现无序交易向有序交易发展。

第四阶段是 1998 年以后,在我国扩大内需以刺激消费的相关政策下,人们对汽车的需求量不断增加,这使得国内汽车的产量及保有量迅速增长。2004 年,国家发改委出台《汽车产业发展政策》,明确鼓励二手车流通,并要求积极培育和发展二手车市场。2005 年,《二手车流通管理办法》出台,标志着国家正在积极推动、培育、引导和规范二手车市场的发展。2009 年,国务院发布的《汽车产业调整和振兴规划》,对规范和促进二手车市场的发展提出了更高的期望和要求,也给二手车市场发展带来了新机遇。

2. 我国二手车市场发展现状

(1) 二手车市场保有量稳步提升。中国汽车保有量不断增加,使得二手车交易市场规模不断扩大。从二手车市场交易量可见(图 1-2),从 2014 年 600 万辆到 2021 年的 1759 万辆,7 年间增长了 1100 万辆的规模。2022 年交易量微降,全年中国二手车交易量 1603 万辆,交易额达到 1.06 万亿元。连续两年"过万亿",二手车成为了名副其实的万亿级的市场。

中国汽车流通协会数据显示,2024 年 11 月全国二手车市场交易量 178.56 万辆,交易量环比增长 4.33%,同比增长 8.12%,交易金额为 1141.67 亿元。2024 年 1—11 月,二手车累计交易量 1771.39 万辆,同比增长 5.74%,与同期相比增加了 96.16 万辆,累计交易金额为 11652.43 亿元。未来随着汽车保有量不断增加,二手车市场的规模将继续扩大。到 2025

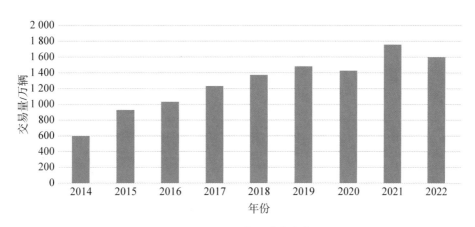

图 1-2 2014—2022 年二手车交易量变化

年,中国二手车交易量将超过 3 000 万辆,市场规模将达到 3 万亿元以上。

(2)二手车市场区域分布比较集中。从地域分布来看,我国二手车区域集中度较高。以 2020 年为例(图 1-3),广东省的二手汽车交易量领先,达 205.28 万辆,同比增长 9.5%;其次是浙江省和山东省,交易量均在百万辆以上。从各类型城市交易量来看,我国二手车交易市场份额主要集中在一、二线城市,其交易量共占据全国市场近 6 成比例。因此,三线及以下城市的市场空间仍待挖掘。

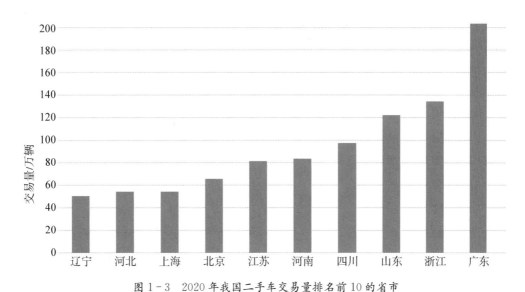

图 1-3 2020 年我国二手车交易量排名前 10 的省市

(3)二手车电商渗透率逐步提高。近年来,我国二手车电商发展速度较快,二手车交易量逐年增多。从发展模式来看,我国二手车电商发展模式主要有三种,分别为 C2C 模式、B2C 模式和 2B 模式,具体情况见表 1-1。

表 1-1 二手车电商发展模式

模式	特　点	劣　势
C2C	通过降低"卖方—商家—买方"之间的信息不对称来提升交易透明度,进而提升交易效率	交易链过长导致其交易效率较低,主要依赖本地交易,收入来源较为单一
B2C	通过"信息展示+获客导流"的方式帮助线下二手车商进行二手车交易	B2C 电商在核心交易环节参与程度低,盈利范围和空间有限
2B	立足于二手车卖家与车商之间,交易效率高,运营成本低,可持续性较强	位于二手车交易链前端,车源成交价格低,车源质量相对较差

2018 年,我国二手车电商的二手车成交量进一步提高,统计数据显示,2018 年,成交量达 232.7 万辆,较 2017 年增长 50.1%。2019 年,我国二手车电商的二手车成交量约为 302.6 万辆。从二手车电商渗透率来看,随着二手车电商平台的日趋成熟,越来越多的车主通过线上出售二手车,渗透率逐步提高,约 19% 左右。

3. 国内二手车市场存在的问题

二手车市场的快速发展,使原有政策制定时的环境有了极大的改变,原有的管理办法与市场的现状存在一定的脱节。另外,随着二手车市场的发展而出现的新生事物如互联网二手车销售等,对法律法规又有了新的需求。还有,二手车市场自身的发展,使得原有的矛盾进一步凸显出来,如二手车市场信息不对称的问题、全国性流通问题等。当前我国二手车市场面临的问题主要归纳为以下几个方面。

(1) 二手车交易体制与监管问题。我国二手车市场的发展速度过快,二手车市场法制尚不健全,在一定程度上阻碍了二手车市场的发展。

现阶段的二手车交易市场存在严重的信息不对称现象,这就引发了二手车交易中心的道德风险和逆向选择,不能有效对二手车市场进行资源配置。在汽车交易过程中,二手车销售企业为了获得较高的利润,对二手车缺陷进行隐瞒,消费者得不到有关车辆的有效信息,往往会被欺诈。结果,消费者不再信赖二手车交易市场,二手车市场的生意也因此变淡,从而进入了恶性循环。

(2) 评估体系不健全。随着二手车市场的"井喷式"发展,在二手车交易过程中,二手车鉴定估价人员对二手车的评估尤为关键。但是目前缺乏统一的评估标准和规范,导致在交易中存在定价不合理,甚至随意性大的问题。目前市场上的二手车企业都是各自为战,每个企业都有自己的一套评估标准和体系,从而导致不同企业进行二手车评估时的价格也不一致。缺乏统一的标准和估价系统,加上二手车评估人才缺乏,进一步限制了二手车交易市场的健康发展。

(3)二手车售后质保问题。目前我国新车品牌的销售是建立在信息咨询、配件供应、维修、汽车保险等一条龙服务之上的。而二手车的售后服务还没有建立,与某些成熟市场国家相比,差距甚大。售后质保问题主要体现在三个方面。①二手车改装产生的问题:有的二手车原车主在使用过程中对车辆进行了改装,但在出售时又恢复了原厂配置。这一类问题往往会对车辆造成"暗伤",即使在新车质保期内,生产厂商也不会给予索赔,不是非常专业的二手车经营者有时也无法检测出车辆是否经过了改装。②跨区域售后服务问题:即使二手车经营者提供了质量担保,也往往因为购车用户在外地,距离二手车经营者路途遥远而无法实现索赔。③二手车经营者在提供质量担保时,因车辆的技术复杂性,往往容易造成消费者与卖车方对具体条款的理解不一致。

　　　我国的汽车市场,特别是二手车市场的发展空间还很大,随着新能源汽车市场占有率逐步提升,你认为未来二手车市场会产生怎么样的变化?针对我国二手车市场目前存在的问题,你有没有什么好的建议?请谈谈你的看法。

(二)国外二手车市场介绍

在发达国家,车主基本上每三年换一辆车。如此高的换车频率,不可能人人都买新车。二手车既可以满足驾驶不同品牌车的乐趣,又可以不增加过多的开销,自然受到消费者的欢迎。据统计,目前美国、德国、瑞士、日本等国二手车的销量分别是新车销量的3.5倍、2倍、2倍、1.4倍。这里重点介绍美国二手车市场的概况。

1. 美国二手车市场发展历程

美国二手车市场的发展经历了从小而散到规模化、从规模化到信息化、从信息化到互联网化的逐步演进发展过程。在美国早期的二手车市场上,存在黄牛篡改VIN、调整里程表、隐匿事故车,将大量不适合再进入市场的二手车重新倒卖进市场,抑或是用隐瞒消费者的手段从中获取不法利润的现象。从1980年开始,随着美国新车市场的不断饱和,新车销售呈下降趋势,二手车销量逐年上升。在1986—1996年这10年的时间里,美国500强零售商新车销售量降低了8.8%,而二手车销售量上升了40%,使得美国二手车利润占利润总额的45%。随着美国经济的发展,二手车的销量不断攀升并作为一般商品进入市场,其销售多渠道化,形成了品牌专卖、大型超市、连锁经营、二手车专营、二手车拍卖等并存的多元化经营体制,其交易方式又分直接销售、代销、租赁、拍卖、置换等,尽可能减少交易环节,使交易手续灵活简便,为消费者营造了便利的购买二手车的消费环境。

2. 美国二手车市场流通模式

美国二手车市场流通模式主要有以下三种:授权汽车经销商 4S 店、二手车专卖店以及私人交易。其中以汽车经销商 4S 店为主,占市场份额的 37%;二手车专卖店份额为 34%;剩下的则是私人及其他交易。销售量份额占比如图 1-4 所示。

世界著名汽车
公司和商标

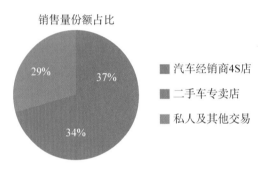

销售量份额占比

- 汽车经销商4S店
- 二手车专卖店
- 私人及其他交易

图 1-4　美国二手车市场销售量份额占比图

(1) 以汽车经销商 4S 店为主的流通模式。在美国,所有的汽车经销商 4S 店均涉足二手车市场,因为二手车的销售额是新车的 3 倍。由于一些新车的特性,加上互联网带来的高速信息时代,使得新车的市场利润率并没有那么高,反而二手车市场的利润率更高一些。为了应对这样的市场趋势和现状,所有美国汽车经销商 4S 店都涉足二手车经营。而美国经销商零售的二手车通常通过新车、二手车置换或者拍卖等方式获得。

(2) 以二手车专卖店为主的流通模式。规模比较大的二手车专卖店是二手车销售的另一个重要途径,美国最大的二手车连锁店是车美仕(CarMax),占全美二手车交易量的大约 2%。此类连锁店通常对出售的二手车做一些外部整修,对部分二手车提供一定时间的保修服务,出售价格比汽车经销商 4S 店要低一些。

(3) 以私人及其他交易为主的流通模式。私人出售二手车多以在报纸上刊登广告为主,但由于该模式市场良莠不齐、鱼龙混杂,又缺乏相应的保障,私人二手车的流通量相对比较小。除了私人交易之外,以拍卖企业为主体的流通模式也比较多。

3. 美国二手车市场交易特点

(1) 交易方式多样化。美国二手车市场在交易形式上比较多样,主要有二手车品牌车行、汽车超市、二手车拍卖行、二手车 C2C 交易等。其中,二手车品牌车行在美国二手车交易市场中发展尤为迅速。很多二手车贸易公司通过建立二手车特许经销体系,树立了公司的品牌,推进了二手车交易发展的步伐。二手车拍卖的模式随着网络经济的兴起,也吸引了越来越多的经销商。近年来,美国各大二手车拍卖行纷纷开设专门的网站。与传统的二手车拍卖方式相比较,二手车网上拍卖打破了时间和地域的限制,使待售二手车的信息可以及时更新,而远程的拍卖系统让经销商或者个人足不出户就能参与二手车竞价。更为重要的是,网上拍卖是通过虚拟的二手车交易平台进行的,在很大程度上减少了资本投入及运营成本。此外,网上拍卖还极大地提升了二手车的流通速度。

（2）建立了合理的价格评估和质量认证体系。美国建立了完善的二手车评估市场。二手车的价格由公认的二手车参考价格加上技术状态的鉴定来决定,除了原车的价格和使用时间、里程数等以外,日后的使用寿命和维修成本也是重要的因素。所以,使用时间和里程数基本一样的两部二手车,很可能原来售价高的反而卖得便宜些。比如,近年来,汽油价格持续上涨,比较省油的二手日系车就普遍比二手美系车或德系车卖得稍微贵些。

公认的参考价格主要由行业协会、大公司等权威机构通过定期发布各种车型的车价信息范围提供。《美国汽车经销商协会二手车价格指南》就是较为权威的一种;此外,一些大公司定期发布的参考价格,也是主要参阅数据。

目前,美国已经形成了几家权威的二手车车况认证机构,其设立的遍布全国的分支机构工作人员会根据顾客的需要详细检测二手车、到车辆管理局查阅有关事故等情况的记录,最后向顾客提供一份详细的车况检测报告,并收取一定的费用。比如,车美仕公司会对经销的二手车进行检测,给出详细的车况报告,并可代客整修。

（3）售后服务较为完善。美国汽车制造商对于销售汽车的发动机等主要部件,通常提供5年以上、10万 km 的保修,高级豪华汽车的时间则更长,里程数也更多。在更换车主的情况下,没有用完的保修仍然有效。如果是通过品牌车行售出的二手车,一般会在一段时间或一定行驶里程内享受到与新车相同的售后服务待遇,保修期过后,车主仍可按照车行提供的"保修菜单"继续量身订购保修项目。

另外,在美国购买二手车的过户手续也十分方便,只要到车辆管理局就可以完成相应流程。在填好表格并缴纳相关费用后,如果没有拖欠税费或是未处理完毕的事故、违章等问题,大约10天后,新车主就会收到邮寄来的新车主证。也有不少经销商会提供代为过户的一站式服务。

（三）国内外二手车发展对比分析

虽然我国二手车市场相比以前有了长远的发展,但相比成熟市场国家的二手车市场仍有差距。目前,国内外二手车业务对比分析如表 1-2 所示。

汽车品牌认知

表1-2　国内外二手车业务对比表

项目	国内二手车业务	国外二手车业务
主要经营场所	集中式的二手车市场	分布式的二手车专营店及大型的二手车卖场
主要经营者	经纪公司	品牌专营店、独立二手车经营公司、连锁二手车经营公司、拍卖行多种经营者并存
车辆评估	二手车经营公司评估,无独立的第三方评估机构	二手车经营公司评估,且具有独立的第三方评估机构
经营模式	小规模个体经营,部分品牌经销商和二手车公司网络化发展,如东风日产二手车零售店	品牌经销商和大型二手车公司网络化发展
二手车价格信息	无权威的信息发布机构,无权威的信息形成机制	多渠道的信息来源
二手车专业杂志报纸	无权威报纸杂志	多种,如美国的《凯利蓝皮书》(Kelley Blue Book)
服务体系(车辆整备、质保)	经纪公司没有此类服务,品牌专营店主要针对本品牌,部分针对多品牌	三种形式并存: 1. 品牌专营店保修 2. 大型二手车专卖店保修 3. 商业保修

　　我国的二手车市场无论在经营理念、经营方式还是经营管理上都与成熟市场国家存在着一定的差距,具体体现在以下几点。

　　1. 评估体系不健全

　　在二手车交易中价格的评估是很重要的环节。目前我国经过培训并取得资质的估价师数量并不多,而且估价的标准全国不统一,在交易中存在着定价不合理、随意性较大的问题。有的地方为了抢二手车生意,故意低估价格,竞相压价。评估体系不健全严重制约着二手车市场的发展。

　　2. 二手车技术检测不完善

　　成熟市场国家的二手车交易有着完善的检测体系和检测方法,只要通过检测,消费者在购买二手车后就可以放心地使用。从目前情况看,我国并没有二手车在交易前必须经过有关的技术检测的规定,这样就很难保证二手车的行驶安全和购车者的利益。

3. 二手车售后服务力量薄弱

目前我国新车品牌的销售基本上建立了信息咨询、配件供应、维修、汽车保险等一条龙服务,而二手车的售后服务还没有完全建立。二手车售后服务的不足已在一定程度上影响了消费者购买二手车的信心。

1. 分配任务

每5人为一组,选出一名组长,组长对小组任务进行分工。组员按组长要求完成相关任务。具体任务要求如下:

(1) 结合本地区二手车评估特点,在学校所在地就近寻找一家二手车交易市场,利用空余时间进行市场调查,调查完毕后,以小组为单位完成一份简要的二手车市场调查报告。

(2) 小组通过查阅文献及资料,完成对日本、德国等国家二手车市场的调研报告。

(3) 小组成员用PPT汇报以上两个任务的调研结果。

2. 注意事项

(1) 小组成员在来往当地二手车交易市场时,请注意安全。

(2) 任务结束后,需要将相关调查报告及PPT上传至课程平台。

3. 任务工单

具体任务工单如表1-3所示。

表1-3 任务工单

任务名称					
姓名		班级		学号	
任务地点		任务时间		日期	
设备及工具					

（续表）

	工作计划	任务结果
当地二手车交易市场调查		
世界主要二手车交易大国市场文献调研		
PPT 汇报		
根据任务结果写出整改建议或学习计划		

任务拓展

一、填空题

1. 二手车交易是指以_____为交易对象，在国家规定的_____或其他经合法审批的交易场所中进行的二手车交换和产权交易。

2. 我国二手车市场存在的主要问题有_____、_____和_____。

3. 美国二手车交易市场的主要特点有_____、_____和_____。

二、选择题

1. 不属于常见的二手车交易市场形式的是（　　）。

　A. 二手车经营公司　　　　　　　　B. 二手车置换公司

　C. 网络拍卖　　　　　　　　　　　D. 电话营销

2. 二手车鉴定评估以（　　）为基础。

 A. 车内鉴定   B. 排放鉴定   C. 外观鉴定   D. 技术鉴定

3. 通常，二手车评估具有（　　）的特点。

 A. 以技术鉴定为基础，以单台为评估对象

 B. 要考虑税费附加值，以技术鉴定为基础

 C. 以技术鉴定为基础，以单台为评估对象，要考虑税费附加值

 D. 以单台为评估对象，要考虑税费附加值，使用范围广

三、简答题

1. 请简述二手车的定义。

2. 请简述我国二手车市场发展现状。

任务二　二手车鉴定评估认知

任务描述

　　二手车是一种有别于其他类型的资产,其具有单位价值大、使用时间长、技术含量高、维护水平差异大、税费附加值高等特点,二手车评估属于以资产评估学为基础的资产评估范畴。资产评估的六要素包括评估主体、评估客体、评估目的、评估程序、评估标准和评估方法。了解和掌握资产评估方法对二手车鉴定评估师和专业评估机构具有重要的实际意义。小李是某职校市场营销专业的毕业生,毕业后想从事二手车鉴定评估的工作,但是因为非专业出身,最近他在自学二手车鉴定评估的基础知识,你有什么好的学习建议给他吗?

任务分析

　　二手车鉴定评估是通过二手车鉴定评估机构对二手车的技术状况及价值进行鉴定和评估的过程,涉及买卖双方购买意愿、二手车技术鉴定及相关资产交易法律法规等。一方面,二手车流通涉及车辆交通、资产等多个管理方面,鉴定评估是防止非法交易发生的关键;另一方面,二手车鉴定评估有助于资产交易、司法裁决公平等有序健康开展。本任务主要学习二手车鉴定评估过程中的基本概念、特征及二手车鉴定评估流程等评估理论基础。

知识链接

一、二手车鉴定评估相关术语及意义

　　二手车评估是资产评估的一种,是指具有执业资格的专业评估机构和评估人员根据特定的评估目的,遵循客观经济规律和公正的准则,按照法定的标准和程序,运用科学的方法,对社会经济中的二手车进行技术鉴定和估算,从而给出一定时间点的现时价格。二手车评估具备资产评估的市场性、公正性、咨询性、专业性等特点,具有评价、评值、管理、公证以及咨询等功能。

　　(一)二手车鉴定评估相关术语

　　二手车鉴定评估基本术语包括:二手车鉴定评估机构、二手车鉴定评估师、二手车经

销、二手车拍卖、二手车经纪、二手车鉴定评估、二手车鉴定评估的主体、二手车鉴定评估的客体、二手车技术状况鉴定、成新率、折现率、功能性贬值、经济性贬值、有形损耗贬值。

（1）二手车鉴定评估机构是指依法成立的具有执业资格的从事二手车鉴定评估经营活动的第三方服务机构。

（2）二手车鉴定评估师是指依法取得二手车鉴定评估师职业资格的人员。

（3）二手车经销是指二手车经销企业收购、销售二手车的经营活动。

（4）二手车拍卖是指二手车拍卖企业以公开竞价的形式将二手车转让给最高应价者的经营活动。

（5）二手车经纪是指二手车经纪机构以收取佣金为目的，为促成他人交易二手车而从事居间、行纪或者代理等经营活动。

（6）二手车鉴定评估是指二手车鉴定评估机构对二手车技术状况及其价值进行鉴定评估的经营活动。

（7）二手车鉴定评估的主体是指二手车评估业务的承担者，即从事二手车评估的机构及专业评估人员。

（8）二手车鉴定评估的客体是指被评估的车辆。

（9）二手车技术状况鉴定是指对二手车的技术状况和缺陷等进行等级评定的过程。

（10）成新率即二手车新旧程度的衡量指标，是指二手车的功能或使用价值占全新机动车的功能或使用价值的比率，也可理解为二手车的现实状况与机动车全新状况的比率。

（11）折现率是指将未来有限预期收益折算成现值的比率。

（12）功能性贬值是由于技术进步引起的二手车功能相对落后而导致的贬值。

（13）经济性贬值是指由于外部经济环境变化所造成的车辆贬值。

（14）有形损耗贬值也称实体性贬值，是指二手车在存放和使用过程中，由于物理和化学原因（如机件磨损、锈蚀和老化等）而导致的车辆实体发生的价值损耗，即由于自然力的作用而发生的损耗。

二手车鉴定评估概念解读

（二）二手车鉴定评估的意义

1. 参与国有资产管理

在交易过程中，不良现象时有发生，扰乱了市场秩序。而我国的部分车辆所有权归国家和集体，对二手车进行鉴定和评估是防止国有资产受损或流失的有效方法之一。

2. 防止非法交易

我国对汽车流通有着严格的要求，而二手车属特殊商品，其交易涉及车辆管理、交通管理、环保管理、资产管理等各方面，鉴定估价环节是防止非法交易发生的重要手段。

3. 提高二手车成交率

依据公平、公正的原则，通过第三方专业鉴定评估机构或鉴定评估师对二手车进行鉴定评估，正确地反映被评估车辆的参考底价及性能，使评估结果易于被交易双方接受，引导消费者正确地进行二手车交易。

4. 保证合理的税收

市场上的二手车流通属固定资产转移和处置范畴，需要缴纳一定的税费，正确的二手车鉴定估价可有效保障国家税收和财政收入。

5. 促进二手车相关延伸产业的健康发展

二手车市场是我国汽车市场不可分割的重要组成部分，科学准确地对二手车进行评估，有助于促进汽车产业链的蓬勃发展，推动国民经济持续稳定发展，保障社会安定。二手车交易还涉及金融系统等后市场业务的健康有序开展。

二、二手车鉴定评估相关流程

按鉴定估价服务对象的不同，二手车鉴定评估的业务类型可分为交易类业务和咨询服务类业务。交易类业务主要提供二手车来历、车辆收购价格和交易价格参考等服务。咨询服务类业务主要提供车辆资产评估、法院咨询和抵押贷款估价等非交易服务。由此可见，二手车鉴定评估工作情况复杂、工作量大，制定一套完整、科学和适用的汽车鉴定评估方法来保证其鉴定评估结论客观、公正及合理，显得尤为重要。通常情况下，二手车鉴定评估的主要流程如图 1-5 所示。

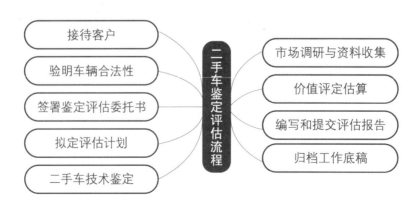

图 1-5   二手车鉴定评估流程

（一）接待客户

接待客户具体应该了解的内容包括：

（1）客户基本情况。包括车辆权属和权属性质。

（2）客户要求。客户要求的评估目的、期望使用者和完成评估的时间。

（3）车辆使用性质。了解车辆是生产营运车辆还是生活消费车辆。

寻找与接近客户

（4）车辆基本情况。包括车辆类别、名称、型号、生产厂家、初次登记日期、行驶里程数、所有权变动或流通次数、落籍地、技术状态等。

（二）验明车辆合法性

验明车辆合法性主要应该核查：

（1）来历和处置的合法性。查看机动车登记证或产权证明。

（2）使用和行驶的合法性。检查手续是否齐全、真实、有效，是否年检，机动车行驶证登记的事项与行驶牌照和实物是否相符。

（三）签署二手车鉴定评估业务委托书

二手车鉴定评估业务委托书是鉴定评估机构与委托方对各自权利、责任和义务的约定，是一种经济合同性质的契约。

（1）二手车鉴定评估委托书应写明：委托方和评估机构的名称、住所、工商登记注册号、上级单位、鉴定评估资格类型及证书编号，评估目的、评估范围、被评估车辆的类型和数量、评估工作起止时间、评估机构的其他具体工作任务，委托方必须做好的基础工作和配合工作，评估收费方式和金额，反映评估业务委托方和评估机构各自的责任、权利、义务以及违约责任的其他具体内容。

（2）二手车鉴定评估委托书必须符合国家法律法规和二手车鉴定评估行业管理规定，并做到内容全面、具体，含义清晰准确。

（3）涉及国有资产占有单位的二手车鉴定评估项目，应由委托方按规定办妥有关手续后再进行评估业务委托。

（四）拟定评估计划

二手车鉴定评估机构要根据评估项目的规模、大小、复杂程度、评估目的做出评估计划。

（1）二手车鉴定评估人员执行评估业务时，应该按照鉴定评估机构编制的评估计划，以便对工作做出合理安排和保证在预计时间内完成评估项目。

（2）二手车鉴定评估人员应当重点考虑以下因素：

① 被评估车辆和评估目的。

② 评估风险,评估业务的规模和复杂程度。

③ 相关法律、法规及宏观经济近期发展变化对评估对象的影响。

④ 被评估车辆的结构、类别、数量、分布。

⑤ 与评估有关的资料的齐备情况及变现的难易程度。

⑥ 评估小组成员的业务能力、评估经验及其优化组合。

⑦ 对专家及其他评估人员的合理使用。

(五) 二手车技术鉴定

(1) 技术鉴定要达到的基本目的:

① 为车辆的价值估算提供科学的评估证据。

② 为期望使用者提供车辆技术状况的质量公证。

③ 为车辆发生的经济行为提供法律依据。

(2) 技术鉴定包含的基本事项:

① 识别伪造、拼装、组装、盗抢、走私车辆。

② 鉴别手续牌证的真伪。

③ 鉴别由事故造成的严重损伤。

④ 鉴别由自然灾害(水淹、火烧)造成的严重损伤。

⑤ 鉴别车辆内部和外部技术状况。

(3) 技术鉴定应检查的部位和检查的项目:

① 静态检查。

② 动态检查。

③ 仪器检查。

(六) 市场调研与资料收集

进行市场调研与资料收集的目的是:确定被评估车辆的现行市场价格。进行市场询价时,应重点做好如下工作:

(1) 确定被评估车辆基本情况(车辆类型、厂牌型号、生产厂家、主要技术参数等)。

(2) 确定询价参照对象及询价单位(询价单位名称、询价单位地址、询价方式、联系电话或传真号码、询价单位接待人员姓名等),并将询价参照对象情况与被评估车辆基本情况进行比较,在两者相一致的情况下,询到的市场价格才是可比的、可行的。

(3) 确定询价结果。市场调研和询证资料经过整理,就可以编制成车辆询价表,车辆询价表亦是二手车鉴定评估主要的工作底稿之一。

（七）价值评定估算

1. 确定估算方法

（1）二手车鉴定评估人员应熟知、理解、正确运用重置成本法、市价法、收益法、成本法、清算价格法，并能够综合运用这些评估方法。

（2）对同一被评估车辆宜选用两种以上的评估方法进行评估。

（3）有条件选用市价法进行评估的，应以市价法为主要的评估方法。

（4）营运车辆的评估在评估资料可查并齐全的情况下，可选用收益法为其中一种评估方法。

（5）二手车鉴定评估一般适宜采用市价法和成本法进行评估。

2. 评价评估结果

对不同评估方法估算出的结果，应进行比较分析。当这些结果差异较大时，应寻找并排除差异出现的原因。

对不同评估方法估算出的结果应做下列检查：

（1）计算过程是否有误。

（2）基础数据是否准确。

（3）参数选择是否合理。

（4）是否符合评估原则。

（5）公式选用是否恰当。

（6）选用的评估方法是否适合评估对象和评估目的。

在确认所选用的评估方法估算出的结果无误之后，应根据具体情况计算求出一个综合结果。

在计算求出一个综合结果的基础上，应考虑一些不可量化的价格影响因素，对结果进行适当的调整，或取用、或认定该结果作为最终的评估结果。

当有调整时，应在评估报告中明确阐述理由。

（八）编写和提交二手车鉴定评估报告

1. 编写二手车鉴定评估报告

编写二手车鉴定评估报告书可分为如下两个步骤：

第一步，在完成二手车鉴定评估数据分析和讨论的基础上，对有关部分的数据进行调整。由参加具体评估的二手车鉴定评估人员草拟出二手车鉴定评估报告书。

第二步，就鉴定评估的基本情况和评估报告书初稿的初步结论与委托方交换意见，听取委托方的反馈意见后,在坚持独立、客观、公正的前提下,认真分析委托方提出的问题和建议,考虑是否应该修改评估报告书,对报告书中存在的疏忽、遗漏和错误之处进行修正,待修改完毕即可出具正式的二手车鉴定评估报告书。

2. 提交二手车鉴定评估报告

二手车鉴定评估机构撰写出正式的鉴定评估报告书以后,经过审核无误,按以下程序进行签名盖章:先由负责该项目的二手车鉴定评估人员签章,再送复核人审核签章,最后送评估机构负责人审定签章并加盖机构公章。

二手车鉴定评估报告书签发盖章后即可连同作业表等送交委托方。

(九)归档工作底稿

将二手车鉴定评估报告及其附件与工作底稿独立汇编成册,存档备查。档案保存时间一般不低于5年;鉴定评估目的涉及资产纠纷的,其档案至少应当保存10年;法律法规另有规定的,按规定处理。

三、二手车鉴定评估师职能及相关要求

(一)二手车鉴定评估师的职责

二手车鉴定评估师,又称机动车鉴定评估师,其主要的工作是车辆评估,有的还需要参与车辆销售工作。除了检测车辆的性能外,评估师还要对二手车辆的"身份"进行核查,通常评估师会严格检查车辆手续和缴费情况,通过查验登记证、行驶证、附加费证、养路费单据、保险卡等各种证件,不仅可以确定一辆车的年限、使用性质(营运、非营运等),还可以确定该车是否为盗抢车、走私车,防止赃车流通,具体工作内容和技能要求如表1-4所示。

表1-4　中级二手车鉴定评估师工作内容

职业功能	工作内容	技能要求	相关知识
评估准备	接受委托	能介绍二手车鉴定评估程序; 能介绍二手车鉴定评估方法; 能签订二手车鉴定评估委托合同	社交礼仪; 二手车鉴定评估委托合同; 使用方法
	核查证件、税费	能确认被评估车辆及评估委托人的机动车来历凭证、机动车行驶证、机动车登记证书等是否合法有效; 能核实被评估车辆税费缴纳情况; 能按要求对被评估车辆进行拍照	机动车证件类型; 机动车证件识别方式; 车辆税费种类; 车辆税费凭证识别方法; 拍照技巧

（续表）

职业功能	工作内容	技能要求	相关知识
技术状况鉴定	静态检查	能根据资料核对车辆基本情况； 能检查发动机技术状况； 能检查底盘技术状况； 能检查车身技术状况； 能检查电器电子技术状况； 能识别事故车辆	机动车识伪检查方法； 发动机静态检查方法； 底盘静态检查方法； 车身静态检查方法； 电器电子静态检查方法； 事故车静态检查方法
	动态路试检查	能进行路试前的准备工作； 能动态检查机动车性能； 能进行路试后的检查工作	制动性能检查方法； 动力性能检查方法； 操纵性能检查方法； 滑行性能检查方法； 噪声和废气检查方法
	技术状况综合评定	能分析二手车的技术状况； 能提出机动车检测建议； 能识读机动车综合性能检测报告	机动车技术等级标准； 机动车技术状况分析方法； 机动车技术状况检测项目和内容
价值评估	选择评估方法	能区分评估类型； 能根据评估目的选定评估方法	评估类型分类； 评估方法分类
	评估计算	能用重置成本法评估二手车价值； 能用市价法评估二手车价值； 能用收益法评估二手车价值； 能用清算价格法评估二手车价值	重置成本法估算方法； 市价法计算方法； 收益法计算方法； 清算价格法的基本方法
	撰写二手车鉴定评估报告	能与委托方交流,确认鉴定评估结论； 能编写二手车鉴定评估报告； 能归档二手车鉴定评估报告	撰写二手车鉴定评估报告要求； 二手车鉴定评估报告要素； 二手车鉴定评估报告内容

二手车鉴定评估师的职责主要有以下几点：

（1）对二手车的综合状况进行检测。

（2）结合车辆相关资料对二手车的技术状况进行鉴定。

（3）根据评估的特定目的,结合评估标准进行二手车价格评估,出具评估报告。

（4）进行车辆鉴定估价了解,收集整理市场信息。

（二）二手车鉴定评估师的申报条件

1. 四级/中级工

持有 C1（含）以上机动车驾驶证,并具备以下条件之一者,可申报四级/中级工：

（1）取得相关职业五级/初级工职业资格证书（技能等级证书）后,累计从事本职业工作 3 年（含）或相关职业工作 4 年（含）以上。

（2）累计从事本职业工作 5 年（含）或相关职业工作 6 年（含）以上。

（3）取得技工学校相关专业毕业证书（含尚未取得毕业证书的在校应届毕业生）;或取得经评估论证、以中级技能为培养目标的中等及以上职业学校相关专业毕业证书（含尚未取得毕业证书的在校应届毕业生）。

2. 三级/高级工

持有 C1（含）以上机动车驾驶证,并具备以下条件之一者,可申报三级/高级工:

（1）取得本职业或相关职业四级/中级工职业资格证书（技能等级证书）后,累计从事本职业工作 4 年（含）或相关职业工作 5 年（含）以上。

（2）取得本职业或相关职业四级/中级工职业资格证书（技能等级证书）,并具有高级技工学校、技师学院毕业证书（含尚未取得毕业证书的在校应届毕业生）;或取得本职业或相关职业四级/中级工职业资格证书（技能等级证书）,并具有经评估论证、以高级技能为培养目标的高等职业学校相关专业毕业证书（含尚未取得毕业证书的在校应届毕业生）。

（3）具有大专及以上相关专业毕业证书,并取得本职业或相关职业四级/中级工职业资格证书（技能等级证书）后,累计从事本职业工作 1 年（含）或相关职业工作 2 年（含）以上。

"追风者"王建清

王建清,是东风商用车有限公司总装配厂调检一车间的一名汽车装调工、"王涛班"班长。同时,也是 2014 年"全国五一劳动奖章"获得者、2015 年全国劳动模范、2016 年中国汽车业"十大工匠"。

30 年的重复劳动,王建清从一名普通的汽车调整工,成长为东风汽车生产制造最后一道"质量把关者",练就了东风商用车装调技术的调检绝技,被称为"汽车故障诊断全科医生"。

一次,团队成员发现某车型底盘部件存在运动干涉质量风险,但关联部件处于车身底部,很难进行动态观察。王建清当即成立攻关小组,带着大家下地沟,钻到车底观察研究零部件情况。为解决车辆在运行状态下的状况,他们利用视频拍摄车底零部件运动状况,再通过视频会议软件传输,让操作者和技术人员都可以观测到。

正是因为这样一次又一次的迎难而上,王建清带领团队完成了从"工厂质量把关人"到"客户体验把关人"的身份转变。

![任务实施]

1. 分配任务

　　每5人为一组,选出一名组长,组长对小组任务进行分工。组员按组长要求完成相关任务。具体任务要求如下:

　　(1) 小组成员两人为一单位进行角色扮演,一人扮演客户,一人扮演二手车评估师,以校内实训车辆为评估对象,二手车评估师根据与客户业务洽谈的情况进行记录,以小组为单位完成一份二手车鉴定评估委托书,如图1-6所示。

附录一　　　　　　　　　二手车鉴定评估委托书(示范文本)

委托书编号:_____

委托方名称(姓名):　　　　　　　法人代码证(身份证)号:

鉴定评估机构名称:　　　　　　　法人代码证:

委托方地址:　　　　　　　　　　鉴定评估机构地址:

联系人:　　　　　　　　　　　　电话:

　　因　□交易　□典当　□拍卖　□置换　□抵押　□担保　□咨询　□司法裁决　需要,委托人与受托人达成委托关系,车牌号码为_____,车辆类型为_____,车架号(VIN码)为_____的车辆进行技术状况鉴定并出具评估报告书,_____年_____月_____日前完成。

　　委托评估车辆基本信息

车辆情况	厂牌型号				使用用途	营运 □ 非营运 □
	总质量/座位/排量				燃料种类	
	初次登记日期	年　月　日			车身颜色	
	已使用年限	年　个月		累计行驶里程(万公里)		
	大修次数	发动机(次)		整车(次)		
	维修情况					
	事故情况					
价值反映	购置日期	年　月　日		原始价格(元)		
备注:						

委托方:(签字、盖章)　　　　　　　受托方:(签字、盖章)

图1-6　二手车鉴定评估委托书

（2）小组在完成二手车鉴定评估委托书的基础上，每个人完成个人的鉴定评估方案。

（3）小组成员用 PPT 汇报以上两个任务的完成情况。

2. 注意事项

（1）小组成员在进行实训车辆二手车检查时，请注意安全。

（2）任务结束后，需要将相关调查报告及 PPT 上传至课程平台。

3. 任务工单

具体任务工单如表 1-5 所示。

表 1-5　任务工单

任务名称					
姓名		班级		学号	
任务地点		任务时间		日期	
设备及工具					
	工作计划				任务结果
二手车鉴定评估委托书撰写					
鉴定评估方案撰写					
PPT 汇报					
根据任务结果写出整改建议或学习计划					

任务拓展

一、填空题

1. 二手车鉴定评估的意义有_____、_____、_____、_____和_____。

2. 二手车技术鉴定应检查的部位和检查的项目有_____、_____和_____。

3. 验明车辆合法性主要应该核查_____和_____。

二、选择题

1. 下列二手车鉴定评估工作步骤中,(　　)是首先进行的。

　　A. 登记基本信息　　　B. 查验可交易车辆　　C. 判别事故车　　　D. 鉴定技术状况

2. 评估人员必须处于中立的立场上对车辆进行评估,体现了鉴定评估工作的(　　)。

　　A. 公平性　　　　　　B. 独立性　　　　　　C. 客观性　　　　　D. 科学性

3. 从事二手车鉴定评估业务(　　)作为执业水平的有效证明。

　　A. 需要考取职业资格证书

　　B. 需要考取职业能力证书

　　C. 需要考取职业水平等级证书

　　D. 不需要考取任何证书

三、简答题

1. 请简述中级二手车鉴定评估师的申报条件。

2. 请简述对不同评估方法估算出的结果应做哪些检查。

任务三　汽车基础知识学习

任务描述

日常生活中,我们经常用"轿车""卡车""SUV"等名词来描述某一类型的车辆,这是人们对车辆的一种习惯分类方法,综合考虑了车辆的外形特征和用途。其实,车辆的分类是很复杂的,在不同场合,为了达到不同目的,可能采用不同的分类方法。在进行二手车鉴定时,应参照国家标准或公安机关车辆登记中所采用的车辆类型。实习生小张在入职当地某二手车行的前两个月,师傅让他做的就是不断地学习汽车基础知识,现代汽车品牌、车型和款式繁多,二手车交易也日趋频繁,鉴定评估人员在对二手车评估时,首先应该知道所评估车辆是哪个厂家生产的、是什么车型,这在评估中是非常重要的。

任务分析

熟悉汽车基本构造及关键零部件的功能和作用是二手车鉴定评估师的基础职业素质。不同消费者对汽车的需求和考虑角度均有所不同,这就要求在进行二手车鉴定工作时掌握不同品牌、不同车型的技术参数、新结构及新技术。本次任务主要学习汽车的分类及作用、汽车的总体构造及主要技术参数。

知识链接

一、汽车的分类及作用了解

汽车是指由动力驱动,具有 4 个或 4 个以上车轮的非轨道承载的车辆,其主要作用有:载运人员或货物;牵引运载人员或货物的车辆;特殊用途。进入 21 世纪以来,我国汽车产业高速发展,形成了多品种、全系列的各类整车和零部件生产及配套体系,产业集中度不断提高,产品技术水平明显提升。本节主要是让学生认知汽车的分类及车辆识别代码。

（一）按汽车用途分类

汽车的分类有很多方法,按国家划分,可以分为国际品牌和国内品牌;按品牌划分,有奔驰、宝马、奥迪、保时捷等；按用途属性划分，可以分为乘用车和商用车等。

根据国家标准《汽车、挂车及汽车列车的术语和定义 第1部分：类型》(GB/T 3730.1—2022)，汽车分为乘用车、客车、载货汽车和专用汽车四大类。其中，客车、载货汽车和专用汽车统称为商用车。

1. 乘用车

乘用车是指设计、制造和技术特性上主要用于载运乘客及其随身行李和/或临时物品，包括驾驶员座位在内最多不超过9个座位的汽车。常见的乘用车见图1-7。

图1-7 各式各样的乘用车

乘用车可以根据使用特性、车身型式、等级三大标准进行划分，应用最广泛的是按车身型式划分。按车身型式划分的类型及定义依据见表1-6。

表1-6 乘用车的类型和定义依据

类型	定义依据
普通乘用车	车身：封闭式，侧窗中柱有或无均可； 车顶(顶盖)：固定式、硬顶，有的顶盖一部分可以开启； 座位：4个或4个以上座位，至少两排，后排座椅可折叠或移动，以形成装载空间； 车门：2个或4个侧门，可有一后开启门
活顶乘用车	车身：具有固定侧围框架的可开启式车身； 车顶(顶盖)：硬顶或软顶，至少有两个位置：(1)封闭，(2)开启或拆除；

（续表）

类型	定义依据
	可开启式车身可以通过使用一个或数个硬顶部件和/或合拢软顶将开启的车身关闭； 座位：4个或4个以上座位，至少两排； 车门：2个或4个侧门； 车窗：4个或4个以上侧窗
高级乘用车	车身：封闭式，前后座之间可以设有隔板； 车顶（顶盖）：固定式、硬顶，有的顶盖一部分可以开启； 座位：4个或4个以上座位，至少两排，后排座椅前可安装折叠式座椅； 车门：4个或6个侧门，也可有一个后开启门； 车窗：6个或6个以上侧窗
双门小轿车	车身：封闭式，通常后部空间较小； 车顶（顶盖）：固定式、硬顶，有的顶盖一部分可以开启； 座位：2个或2个以上的座位，至少一排； 车门：2个侧门，也可有一个后开启门； 车窗：2个或2个以上侧窗
敞篷车	车身：可开启式； 车顶（顶盖）：软顶或硬顶，至少有两个位置：(1)第一个位置遮覆车身，(2)第二个位置车顶卷收或可拆除； 座位：2个或2个以上的座位，至少一排； 车门：2个或4个侧门； 车窗：2个或2个以上侧窗
仓背乘用车	车身：封闭式，侧窗中柱有或无均可； 车顶（顶盖）：固定式、硬顶，有的顶盖一部分可以开启； 座位：4个或4个以上座位，至少两排，后排座椅可折叠或移动，以形成一个装载空间； 车门：2个或4个侧门，车身后部设置有一个垂直方向开启的仓门
旅行车	车身：封闭式，车尾外形可提供较大的内部空间； 车顶（顶盖）：固定式、硬顶，有的顶盖一部分可以开启； 座位：4个或4个以上座位，至少两排，座椅的一排或多排可拆除，或装有

（续表）

类型	定义依据
	向前翻倒的座椅靠背,以形成一个装载空间; 车门:2个或4个侧门,并有一后开启门; 车窗:4个或4个以上侧窗
短头乘用车	一半以上的发动机长度位于车辆前风窗玻璃最前点以后(纯电动汽车与燃料电池电动汽车除外),且方向盘的中心位于车辆总长的前四分之一部分内的乘用车

2. 商用车

客车、载货汽车和专用汽车(包括专项作业车、专门用途汽车)统称为商用车。常见的商用车见图1-8。

小型客车

城市客车

长途客车

铰接客车

越野客车

专用客车

图1-8 各式各样的商用车

商用车的类型和定义见表1-7。

表1-7 商用车的类型和定义

类型	定 义
一、客车	
长途客车	专门为运输长途旅客设计和制造,未设置乘客站立区的客车
旅游客车	为旅游设计和制造,未设置乘客站立区,专门用于载运游客的客车

（续表）

类型	定义
团体客车	通常作为通勤车等使用,专门为运输特定团体乘客及其随身行李而设计和制造,未设置乘客站立区的客车
城间客车	专门为城间或城乡运输短途乘客而设计和制造,未设置乘客站立区的客车
城市客车	设有座椅及乘客站立区,并有足够的空间供频繁停站时乘客上下车走动,有固定的公交营运线路和车站,主要在城市建成区运营的客车
专用客车	设计、制造和技术特性上用于载运特定人员并完成特定功能的客车以及装备有专用设备或器具,座位数(包括驾驶员座位)超过9个的专用汽车,也包括在客车基础上改装的但不属于专项作业车的载客类专用汽车
铰接客车	由两节或三节相通的刚性车厢铰接组成,乘客可通过铰接部分在各节车厢之间自由走动的客车
双层客车	车厢分为上下两层的客车
轻型客车	包含驾驶员座位在内的座位数不超过19个,未设置乘客站立区,车辆长度不超过7000mm的客车
无轨电车	经架线由电力驱动的客车
越野客车	最大设计总质量不超过12000kg,所有车轮设计为同时驱动的客车
二、载货汽车	
普通货车	在敞开或封闭载货空间内载运货物的载货汽车
侧帘式货车	载货部位的结构为侧帘式且与驾驶室各自独立,载货部位的侧部设置可滑动的侧帘布、滑动立柱、侧帘收紧装置和挡货栏板或栏杆,顶棚由左右边梁、前后端梁、金属横梁与顶板组合而成,地板上可以设置系固点的载货汽车
封闭式货车	载货部位的结构为封闭厢体且与驾驶室联成一体,车身结构为一厢式或两厢式的载货汽车
多用途货车	具有长头车身和驾驶室结构、敞开式货厢(可加装货箱顶盖)、乘坐人数不大于5人(含驾驶员)、最大设计总质量不大于3500kg的载货汽车

（续表）

类型	定义
越野货车	具有如下技术特性的载货汽车：(1)至少有半数车轮用于驱动；(2)至少有一个差速锁止机构或至少有一个类似作用的机构；(3)车辆处于最大设计总质量状态下，单车计算爬坡度至少为 25%；(4)根据最大设计总质量的不同，应满足接近角、离去角、纵向通过角、最小离地间隙等技术特性要求
半挂牵引车	装备有特殊装置用于牵引半挂车的汽车
牵引货车	具有特殊装置主要用于牵引中置轴挂车、牵引杆挂车、刚性杆挂车的载货汽车
专用货车	设计、制造和技术特性上，用于运输特殊货物或载货部位具有特殊结构的载货汽车
三、专项作业车	
装备有专用设备或器具，设计、制造和技术特性上用于工程专项作业的汽车，但不包括装备有专用设备或器具而座位数(包括驾驶员座位)超过 9 个的汽车(消防车除外)。例如：消防车、救险车、垃圾车、应急车、街道清洗车、扫雪车、清洁车等	
四、专门用途汽车	
装备有专用设备或器具，设计、制造和技术特性上具有专门用途，但不属于专项作业车、专用乘用车、专用客车、专用货车的其他作业类专用汽车	

（二）按发动机位置和驱动方式分类

（1）发动机前置前轮驱动(Front-engine Front-drive，简称 FF)：这是绝大多数轿车上比较盛行的驱动型式，目前主要在发动机排量为 2.5 L 以下的乘用车上得到广泛应用，但货车和大客车基本上不采用该型式。其特点在于省略了传动轴装置，减轻了车重，结构比较紧凑，有效地利用了发动机舱的空间，驾驶室内空间更为宽敞，并有利于降低底盘高度，提高乘坐舒适性。其代表车型有：大众迈腾、丰田凯美瑞、别克君威、现代伊兰特等，具体车型如图 1-9 所示。

（2）发动机前置后轮驱动(Front-engine Rear-drive，简称 FR)：这是一种最传统的驱动型式。国内外大多数货车、部分轿车(尤其是高级轿车)和部分客车都采用这种驱动型式，但采用该型式的小型车则很少。其特点在于当车辆在良好的路面上起动、加速或爬坡时，驱动轮的负荷增大(即驱动轮的附着压力增大)，牵引性能比前置前驱型式优越；轴荷分配比较均

大众迈腾　　　　　　　　　　丰田凯美瑞

图 1-9　前置前驱车型代表

匀,因而具有良好的操纵稳定性和行驶平顺性,并有利于延长轮胎的使用寿命。其代表车型有:丰田锐志、宝马 3 系、奔驰 C 级等,具体车型如图 1-10 所示。

丰田锐志　　　　　　　　　　宝马 3 系

图 1-10　前置后驱车型代表

（3）发动机中置后轮驱动(Middle-engine Rear-drive,简称 MR):发动机置于座椅之后、后轴之前,大多数高性能跑车和超级跑车都采用这种型式。其特点在于可获得最佳的轴荷分配,操纵稳定性和行驶平顺性较好。发动机临近驱动桥,不需要传动轴,从而减轻车重,具有较高的传动效率。重量集中,车身平摆方向的惯性力矩小,转弯时,方向盘操作灵敏,运动性好。其代表车型有:法拉利 458、帕加尼 Zonda、保时捷 Carrera GT 等,具体车型如图 1-11 所示。

法拉利 458　　　　　　　　　保时捷 Carrera GT

图 1-11　中置后驱车型代表

（4）发动机后置后轮驱动(Rear-engine Rear-drive,简称 RR):是目前大、中型客车流行的布置型式,而现代乘用车采用后置发动机的仅有保时捷 911 系列和 SMART fortwo。其代表车型有:保时捷911系列、奔驰 SMART 等,具体车型如图1-12所示。

保时捷 911　　　　　　　奔驰 SMART

图 1-12　后置后驱车型代表

(5)发动机前置四轮驱动(Front-engine, Four-wheel drive layout,简称 F4):多用于高性能轿车或者 SUV,用在轿车上的优点是操控性高,而用在越野车上的优点则是通过性更强。其特点是行驶稳定,在野外山坡、滩涂、泥地、沙漠等地况中尤其显示其优点。其代表车型有:JEEP 牧马人、丰田普拉多等,具体车型如图1-13所示。

JEEP 牧马人　　　　　　　丰田普拉多

图 1-13　前置四驱车型代表

中国制造:新一代 V6TD 直喷增压发动机试制成功

2021年8月,由中国一汽完全自主设计的首台新一代 V 形6缸直喷增压(V6TD 换代)发动机在研发总院试制所完成试制。根据规划,这台发动机将作为红旗高端豪华车型的旗舰动力。

V6TD 换代机型基于国内领先的 V6 平台全新升级打造,产品最大净功率340 kW(约462hp),最大转矩600 N·m。动力性指标提升41.6%,经济性指标提升6.6%,这已经达到国际同类机型的一流领先水平,也为自主高端发动机树立了新的榜样。

这是中国汽车行业长期坚持自研创新,积累沉淀的结果,在掌握了更多的核心技术之后,相信中国一汽会进一步填补汽车领域的市场空白。

（三）按汽车动力装置类型分类

（1）活塞式内燃机汽车：这种类型的汽车占绝大多数，主要以汽油和柴油为燃料。代表品牌有：奔驰、宝马、奥迪等。

（2）新能源汽车：是指采用非常规的车用燃料作为动力来源（或使用常规的车用燃料、采用新型车载动力装置），综合车辆的动力控制和驱动方面的先进技术，形成的技术原理先进，具有新技术、新结构的汽车。新能源汽车包括纯电动汽车、增程式电动汽车、混合动力汽车、燃料电池电动汽车、氢发动机汽车、其他新能源汽车等。代表品牌有：特斯拉等，如图 1-14 所示。

图 1-14　特斯拉电动汽车

二、车辆识别代号认知

车辆识别代号（VIN）：VIN 是英文 Vehicle Identification Number（车辆识别代号）的缩写。因为 ASE 标准规定 VIN 码由 17 位字符组成，所以 VIN 码又俗称十七位码。正确解读 VIN 码，对于我们正确地识别车型，以致正确地诊断和维修都是十分重要的。

车辆识别代号就是汽车的身份证号，根据国家车辆管理标准确定，包含了车辆的生产厂家、年代、车型、车身型式及代码、发动机代码及组装地点等信息。新的行驶证在"车架号"一栏一般都打印 VIN 码。

（一）车辆识别代号的内容与构成

车辆识别代号由世界制造厂识别代号（WMI）、车辆说明部分（VDS）、车辆指示部分（VIS）三部分组成。

对完整车辆和/或非完整车辆年产量≥1 000 辆的车辆制造厂，车辆识别代号的第一部分为世界制造厂识别代号（WMI）；第二部分为车辆说明部分（VDS）；第三部分为车辆指示部分（VIS）。

对完整车辆和/或非完整车辆年产量<1 000 辆的车辆制造厂，车辆识别代号的第一部分为世界制造厂识别代号（WMI）；第二部分为车辆说明部分（VDS）；第三部分的第三、四、五位与第

汽车编码规则

一部分的三位字码一起构成世界制造厂识别代号(WMI),其余五位为车辆指示部分(VIS)。

1. 世界制造厂识别代号

WMI(世界制造厂识别代号)是车辆识别代号(VIN)中的一部分。VIN 的首三位称为 WMI(World Manufacturer Identifier),用作识别生产商的名称及所在国家。对于所有完整车辆和/或非完整车辆年产量小于 1 000 辆的车辆制造厂,其 VIN 的第三位会使用数字 9。对于此类车辆制造厂,VIN 的第十二、十三、十四位字码应由授权机构指定,以确保对车辆制造厂的唯一识别。WMI 包含下信息:

第一个字符表示地理区域,如非洲、亚洲、欧洲、大洋洲、北美洲和南美洲。

第二个字符表示一个特定地区内的一个国家。美国汽车工程师协会(SAE)负责分配国家代码。

第三个字符表示某个特定的制造厂,由各国的授权机构负责分配。

2. 车辆说明部分

车辆说明部分(Vehicle Descriptive Section, VDS)是车辆识别代号(VIN)的第二部分,由六位字码组成。这一代号,由制造厂家自行规定,用以识别车辆的一般特征。所以,也可叫作"车辆特征代码"。由于各国及各厂家对此部分尚无统一的规定,因此,在识别这一部分时,应查阅有关手册。

3. 车辆指示部分

车辆指示部分(VIS)是车辆识别代号的第三部分,由八位字码组成(即 VIN 的第十一~十七位)。VIS 的第一位字码应代表年份,年份代码按表 1-8 规定使用(30 年循环一次)。VIS 的第二位字码应代表装配厂。如果车辆制造厂生产的完整车辆和/或非完整车辆年产量≥1 000 辆,此部分的第三~八位字码用来表示生产顺序号。如果车辆制造厂生产的完整车辆和/或非完整车辆年产量<1 000 辆,则此部分的第三~五位字码应与第一部分的三位字码一同表示一个车辆制造厂,第六~八位字码用来表示生产顺序号。

表 1-8　标示年份的代码

年份	代码	年份	代码	年份	代码	年份	代码
2001	1	2006	6	2011	B	2016	G
2002	2	2007	7	2012	C	2017	H
2003	3	2008	8	2013	D	2018	J
2004	4	2009	9	2014	E	2019	K

（续表）

年份	代码	年份	代码	年份	代码	年份	代码
2005	5	2010	A	2015	F	2020	L
2021	M	2026	T	2031	1	2036	6
2022	N	2027	V	2032	2	2037	7
2023	P	2028	W	2033	3	2038	8
2024	R	2029	X	2034	4	2039	9
2025	S	2030	Y	2035	5	2040	A

在车辆识别代号中仅能采用表1-8中的阿拉伯数字和大写的罗马字母。

（二）车辆识别代号的标示位置、方式及要求

《道路车辆　车辆识别代号（VIN）》（GB 16735—2019）中对 VIN 码的位置规定如下：车辆应在产品标牌上标识车辆识别代号（L_1、L_3 类车辆除外），产品标牌的型式、标示位置、标示要求应符合我国标准《机动车产品标牌》（GB/T 18411—2018）。车辆应至少有一个车辆识别代号直接打刻在车架能防止锈蚀、磨损的部位上。

车辆识别代号采用人工可读码，或人工可读码与机器可读码组合，或电子数据的形式进行标示。车辆识别代号直接打刻在车辆上；或通过标签粘贴在车辆上；或通过不可篡改的方式将符合相应标准规定的电子数据存储在电子控制单元存储器内的方式进行标示。除 M1 类车辆之外的其他车辆，还可通过标牌永久保持地固定在车辆上。

三、汽车的总体构造认知

汽车是主要借助于自身的动力装置驱动，且具有 4 个或 4 个以上的车轮的非轨道承载车辆。汽车一般由发动机、底盘、车身和电气设备四个基本部分组成，具体见图1-15。

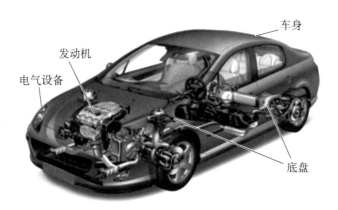

图1-15　汽车组成部分示意图

1. 发动机的类型

发动机是为汽车提供动力的,是汽车的心脏,影响汽车的动力性、经济性和环保性。通常情况下,发动机可以进行以下分类,如表 1 - 9 所示。

表 1 - 9　发动机常见的分类

分类方式	类　型
按进气系统的工作方式分类	自然吸气、涡轮增压、机械增压、双增压
按活塞运动方式分类	往复活塞式内燃机、旋转活塞式发动机
按气缸排列型式分类	直列发动机、V 型发动机、W 型发动机、水平对置发动机
按气缸数目分类	单缸发动机、多缸发动机
按冷却方式分类	水冷发动机、风冷发动机
按冲程数分类	四冲程内燃机、二冲程内燃机
按燃油供应方式分类	化油器发动机、电喷发动机、缸内直喷发动机

2. 发动机的组成

当前,绝大多数汽车发动机都采用往复活塞式内燃机,主要包括汽油机和柴油机,这里重点介绍汽油机。汽油机由两大机构五大系统组成,即曲柄连杆机构、配气机构、燃料供给系统、点火系统、润滑系统、冷却系统和起动系统。

(1) 曲柄连杆机构:曲柄连杆机构是发动机实现工作循环、完成能量转换的主要运动零件。它由机体组、活塞连杆组和曲轴飞轮组组成。

(2) 配气机构:配气机构的功用是根据发动机的工作顺序和工作过程,定时开启和关闭进气门和排气门,使可燃混合气或空气进入气缸,并使废气从气缸内排出,实现换气过程。进、排气门的开闭由凸轮轴控制。凸轮轴由曲轴通过齿形带或齿轮或链驱动。进、排气门和凸轮轴以及其他一些零件共同组成配气机构。

(3) 燃料供给系统:燃料供给系统的功用是根据发动机的要求,配制出一定数量和浓度的混合气,供入气缸,并将燃烧后的废气从气缸内排出到大气中去。

(4) 点火系统:在汽油机中,气缸内的可燃混合气是靠电火花点燃的,为此汽油机的气缸盖上装有火花塞,火花塞头部伸入燃烧室内。能够按时在火花塞电极间产生电火花的全部设备称为点火系统,点火系统通常由蓄电池、发电机、分电器、点火线圈和火花塞等组成。

(5) 润滑系统:润滑系统的功用是向作相对运动的零件表面输送定量的清洁润滑油,以实现液体摩擦,减小摩擦阻力,减轻机件的磨损,并对零件表面进行清洗和冷却。润滑系统通常由润滑油道、机油泵、机油滤清器和一些阀门等组成。

(6)冷却系统:冷却系统的功用是将受热零件吸收的部分热量及时散发出去,保证发动机在最适宜的温度状态下工作。水冷发动机的冷却系统通常由冷却水套、水泵、风扇、散热器、节温器等组成。

(7)起动系统:要使发动机由静止状态过渡到工作状态,必须先用外力转动发动机的曲轴,使活塞作往复运动,气缸内的可燃混合气燃烧膨胀做功,推动活塞向下运动使曲轴旋转,发动机才能自行运转,工作循环才能自动进行。因此,曲轴在外力作用下开始转动到发动机开始自动地怠速运转的全过程,称为发动机的起动。完成起动过程所需的装置,称为发动机的起动系统。

3. 汽车底盘

汽车底盘承载发动机、车身和某些电气设备与附件等并接受发动机输出的动力,通过其本身的各种机构传送到车轮,使其转速降低,转矩增大,从而驱动车辆前进或倒退。汽车底盘主要由传动系统、行驶系统、转向系统和制动系统四大部分组成。

(1)传动系统:传动系统一般由离合器、变速器、万向传动装置、主减速器、差速器和半轴等组成。汽车发动机所发出的动力靠传动系统传递到驱动车轮。传动系统具有减速、变速、倒车、中断动力、轮间差速和轴间差速等功能,与发动机配合工作,能保证汽车在各种工况条件下正常行驶,并具有良好的动力性和经济性。

(2)行驶系统:由汽车的车架、车桥、车轮和悬架等组成。行驶系统的功用是:

① 接受传动轴的动力,通过驱动轮与路面的作用产生牵引力,使汽车正常行驶。

② 承受汽车的总重量和地面的反力。

③ 缓和不平路面对车身造成的冲击,衰减汽车行驶中的振动,保持行驶的平顺性。

④ 与转向系统配合,保证汽车的操纵稳定性。

(3)转向系统:用来改变或保持汽车行驶或倒退方向的一系列装置称为汽车转向系统。汽车转向系统分为两大类:机械转向系统和动力转向系统。

(4)制动系统:主要由供能装置、控制装置、传动装置和制动器四部分组成。制动系统的主要功用是使行驶中的汽车减速甚至停车、使下坡行驶的汽车速度保持稳定、使已停驶的汽车保持不动。

4. 车身

车身指的是车辆用来载人装货的部分,也指车辆整体。有的车辆的车身既是驾驶员的工作场所,又是容纳乘客和货物的场所。车身包括车窗、车门、驾驶舱、乘客舱、发动机舱和行李舱等。车身的造型有厢形、鱼形、船形、流线形及楔形等几种,结构形式分单厢、两厢和三厢等类型。

5. 电气设备

汽车电气设备主要包括电源、发动机的起动系统和点火系统、照明、信号、电子控制设备等。在现代汽车中,电子技术配备有了飞跃性的发展。目前,在汽车上,尤其是轿车上普遍使用了电子点火、发动机动力输出控制(EPC)、发动机电控喷射系统、防抱死制动系统(ABS)、速度感应式转向系统(SSS)、卫星导航系统(GPS)、安全气囊系统(SRS)、自动诊断装置等电子设备,大大提高了轿车的可靠性和安全性。随着电子技术的不断发展,汽车将更加电子化和智能化。

四、汽车的主要技术参数认知

1. 汽车的整车尺寸参数

整车尺寸参数用来描述汽车的尺寸等信息。分为车长、车宽、车高、前/后轮距、轴距、前悬、后悬等,如图 1-16 所示。

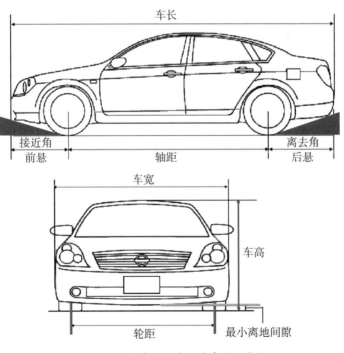

图 1-16　汽车的整车尺寸参数示意图

（1）车长是指垂直于汽车纵向对称平面，分别抵靠在汽车前、后最外端突出部位的两垂直平面之间的距离。

（2）车宽是指平行于汽车纵向对称平面，并分别抵靠在车辆两侧的两平面间的距离。但不包括后视镜、侧面指示灯、转向指示灯、挠性挡泥板、折叠式踏板、防滑链及轮胎与地面接触部分的变形等对宽度的影响。

（3）车高是指当车辆处于可运行状态的空载条件下，支撑车辆的水平面到与车辆最高突出部位相抵靠的水平面间的距离。但车外天线、车顶加装的灯、行李架等除外。

（4）前/后轮距是指同一轴左右轮胎中心平面间的距离。有些轿车前、后轮轮距相同，也有些轿车前轮轮距大于后轮。当客车或货车后轴为双排车轮时，后轮距是指同一轴一侧的两轮中心线到另一侧两轮中心线的距离。

（5）轴距是指当汽车转向轮处于直线行驶位置时，同一侧前后相邻两车轮轴线间的距离。

（6）前悬是指通过两前轮中心的横向垂直平面与抵靠在车辆最前端的横垂面间的距离。

（7）后悬是指通过两后轮中心的横向垂直平面与抵靠在车辆最后端的横垂面间的距离。

（8）最小离地间隙是指车辆支撑平面与车辆上中间区域内最低点之间的距离。

（9）接近角是指车辆静载时，水平面与切于前轮轮胎外缘的平面之间的最大夹角。

（10）离去角是指车辆静载时，水平面与切于车辆最后车轮轮胎外缘的平面之间的最大夹角。

（11）最小转弯直径是指当方向盘转到极限位置时，外侧转向轮的中心平面在车辆支撑面上的轨迹圆直径。

2. 汽车的质量参数

（1）汽车整备质量是指汽车装备齐全，即冷却液、润滑油、燃油、备胎、必要的随车工具等均按要求装好的情况下，未载人、装货时汽车整车的质量。

（2）汽车最大装载质量是指汽车在硬质良好路面上行驶时，所允许的额定装载质量，驾驶员质量包括在内。对运营汽车来说，最大装载质量直接关系到汽车在运营中的效益。

（3）汽车额定总质量是指汽车整备质量与最大装载质量之和。通常行驶条件下，汽车的实际质量介于整备质量与额定总质量之间。

（4）汽车轴荷是指汽车满载时各车轴对地面的垂直载荷。

3. 车辆主要性能参数

通常用来评定汽车性能的参数主要有：动力性、燃油经济性、制动性、操控稳定性、平顺性以及通过性等。在一定使用条件下,汽车以最高效率工作的能力,称为汽车使用性能。它是决定汽车利用效率和方便性的结构特性表征。

(1)动力性:汽车的动力性是用汽车在良好路面上直线行驶时所能达到的平均行驶速度来表示的。汽车动力性主要用三个方面的指标来评定:最高车速、汽车的加速时间、汽车所能爬上的最大坡度。

(2)燃油经济性:汽车的燃油经济性常用一定工况下汽车行驶 100 km 的燃油消耗量或一定燃油量能使汽车行驶的里程来衡量。在我国及欧洲,汽车燃油经济性指标的单位为 L/100 km,即汽车行驶 100 km 所消耗的燃油升数,其数值越小,汽车燃油经济性就越好,汽车就越省油。而在美国,则用 MPG 或 mile/gall 表示,即每加仑燃油能行驶的英里数,其数值愈大,汽车的经济性就愈好,汽车就愈省油。燃油经济性与很多因素有关,如行驶速度,当汽车在接近于低速的中等车速行驶时燃油消耗量最低,高速时燃油消耗量随车速增加而迅速增加。另外,汽车的保养与调整也会影响汽车的油耗量。

(3)制动性:汽车行驶时在短距离内停车且维持行驶方向稳定,以及汽车在下长坡时维持一定车速的能力称为汽车的制动性。评定汽车制动性能的指标主要有制动效能、制动效能的恒定性、制动时汽车的方向稳定性、汽车的制动过程。

(4)操控稳定性:汽车的操控稳定性是指驾驶员在不感到紧张、疲劳的情况下,汽车能按照驾驶员通过转向系统给定的方向行驶,而当遇到外界干扰时,汽车所能抵抗干扰而保持稳定行驶的能力。

(5)平顺性:汽车平顺性是保持汽车在行驶过程中,乘员所处的振动环境具有一定的舒适度的性能。这与汽车的底盘参数、车身几何参数,以及汽车的动力性和操控性等有密切关系。

(6)通过性:通过性是指车辆通过一定情况路况的能力。通过能力强的车辆,可以轻松翻越坡度较大的坡道,可以放心地驶入一定深度的河流,也可以高速地行驶在崎岖不平的山路上,在城市中也不用为停车上下路肩而担心。总之,它比其他车辆更可能载你去你想去的地方,让你体验到探索自然的感觉。

1. 分配任务

每 5 人为一组,选出一名组长,组长对小组任务进行分工。组员按组长要求完成相关任务。具体任务要求如下:

（1）组长选取不同实训车辆，让组员分别说出车辆的类型。

（2）针对实训车辆，组员分别读出车辆的识别代号，并进行解释说明。

（3）针对实训车辆，组员分别说出汽车的主要技术参数，并进行解释说明。

2. 注意事项

（1）成员阐述车辆型号及识读车辆的识别代号时，请注意不要拥挤，以免发生磕碰。

（2）任务结束后，需要对车辆及相应工位进行 6S 管理。

3. 任务工单

具体任务工单如表 1-10 所示。

表 1-10　任务工单

任务名称					
姓名		班级		学号	
任务地点		任务时间		日期	
设备及工具					
	工作计划			任务结果	
说出不同车辆类型					
识读车辆的识别代号					
识别车辆的技术参数					
根据任务结果写出整改建议或学习计划					

任务拓展

一、填空题

1. 汽车按用途分为_____和_____。

2. 汽车按发动机位置和驱动方式分类分为_____、_____、_____、_____、_____。

3. 车辆识别代号由_____、_____和_____组成。

二、选择题

1. VIN 由( )位字码组成。

   A. 7　　　　　　　B. 10　　　　　　　C. 17　　　　　　　D. 22

2. 电动汽车的车身标识是( )。

   A. EV　　　　　　B. HEV　　　　　　C. DM　　　　　　D. BEV

3. 表示全时四轮驱动的车身标识是( )。

   A. 4WD　　　　　B. AWD　　　　　　C. xDRIVE　　　　D. 4MATIC

三、简答题

1. 请说出常见的乘用车类型。

2. 请详细解释说明车辆识别代号的含义。

项目小结

　　本项目主要对二手车交易市场、二手车鉴定评估基础、汽车基础知识三部分内容进行了学习。

　　二手车交易市场部分主要对国内外二手车交易市场进行了介绍并对相应的市场特点进行对比。

　　二手车鉴定评估基础部分主要学习了二手车鉴定评估相关术语、二手车鉴定评估流程以及二手车鉴定评估师的相关职责及要求。

　　汽车基础知识部分主要学习了汽车的分类及作用、车辆识别代号、汽车的总体构造以及汽车的主要技术参数。

项目二 > 二手车技术状况鉴定

项目导读

在二手车交易中，如何准确、客观地评估二手车的价值是至关重要的。二手车价值的影响因素除车型档次、市场供求关系、国家宏观政策外，最为重要的是二手车当前技术状况的好坏。

汽车在长期的使用中，机件之间的摩擦和自然力的作用使其处于不断损耗的过程中。随着行驶里程和使用年限的增加，汽车实体的有形损耗和无形损耗加剧。损耗程度的大小，视其使用强度、使用条件、使用性质、维修保养水平而定。不同的汽车，差异性很大。为了降低消费者的购车风险，二手车技术状况鉴定工作就显得尤为重要。本项目包括四个任务，分别为二手车事故车的鉴定、二手车静态检查、二手车动态检查以及辅助仪器检查，通过二手车静态、动态、仪器检查的流程及内容和事故车的检查与判别，要求鉴定评估人员站在中立的立场，依照相关法律法规科学精准地对车辆进行评估，并以最大的诚信，客观公正的态度向买方说明车辆的相关信息。

项目目标

知识目标

1. 掌握识别事故车辆的方法和技巧。
2. 掌握二手车静态检查的内容及检查部位。
3. 掌握二手车动态检查的内容及检查部位。
4. 掌握二手车仪器检查的标准及检查项目。

技能目标

1. 能正确识别事故车。
2. 能进行二手车静态检查。
3. 能进行二手车动态检查。

素养目标

1. 培养学生正确的劳动观念。

2. 培养学生诚信和团队协作精神。

3. 培养学生敬业、认真、严谨的工作态度。

任务一　二手车事故车的鉴定

任务描述

　　汽车发生事故是常见的，发生过事故的车辆，其使用性能无疑会受到极大的损害，而且还会存在很大的隐患。但由于在二手车交易前，它们都经过修理，非专业人士一般很难分辨出来。

　　从业者借助检测设备与工具，通过统一的评估标准和流程，依照《二手车鉴定评估规范》等法规公平公正地对二手车进行技术鉴定评估，应当能够正确识别事故车。小王是一家二手车行的工作人员，目前还在实习阶段，主管为了检验小王的实习效果，让他回答什么车才算是事故车？如何辨别事故车？你知道他是如何准备的吗？

任务分析

　　事故车并非特指出过事故的车辆，而是指存在严重的结构性损伤的车辆。这种结构性损伤可能是事故造成的，也可能是汽车使用负荷过大造成的，例如泡水车、烧伤车也属于特殊事故车。

　　车辆在发生碰撞或者严重损伤后，其结构框架会遭到损害，需要进行一定的修复。而由于维修技术及工艺标准等原因，实际修复后的车辆的性能有所降低，且存在安全和故障隐患。

　　事故车主要包括外力撞击事故车、水泡车、火烧车等，是指由非自然损耗的事故，造成车辆伤损，导致机械性能、经济价值下降的车辆。一般来说，事故车很难从外观上辨别出来，事故车的鉴定，应结合车辆的出险情况、维修记录以及车辆的实际状况进行判定。本任务主要学习判别事故车的方法。

知识链接

一、二手车鉴定评估技术规范

诚信鉴别事故车

　　学习判别事故车的方法最权威的资料应该是国家标准《二手车鉴定评估技术规范》(GB/

T 30323—2013),这是国家颁布的首个关于二手车评估方面的标准文件。该政策的出台对目前混乱的二手车评估检测工作有了一定的约束,使之规范化。那么,二手车鉴定评估技术规范的内容是什么呢? 下面我们将针对这一问题展开具体介绍。

(一) 二手车鉴定评估技术规范

1. 二手车鉴定评估作业流程

二手车鉴定评估机构开展二手车鉴定评估经营活动按图2-1流程作业,并填写图1-6的二手车鉴定评估委托书。二手车经销、拍卖、经纪等企业开展业务涉及二手车鉴定评估活动的,参照图2-1有关内容和顺序作业,即查验可交易车辆——登记基本信息——判别事故车——鉴定技术状况,并填写二手车技术状况表,如表2-1所示。

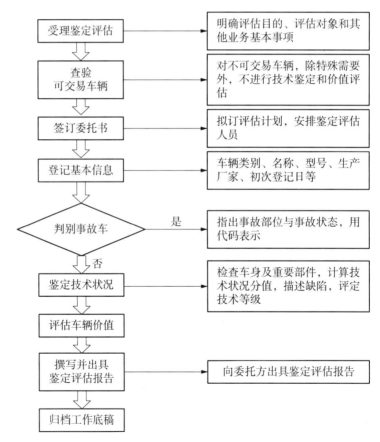

图 2-1 二手车鉴定评估作业流程

表 2-1　二手车技术状况表(示范文本)

<table>
<tr><td rowspan="10">车辆基本信息</td><td>厂牌型号</td><td colspan="2"></td><td>牌照号码</td><td colspan="2"></td></tr>
<tr><td>发动机号</td><td colspan="2"></td><td>VIN 码</td><td colspan="2"></td></tr>
<tr><td>初次登记日期</td><td colspan="2">年　月　日</td><td>表征里程</td><td colspan="2">万公里</td></tr>
<tr><td>品牌名称</td><td></td><td>□国产
□进口</td><td>车身颜色</td><td colspan="2"></td></tr>
<tr><td>年检证明</td><td colspan="2">□有(至　　年　　月)
□无</td><td>购置税证书</td><td colspan="2">□有　□无</td></tr>
<tr><td>车船税证明</td><td colspan="2">□有(至　　年　　月)
□无</td><td>交强险</td><td colspan="2">□有(至　　年　　月)
□无</td></tr>
<tr><td>使用性质</td><td colspan="5">□营运用车　□出租车　□公务用车　□家庭用车　□其他</td></tr>
<tr><td>其他法定凭证、证明</td><td colspan="5">□机动车号牌　□机动车行驶证　□机动车登记证书　□第三者强制保险单　□其他</td></tr>
<tr><td>车主名称/姓名</td><td colspan="2"></td><td>企业法人证书代码/身份证号码</td><td colspan="2"></td></tr>
<tr><td colspan="6"></td></tr>
<tr><td rowspan="4">重要配置</td><td>燃料标号</td><td colspan="2"></td><td>排量</td><td>缸数</td><td></td></tr>
<tr><td>发动机功率</td><td colspan="2"></td><td>排放标准</td><td>变速器形式</td><td></td></tr>
<tr><td>气囊</td><td colspan="2"></td><td>驱动方式</td><td>ABS</td><td>□有　□无</td></tr>
<tr><td>其他重要配置</td><td colspan="5"></td></tr>
<tr><td>是否为事故车</td><td>□是　□否</td><td colspan="4">损伤位置及损伤状况</td></tr>
<tr><td>鉴定结果</td><td>分值</td><td colspan="3">技术状况等级</td><td></td></tr>
<tr><td rowspan="7">车辆技术状况鉴定缺陷描述</td><td>鉴定科目</td><td colspan="2">鉴定结果(得分)</td><td colspan="3">缺陷描述</td></tr>
<tr><td>车身检查</td><td colspan="2"></td><td colspan="3"></td></tr>
<tr><td>发动机检查</td><td colspan="2"></td><td colspan="3"></td></tr>
<tr><td>车内检查</td><td colspan="2"></td><td colspan="3"></td></tr>
<tr><td>起动检查</td><td colspan="2"></td><td colspan="3"></td></tr>
<tr><td>路试检查</td><td colspan="2"></td><td colspan="3"></td></tr>
<tr><td>底盘检查</td><td colspan="2"></td><td colspan="3"></td></tr>
</table>

（续表）

二手车鉴定评估师：　　鉴定单位:(盖章)

鉴定日期：　　年　　月　　日

声明：

　　本二手车技术状况表所体现的鉴定结果仅为鉴定日期当日被鉴定车辆的技术状况表现与描述,若在当日内被鉴定车辆的市场价值或因交通事故等原因导致车辆的价值发生变化,对车辆鉴定结果产生明显影响时,本技术状况鉴定说明书不作为参考依据。

说明：

　　本二手车技术状况表由二手车经销企业、拍卖企业、经纪企业使用,作为二手车交易合同的附件。车辆展卖期间,放置在驾驶室前风窗玻璃左下方,供消费者参阅。

2. 受理鉴定评估

了解委托方及其车辆的基本情况,明确委托方要求,主要包括委托方要求的评估目的、评估基准日、期望完成评估的时间等。

3. 查验可交易车辆

（1）查验机动车登记证书、行驶证、有效机动车安全技术检验合格标志、车辆购置税完税证明、车船使用税缴付凭证、车辆保险单等法定证明、凭证是否齐全,并按照表2-2检查所列项目是否全部判定为"Y"。

表2-2　可交易车辆判别表

序号	检查项目	判别
1	是否达到国家强制报废标准	Y否　N是
2	是否为抵押期间或海关监管期间	Y否　N是
3	是否为人民法院、检察院、行政执法等部门依法查封、扣押期间的车辆	Y否　N是
4	是否为通过盗窃、抢劫、诈骗等违法犯罪手段获得的车辆	Y否　N是
5	发动机号与机动车登记证书登记号码是否一致,且无凿改痕迹	Y是　N否
6	车辆识别代号或车架号码与机动车登记证书登记号码是否一致,且无凿改痕迹	Y是　N否
7	是否走私、非法拼组装车辆	Y否　N是
8	是否法律法规禁止经营的车辆	Y否　N是

（2）如发现上述法定证明、凭证不全,或表2-2检查项目任何一项判别为"N"的车辆,应

告知委托方,无需继续进行技术鉴定和价值评估(司法机关委托等特殊要求的除外)。

(3) 发现法定证明、凭证不全,或者表 2 - 2 中第 1 项、4 项至 8 项任意一项判断为"N"的车辆应及时报告公安机关等执法部门。

4. 签订委托书

对相关证照齐全、表 2 - 2 检查项目全部判别为"Y"的,或者司法机关委托等特殊要求的车辆,签署二手车鉴定评估委托书。

5. 登记基本信息

(1) 登记车辆使用性质信息,明确营运与非营运车辆。

(2) 登记车辆基本情况信息,包括车辆类别、名称、型号、生产厂家、初次登记日期、表征行驶里程等。如果表征行驶里程与实际车况明显不符,应在表 2 - 1 的二手车技术状况表有关技术缺陷描述中予以注明。

6. 判别事故车

(1) 参照图 2 - 2 所示车体部位,按照表 2 - 3 要求检查车辆外观,判别车辆是否发生过碰撞、火烧,确定车体结构是否完好无损。

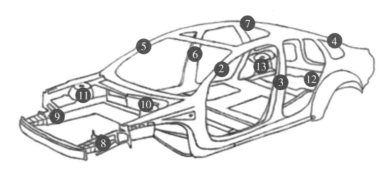

2 左 A 柱　　6 右 B 柱　　10 左前减振器悬架部位
3 左 B 柱　　7 右 C 柱　　11 右前减振器悬架部位
4 左 C 柱　　8 左前纵梁　12 左后减振器悬架部位
5 右 A 柱　　9 右前纵梁　13 右后减振器悬架部位

图 2 - 2　车体结构示意图

(2) 使用漆面厚度检测设备配合对车体结构部件进行检测,使用车辆结构尺寸检测工具或设备检测车体左右对称性。

(3) 根据表 2 - 3、表 2 - 4 对车体状态进行缺陷描述。即:车身部位＋状态。例:4SH,即:左 C 柱有烧焊痕迹。

表 2-3　车体部位代码表

序号	检查项目	序号	检查项目
1	车体左右对称性	8	左前纵梁
2	左 A 柱	9	右前纵梁
3	左 B 柱	10	左前减振器悬架部位
4	左 C 柱	11	右前减振器悬架部位
5	右 A 柱	12	左后减振器悬架部位
6	右 B 柱	13	右后减振器悬架部位
7	右 C 柱		

表 2-4　车辆缺陷状态描述对应表

代表字母	BX	NQ	GH	SH	ZZ
缺陷描述	变形	扭曲	更换	烧焊	褶皱

（4）当表 2-3 中任何一个检查项目存在表 2-4 中对应的缺陷时，则该车为事故车。

7. 鉴定车辆技术状况

（1）按照车身、发动机舱、驾驶舱、起动、路试、底盘等项目顺序检查车辆技术状况。

（2）根据检查结果确定车辆技术状况的分值。总分值为各个鉴定项目分值累加，即鉴定总分 $=\sum$ 项目分值，满分 100 分。

（3）根据鉴定分值，按照表 2-5 确定车辆对应的技术等级。

表 2-5　车辆技术状况等级分值对应表

技术状况等级	分值区间
一级	鉴定总分≥90
二级	60≤鉴定总分＜90
三级	20≤鉴定总分＜60
四级	鉴定总分＜20
五级	事故车

8. 评估车辆价值

（1）按照车辆有关情况，确立估值方法，并对车辆价值进行估算。

（2）估值方法选用原则：一般情况下，推荐选用现行市价法；在无参照物、无法使用现行市价法的情况下，选用重置成本法。

（3）现行市价法的运用方法：评估价值为相同车型、配置和相同技术状况鉴定检测分值的车辆近期的交易价格；如无参照，可从本区域本月内的交易记录中调取相同车型、相近分值的车辆的交易价格，或从相邻区域的成交记录中调取相同车型、相近分值的车辆的近期成交价格，并结合车辆技术状况鉴定分值加以修正。

（4）当无任何参照体时，使用重置成本法计算车辆价值，具体内容在后续章节有所介绍。

9. 撰写及出具鉴定评估报告

（1）根据车辆技术状况鉴定等级和价值评估结果等情况，按照要求撰写二手车鉴定评估报告，做到内容完整、客观、准确，书写工整。

（2）按委托书要求及时向客户出具二手车鉴定评估报告，并由鉴定评估人与复核人签章，鉴定评估机构加盖公章。

10. 归档工作底稿

将二手车鉴定评估报告及其附件与工作底稿独立汇编成册，存档备查。档案保存一般不低于 5 年；鉴定评估目的涉及财产纠纷的，其档案至少应当保存 10 年；法律法规另有规定的，按规定处理。

二手车质量检测

（二）正常车辆技术状况鉴定有关要求

1. 车身

（1）参照图 2-3 标示，按照表 2-6 要求检查 26 个部位，程度为 1 的扣 0.5 分，每增加 1 个程度加扣 0.5 分。共计 20 分，扣完为止。轮胎部分需高于程度 4 的标准，不符合标准扣 1 分。

表 2-6 车身外观部位代码对应表

代码	部 位	代码	部 位
14	发动机舱盖表面	19	左前车门
15	左前翼子板	20	右前车门
16	左后翼子板	21	左后车门
17	右前翼子板	22	右后车门
18	右后翼子板	23	行李舱盖

（续表）

代码	部　　位	代码	部　　位
24	行李舱内侧	32	前照灯
25	车顶	33	后尾灯
26	前保险杠	34	前风窗玻璃
27	后保险杠	35	后风窗玻璃
28	左前轮	36	四门车窗玻璃
29	左后轮	37	左后视镜
30	右前轮	38	右后视镜
31	右后轮	39	轮胎

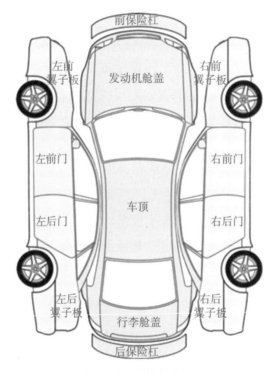

图 2-3　车身标示图

（2）使用车辆外观缺陷测量工具与漆面厚度检测仪器结合目测法对车身外观进行检测。

（3）根据表 2-7 描述缺陷，车身外观项目的转义描述为：车身部位＋状态＋程度。

例：21XS2 对应描述为：左后车门有锈蚀，面积为大于 100 mm×100 mm，小于或等于 200 mm×300 mm。

表 2-7　车身外观状态描述对应表

代码	HH	BX	XS	LW	AX	XF
描述	划痕	变形	锈蚀	裂纹	凹陷	修复痕迹

程度：1——面积小于或等于 100 mm×100 mm。

2——面积大于 100 mm×100 mm 并小于或等于 200 mm×300 mm。

3——面积大于 200 mm×300 mm。

4——轮胎花纹深度小于 1.6 mm。

2. 发动机舱

按表 2-8 的要求检查 10 个项目。选择 A 不扣分，第 40 项选择 B 或 C 扣 15 分；第 41 项选择 B 或 C 扣 5 分；第 44 项选择 B 扣 2 分，选择 C 扣 4 分；其余各项选择 B 扣 1.5 分，选择 C 扣 3 分。共计 20 分，扣完为止。

表 2-8　发动机舱检查项目作业表

序号	检查项目	A	B	C
40	机油有无冷却液混入	无	轻微	严重
41	缸盖外是否有机油渗漏	无	轻微	严重
42	前翼子板内缘、散热器框架、横拉梁有无凹凸或修复痕迹	无	轻微	严重
43	散热器格栅有无破损	无	轻微	严重
44	蓄电池电极桩有无腐蚀	无	轻微	严重
45	蓄电池电解液有无渗漏、缺少	无	轻微	严重
46	发动机传动带有无老化	无	轻微	严重
47	油管、水管有无老化、裂痕	无	轻微	严重
48	线束有无老化、破损	无	轻微	严重
49	其他	只描述缺陷，不扣分		

如检查第 40 项时发现机油有冷却液混入、检查第 41 项时发现缸盖外有机油渗漏，则应在二手车鉴定评估报告或二手车技术状况表的技术状况缺陷描述中分别予以注明，并提示修复前不宜使用。

3. 驾驶舱

按表 2-9 的要求检查 15 个项目。选择 A 不扣分，第 50 项选择 C 扣 1.5 分；第 51、52

项选择 C 扣 0.5 分;其余项目选择 C 扣 1 分。共计 10 分,扣完为止。

如检查第 60 项时发现安全带结构不完整或者功能不正常,则应在二手车鉴定评估报告或二手车技术状况鉴定书的技术状况缺陷描述中予以注明,并提示修复或更换前不宜使用。

表 2-9　驾驶舱检查项目作业表

序号	检查项目	A	C
50	车内是否无水泡痕迹	是	否
51	车内后视镜、座椅是否完整、无破损、功能正常	是	否
52	车内是否整洁、无异味	是	否
53	方向盘自由行程转角是否小于 15°	是	否
54	车顶及周边内饰是否无破损、松动及裂缝和污迹	是	否
55	仪表台是否无划痕,配件是否无缺失	是	否
56	变速杆手柄及护罩是否完好、无破损	是	否
57	储物盒是否无裂痕,配件是否无缺失	是	否
58	天窗是否移动灵活、关闭正常	是	否
59	门窗密封条是否良好、无老化	是	否
60	安全带结构是否完整、功能是否正常	是	否
61	驻车制动系统是否灵活有效	是	否
62	玻璃窗升降器、门窗工作是否正常	是	否
63	左、右后视镜折叠装置工作是否正常	是	否
64	其他	只描述缺陷,不扣分	

4. 起动

按表 2-10 的要求检查 10 个项目。选择 A 不扣分,第 65、66 项选择 C 扣 2 分;第 67 项选择 C 扣 1 分;第 68 至 71 项,选择 C 扣 0.5 分;第 72、73 项选择 C 扣 10 分。共计 20 分,扣完为止。

表 2-10　起动检查项目作业表

序号	检查项目	A	C
65	车辆起动是否顺畅(时间少于 5s,或一次起动)	是	否
66	仪表板指示灯显示是否正常,无故障报警	是	否

（续表）

序号	检查项目	A	C
67	各类灯光和调节功能是否正常	是	否
68	泊车辅助系统工作是否正常	是	否
69	制动防抱死系统(ABS)工作是否正常	是	否
70	空调系统风量、方向调节、分区控制、自动控制、制冷工作是否正常	是	否
71	发动机在冷、热车条件下怠速运转是否稳定	是	否
72	怠速运转时发动机是否无异响,空挡状态下逐渐增加发动机转速,发动机声音过渡是否无异响	是	否
73	车辆排气是否无异常	是	否
74	其他	只描述缺陷,不扣分

如检查第66项时发现仪表板指示灯显示异常或出现故障报警,则应查明原因,并在二手车鉴定评估报告或二手车技术状况鉴定书的技术状况缺陷描述中予以注明。

优先选用车辆故障信息读取设备对车辆技术状况进行检测。

5. 路试

按表2-11的要求检查10个项目。选择A不扣分,选择C扣2分。共计15分,扣完为止。

表2-11 路试检查项目作业表

序号	检查项目	A	C
75	发动机运转、加速是否正常	是	否
76	车辆起动前踩下制动踏板,保持5~10s,踏板无向下移动的现象	是	否
77	踩住制动踏板起动发动机,踏板是否向下移动	是	否
78	行车制动系统最大制动效能在踏板全行程的4/5以内达到	是	否
79	行驶是否无跑偏	是	否
80	制动系统工作是否正常有效、制动不跑偏	是	否
81	变速器工作是否正常、无异响	是	否

（续表）

序号	检查项目	A	C
82	行驶过程中车辆底盘部位是否无异响	是	否
83	行驶过程中车辆转向部位是否无异响	是	否
84	其他	只描述缺陷，不扣分	

如果检查第 80 项时发现制动系统出现制动距离长、跑偏等不正常现象，则应在二手车鉴定评估报告或二手车技术状况表的技术缺陷描述中予以注明，并提示修复前不宜使用。

6. 底盘

按表 2-12 的要求检查 8 个项目。选择 A 不扣分，第 85、86 项，选择 C 扣 4 分；第 87、88 项，选择 C 扣 3 分；第 89、90、91 项，选择 C 扣 2 分。共计 15 分，扣完为止。

表 2-12　底盘检查项目作业表

序号	检查项目	A	C
85	发动机油底壳是否无渗漏	是	否
86	变速器体是否无渗漏	是	否
87	转向节臂球销是否无松动	是	否
88	三角臂球销是否无松动	是	否
89	传动轴十字轴是否无松旷	是	否
90	减振器是否无渗漏	是	否
91	减振弹簧是否无损坏	是	否
92	其他	只描述缺陷，不扣分	

7. 功能性零部件

对表 2-13 所示部件功能进行检查。若发现结构、功能出现坏损，直接进行缺陷描述，不计分。

表 2-13　车辆功能性零部件项目表

序号	类别	零部件名称	序号	类别	零部件名称
93	车身外部件	发动机舱盖锁止	105	随车附件	备胎
94		发动机舱盖液压撑杆	106		千斤顶
95		后门/行李舱液压支撑杆	107		轮胎扳手及随车工具

（续表）

序号	类别	零部件名称	序号	类别	零部件名称
96		各车门锁止	108		三角警示牌
97		前后刮水器	109		灭火器
98		立柱密封胶条	110		全套钥匙
99		排气管及消声器	111		遥控器及功能
100		车轮轮毂	112		喇叭高低音色
101		车内后视镜	113	其他	玻璃加热功能
102	驾驶舱	座椅调节及加热			
103	内部件	仪表板山风管道			
104		中央集控			

8. 拍摄车辆照片

（1）外观图片。分别从车辆左前部与右后部45°角处拍摄外观图片各一张。拍摄外观破损部位带标尺的正面图片一张。

（2）驾驶舱图片。分别拍摄仪表台操纵杆、前排座椅、后排座椅正面图片各一张，拍摄破损部位带标尺的正面图片一张。

（3）拍摄发动机舱图片一张。

二、如何鉴定事故车

（一）事故车定义

事故车是指在使用过程中，曾发生过严重碰撞或撞击，或长时间泡水，或较严重过火，虽然修复并在使用，但仍存在安全隐患的车辆总称。

（二）事故车类型

事故车的类型主要有严重碰撞车、进水车和火烧车三类。

1. 严重碰撞车

（1）车架左右纵梁弯曲变形、断裂后修复或更换过。

（2）散热器框架和减振器悬架部位被撞伤后修复或更换过。

（3）车身后翼子板碰撞后被切割或更换过。

（4）门框及其下边框、A、B、C柱碰撞变形弯曲后修复或更换过。

（5）车身整体产生变形凹陷、断裂后修复过车身。

2. 进水车

进水车按照损害严重程度分为三类,第一类是水深超过车轮,并涌入了车内;第二类是水深超过发动机舱盖,水线达到前风窗玻璃的下沿;第三类是积水漫过车顶。后两类进水车称为泡水车。

3. 火烧车

无论是由于外燃还是自燃,只要发动机舱或乘员舱发生严重火烧,燃烧面积较大,机件损坏较严重的车辆统称为火烧车,应列为事故车。

（三）非承载式车身的碰撞变形

非承载式车身由车架及围接在其周围的可分解的部件组成,车身的前部和后部具有上弯的结构,碰撞时会变形,但可保持车架中部结构的完整。

碰撞时由于振动的大小和方向不同,车架可能遭受损伤而车身没有。

1. 左右弯曲

当汽车一侧被碰撞时,被撞一侧会有明显的碰撞损伤,被撞一侧车架纵梁的外侧及另一侧纵梁的内侧可能会有折损;车门垂直方向缝隙会变大,车门宽度方向可能会有皱褶;车身和车顶盖可能会有错位等现象。

2. 上下弯曲

当汽车被撞后,车身壳体某些部位会比正常位置低(或高),这就发生了上下弯曲变形。直接碰撞汽车的前部或后部,会导致汽车一侧或两侧发生上下弯曲。可以从翼子板与门之间的缝隙是否在顶部变窄、在下部变宽,车门在撞击后是否下垂等判断出是否发生了上下弯曲变形。

3. 断裂

汽车发生碰撞后,如果发动机舱罩前移或后车窗后移;车身上的某些部件或车架元件的尺寸小于标准尺寸;车门可能吻合得很好,但挡板、车壳或车架的拐角处皱褶或有其他严重的变形;车架在车轮安装位置圆顶处向上提升,引起弹性外壳损坏,这些都表明车身上发生了断裂变形。

4. 菱形变形

当车辆前部(或后部)的任一侧角或偏心点受到撞击时,车架的一侧向后(或向前)移动,车架或车身歪斜近似平行四边形的形状,这种变形称作菱形变形。

菱形变形是整个车架的变形,可以明显看到发动机舱罩及行李舱盖发生错位。

5. 扭转

当汽车高速撞击到路缘石或路中隔离栏,或车身后侧角端发生碰撞时,就可能发生扭转变形。

发生扭转变形后,汽车的一角会比正常情况高,而相反的一角则会比正常情况低;汽车的一角会前移,而邻近的一角很可能被扭转向下。

接下来我们学习鉴定事故车的方法。

(四) 碰撞事故车鉴定步骤

1. 检查车体周正性

在汽车制造厂,汽车车身及各部件的装配位置是在生产线上通过严格调试的装、夹具确定的,装配出的车辆各部分对称、周正。

在汽车的前方5～6 m处,蹲下沿着轮胎和汽车的外表面看汽车的两侧。在两侧,前、后车轮应该排成一线;然后,在汽车后面进行同样的观察,前轮和后轮应该成一条直线。如果不是这样,则车架或整体车身弯了。

蹲在前车轮附近,检查车轮后面的空间,即车轮后面与车轮罩后缘之间的距离。

2. 检查结构件损伤

(1) 检查前横梁。目视检查前横梁是否有明显的变形、折痕及补过漆的痕迹。

(2) 检查散热器及其固定梁。

① 查看散热器固定梁固定螺栓是否有经过拆装的痕迹。如果有,则可能是该梁或散热器或发动机经常出故障。

② 查看散热器固定梁的形状是否规整,是否有损伤的痕迹。如果不规整或有明显损伤痕迹,则可能是该车发生过正面碰撞事故。

③ 查看散热器是否漏水、有锈蚀,特别查看靠风扇一侧的散热片是否有圆形凹陷损伤(散热片倾倒)。如果有,则可能是该车发生过正面碰撞事故。

(3) 查看左右车轮罩、前纵梁。

① 是否有新喷漆的痕迹。

② 车轮罩、减振器支座、连接板与前纵梁连接处的焊点是否规则,间隔均匀。

③ 查看前纵梁的后部,看是否有搭接连接处。

④ 检查一下两侧翼子板上的螺栓是否松动过。

（4）发动机舱检查：发动机舱罩与翼子板、风窗玻璃的密合度或发动机留有的缝隙是否一致，是否留有原车的胶漆；打开发动机舱罩看内侧是否有烤过漆的痕迹，龙门架是否修复，车纵梁是否修复，发动机部件是否正常。

① 检查原厂胶左右是否对称，螺栓新旧程度是否一致，螺栓有无拆卸痕迹，查看龙门架表面是否有修复喷漆痕迹，如图2-4所示。

图2-4　发动机舱检查　　　　　　　　　图2-5　龙门架检查

② 检查龙门架是否左右对称，是否有原厂胶，如图2-5所示。

③ 检查发动机舱盖，如图2-6所示；检查发动机舱盖里的螺钉、胶条，如图2-7所示。发动机舱盖内侧有烤漆痕迹，或者电焊形状、大小不一致，则车辆很可能出过事故。

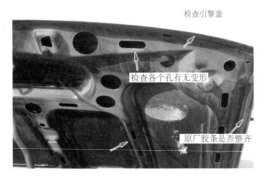

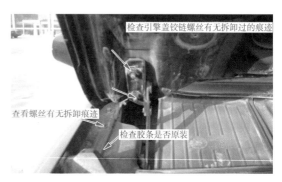

图2-6　发动机舱盖检查　　　　　　　图2-7　检查发动机舱盖里的螺钉、胶条

④ 检查发动机是否漏油漏水，如图2-8所示；观察气缸盖外是否有油迹，少量没问题，油多则说明有机油上窜或者气缸垫损坏导致不密封；检查发动机各部件的新旧程度及传动带的磨损程度，如图2-9所示。

⑤ 检查翼子板内侧是否有过修复，如图2-10所示。

图2-8　检查发动机是否漏油漏水

图2-9　检查发动机各部件的新旧程度及传动带的磨损程度

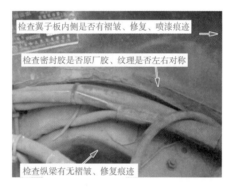

图2-10　检查翼子板内侧是否修复

⑥ 检查减振器支座是否有明显的变形，如图 2-11 所示；检查减振器支座是否有过修复，如图 2-12 所示；检查减振器支座螺栓固定孔是否变形，如图 2-13 所示。

图2-11　检查减振器支座

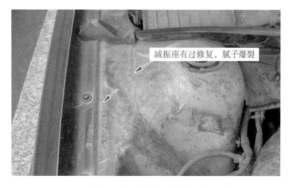

图2-12　减振器支座有过修复（事故车图例）

⑦ 检查发动机冷却液、蓄电池和空气滤清器等，如图 2-14 所示。发动机冷却液必须在车辆静止并完全冷却后进行检查；检查蓄电池标牌上的日期，推算剩余有效寿命；查看空气滤清器，从其状况可以看出车子平时的保养和使用强度。

图 2-13　检查减振器支座螺栓固定孔

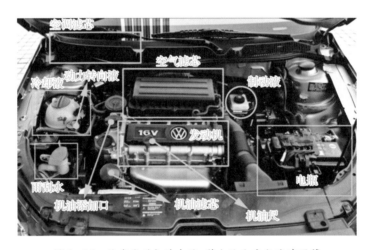

图 2-14　检查发动机冷却液、蓄电池和空气滤清器等

（5）检查车门口。

① 开关车门，是否顺畅。打开车门详细查看门口线条是否规整流畅，如果有类似波浪状的情形，表示此车经过钣金修理；查看门铰链是否有焊接痕迹，密封胶是否原装。表面是否平整、有无修复痕迹、是否有喷漆现象，如图 2-15 所示。

图 2-15　查看门铰链是否有修复痕迹，A柱检查

② 将车门口的密封条揭开,观察门框周边线条是否流畅、平整,车门附近是否留有原车接合时的铆钉(焊点)痕迹,如图 2-16 所示。

图 2-16 检查车门密封条

③ 查看车门槛。如果门槛磨损严重,说明该车使用强度较大或使用年头较长;如果车门槛线形不平直,说明被碰撞过。

④ 检查 ABC 柱。ABC 柱是车身的重要部位,也是二手车检测中的重点检查项目,如图 2-15、图 2-17 和图 2-18 所示。除了观察 ABC 柱表面的平整度,我们还可以拆下内饰板和胶条,检查是否有敲市和焊接修复的痕迹。同时,对于配备侧面安全气囊的车型,我们还可以拆下 A 柱内饰板,检查其安全气囊是否膨开过。

图 2-17 B 柱检查

图 2-18 C 柱检查

(6) 检查后减振器支座。检查内容与项目同前减振器支座。

(7) 行李舱检查。检查行李舱盖是否变形,如图 2-19 所示;检查行李舱的原厂胶、纹理等,判断是否有修复痕迹,如图 2-20 所示;检查后尾灯灯位,如图 2-21 所示;检查行李舱底部是否有修复痕迹,如图 2-22 所示;检查工具备胎是否齐全,如图 2-23 所示;检查底板是否锈蚀,表面是否不平整,如图 2-24 所示。

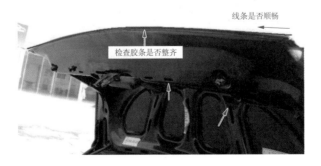

图 2-19 行李舱盖检查

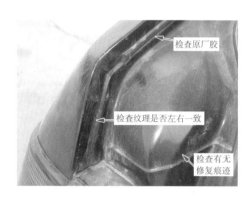

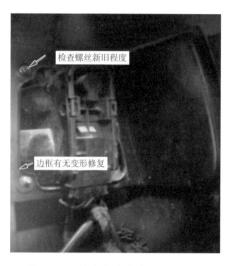

图2-20　检查行李舱的原厂胶、纹理等　　　　图2-21　检查行李舱内后尾灯灯位

图2-22　检查行李舱底部是否有修复痕迹　　　　图2-23　检查工具备胎是否齐全

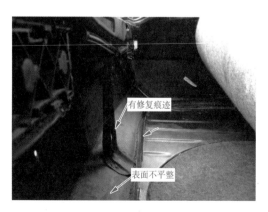

图2-24　检查底板是否锈蚀,表面是否不平整(事故车图例)

检查备胎槽。通过检查行李舱的备胎槽，也能很直观地反映出这辆车尾部是否发生过碰撞，如图2-25所示。首先我们可以观察备胎槽内是否有敲击或者焊接的痕迹；其次还可以检查底板的密封胶是否规整，如果发现密封胶刷得密密麻麻、错乱不堪，那很可能是追尾后被人工修补过。

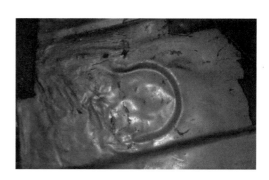

图2-25　检查备胎槽

（8）车辆底部检查。底盘稳定的车，行驶中不会有抖动、摆振；制动时不会跑偏；转向平顺无异响；悬架系统无异响、无渗漏。

图2-26　车辆底部检查

如果条件允许的话，可以再检查一下车辆的底盘，如图2-26所示。将车辆举升起来之后，我们可以很直观地看到前后纵梁、悬架以及底盘是否经历过托底等情况；底盘是否有焊接修复痕迹，是否有锈蚀现象；有没有机油、冷却液、变速器油、减振器油、水等的渗漏。排放系统应紧固，检查消声器和三元催化器的接缝处，这些地方有出现泄漏的可能；检查排气管吊架和支座是否有损坏；检查燃油系统和油路，看是否有漏油痕迹（但行车气流抽吸使泄漏不明显）；检查冷却液是否泄漏，如果暖风器芯或软管泄漏，在车辆底部可以发现，应该可以在离合器壳及发动机舱周围找到冷却液污迹。

查看排气管、镶条和轮胎等处是否有多余油漆。如果有，说明该车已做过油漆或翻新。检查底盘线束及其连接情况，未发生事故的车辆在正常情况下，其连接部件应配合良好，车身没有多余焊缝，线束、仪表部件等安装整齐、新旧程度接近。

（9）内饰检查。先观察内饰是否干净，保养情况如何。接着检查前排内饰，要检查的内容包括：底板、踏板磨损程度、气囊、玻璃升降、挡位，如图2-27所示。座椅表面应清洁、完好，无破损、划伤；有必要除去座椅套，看一下原始的椅垫。检查操纵机构是否正常，试试离合器踏板如何；加速踏板不应有犯卡、沉重、不回位的现象。腿、脚放在加速踏板上时，掀开地板垫，仔细检查车室内及行李舱内是否被淋

图2-27　前排内饰检查

湿,底板有无锈蚀。检查各密封件是否完好,并注意车灯内是否有水雾。

接着检查仪表台接缝是否均匀,有无拆装痕迹,如图2-28所示;仪表台各个接合处的缝隙是否均匀,有无拆装痕迹,如图2-29所示;仪表是否正常,如图2-30所示;电器设备是否正常,如图2-31所示。

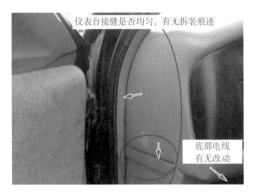

图2-28 检查仪表台接缝

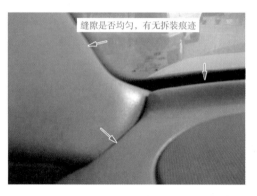

图2-29 检查仪表台接合处

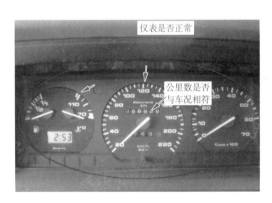

图2-30 仪表检查

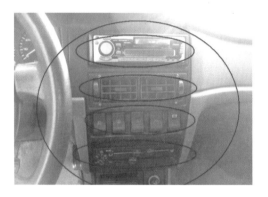

图2-31 电器设备检查

(10)注意事项。

① 外观:车辆外观好比人的皮肤,虽然不会影响车辆性能,但通过观察其外观可以看出车主对车的保养情况及使用强度。

② 车架:车架好比人的骨架,车架变形会影响行驶性及安全性。车架有重新喷漆是不正常现象,要认真检查。伤及车架的一般都属于事故车。

③ 发动机:发动机好比人的心脏,主要检查其动力性。

④ 内饰:车辆的仪表、电器设备、操纵机构都要检查。气囊、变速器是重点。

⑤ 行李舱:主要检查是否有过追尾事故。

⑥ 底盘:主要检查有没有烧焊,一些焊接点在底盘能够比较直观被发现。

3. 查询维修保养和保险记录

（1）查询维修保养记录。通过车架号，我们可以到4S店或者在网上查到车辆的维修保养记录。不过如果没有在4S店或者正规修理厂等做维修保养的话，是查不到任何记录的。对于能够查到维修保养记录的车辆，是否发生过事故、经历过怎么样的维修、是不是事故车，一查便知。

（2）查询保险记录。通过车架号，我们可以到保险公司或者在网上查到车辆的汽车保险出险记录。通过保险出险记录，车辆是否发生过事故、经历过怎么样的维修、是不是事故车，一查便知。

（五）泡水车鉴定方法

泡水车辆与涉水行驶过的车辆不能混为一谈。有许多车辆在遇大雨、暴雨或特大暴雨的恶劣天气时，曾在水中短时间行驶过，这不算泡水车。泡水车一般是指泡水时，水线超过发动机舱盖，水线达到前风窗玻璃的下沿，泡水车在一定程度上可修复，但即使修好也存在严重隐患。当整个发动机都浸泡在水中，绝大部分电器设备、仪表都被浸泡过，会造成严重的后果。是否泡水车主要检查：音响喇叭底部有无水痕；驾驶舱地毯有无水痕；行李舱及备胎槽有无水痕；座椅滑轨内有无水痕；后排座椅有无水痕；安全带底部有无水浸痕迹；全车地胶地毯有无水浸痕迹；内饰有无泥沙、水痕；发动机舱有无泥痕；熔丝盒内有无泥痕；散热器有无水痕。

根据德国莱茵TUV（技术监督协会）对汽车泡水程度定级分类，泡水车可以分为以下几类。

（1）Ⅰ类泡水车：水只淹到地板，如图2-32所示。

图2-32　Ⅰ类泡水车

对于地板泡水车辆，一般的维修主要以清洗＋除锈干燥为主要目的。地板只会布置一些线束和少数控制模块，比如车身控制模块（BCM），这些零件维修成本不高，一般来说拆车清洗晾晒半个月差不多就可以了。

（2）Ⅱ类泡水车：水淹到坐垫，叫作浸水车，如图2-33所示。

图2-33　Ⅱ类泡水车

水淹到坐垫属于第Ⅱ类泡水车，但凡泡到车辆座椅高度了，基本上都是"大出血"级别。空调系统大修（需要抬仪表台），变速器相关附件大修，四门座椅及部分多媒体设备基本上都得换一遍。

到了第Ⅱ类泡水，基本上已经开始需要维修三大件了，维修成本较高，处于一个尴尬的分水岭：如果正经修，付出的成本都能值半台同年款的二手车了；但不修直接卖的话，这个状态下的车子只能卖到原残值的30%～35%，且全损都定不了。于是大部分车主会选择"内饰精洗包"＋"变速器保养"，然后硬开到车辆报废。

图2-34　Ⅲ类泡水车

（3）Ⅲ类泡水车：水深超过了发动机机油尺，也叫作半泡水车，如图2-34所示。

这类车的内部、引擎周边不仅需要大规模清理，同时有些零件也都必须更换，车主应该衡量车辆剩余的价值与维修成本，再考虑是否要修复。实际上，这类车维修价值已不大。

（4）Ⅳ类泡水车：水淹过车顶叫作全泡车。

对于这类车辆，全损或者报废处理可能是更为经济和安全的选择。

泡水车鉴定步骤如下。

1. 检查发动机舱内

（1）观察发动机舱和驾驶舱的防火墙，看看这个上面有没有水渍痕迹或留有污泥。

（2）检查发动机线束内部是否留有污泥。

（3）检查熔丝盒上是否有锈蚀或水渍。

2. 检查驾驶舱内

（1）闻是否有霉味或香水味。

（2）检查地毯是否有水渍，如果车辆在雨天静止停放时，水位超过了地板导致进水，或者车辆在雨水中浸泡过，这种情况下可以视为泡水车。

（3）检查座椅底下的支架是否有严重的锈蚀。座椅的填充物为发泡海绵，泡水后手感会发硬，缺乏弹性。

（4）检查仪表板底下的骨架是否有严重的锈蚀。

（5）检查空调和音响的旋钮是否有发涩的感觉。

（6）检查安全带。经过污水浸泡后的安全带，上面会留有较明显的水迹，而且不容易被清除，会产生霉斑。

3. 检查行李舱内

（1）检查备胎和随车的工具上是否有严重锈蚀。

（2）掀开行李舱底部的装饰盖板，看角落里是否有水泡过的锈蚀痕迹。内饰板上面也可能会留下显示淹水深度的水线痕迹。

（六）火烧车鉴定

火烧车是指部分区域发生灼烧后翻新的车辆。无论是由于自燃还是外燃，只要是在发动机舱或乘员舱发生严重火烧的车辆，燃烧面积较大，机件损坏严重，就应被列为事故车。火烧是个严重的事故，经火烧后，机件很难修复。但对于局部着火，过火的只是个别的非主要零部件，并在极短的时间内熄灭的车辆，经修复换件后，不能算火烧车辆。主要检查：发动机线束及橡胶制品有无烟熏或火烧；舱内熔丝盒有无烟熏或火烧；车辆覆盖件及驾驶舱有无烟熏或火烧；防火墙有无烟熏或火烧。

1. 火烧车的分类

根据火烧车燃烧的部位、燃烧的程度和燃烧后对整车性能影响的大小可将火烧车分为两类。

（1）轻微火烧车：局部火烧，损失只局限在过火部分油漆、导管或部分内饰；存在火烧车鉴定项目表（表2-14）中H1到H14任何一条或以上只达到轻微程度的，应考虑判定为轻微火烧车。

表 2-14   火烧车鉴定项目表

序号	检查项目	A	B	C
H1	车身外漆有无火烧痕迹	无	轻微	严重
H2	车厢内饰有无火烧痕迹	无	轻微	严重
H3	车厢地板有无火烧痕迹	无	轻微	严重
H4	轮胎有无火烧或熔化痕迹	无	轻微	严重
H5	各部位橡胶件有无火烧或熔化痕迹	无	轻微	严重
H6	各灯座有无火烧或熔化痕迹	无	轻微	严重
H7	各开关座有无火烧或熔化痕迹	无	轻微	严重
H8	行李舱内有无火烧痕迹	无	轻微	严重
H9	驾驶舱内的熔丝盒有无火烧痕迹	无	轻微	严重
H10	发动机舱内的熔丝盒有无火烧痕迹	无	轻微	严重
H11	发动机舱线束有无火烧痕迹	无	轻微	严重
H12	车身线束有无火烧痕迹	无	轻微	严重
H13	车身线束有无火烧痕迹	无	轻微	严重
H14	发动机线束有无火烧痕迹	无	轻微	严重
H15	发动机舱有无火烧痕迹	无	轻微	严重
H16	防火墙有无火烧痕迹	无	轻微	严重
H17	发动机缸体有无火烧痕迹	无	轻微	严重

（2）严重火烧车：火烧破坏很严重，即使在修复后对整车行驶性能影响也较大，存在 H1 到 H14 任意三个严重程度或 H15 到 H17 任意轻微及以上程度缺陷的，应考虑判定为严重火烧车。

2. 火烧车鉴定重点检查项目

（1）检查发动机舱内外是否有近期喷漆痕迹，检查发动机舱死角是否有熏黑的迹象。

（2）检查发动机舱线束是否有大量线束更换过的迹象。

（3）检查发动机舱罩保温板是否异常新（更换新件）。

（4）检查发动机电器件是否有大量更换迹象。

（5）检查发动机塑料件是否有大量更换迹象。

（6）检查驾驶舱内饰是否有整体大量更换迹象，线束是否有更换迹象。

（7）检查行李舱内饰是否有大量更换迹象，线束是否有更换迹象。

3. 火烧车的辨别技巧

（1）闻气味查内饰。检查车内有无刺鼻气味，是否有烧焦的味道，检查内饰、地板有无过火痕迹，漆面是否完好。

（2）检查熔丝盒。检查发动机舱内的熔丝盒和驾驶舱内的熔丝盒是否有更换或火烧熏黑的痕迹。

（3）检查线束情况。检查发动机舱和车身线束是否有更换、局部地方是否有火烧痕迹。如有更换，检查线束接口是否与新线束一致，有无瘤状、熏黑痕迹。

（4）检查外观。检查车身外观，车门和前后翼子板外表面是否有油漆起伏痕迹，车身油漆颜色和光泽是否均匀，周边胶条是否粘有油漆。观察防火墙有无火烧或熏黑痕迹。

 **任务实施**

1. 分配任务

每 5 人为一组，选出一名组长，组长对小组任务进行分工。组员按组长要求完成判别事故车相关任务。具体任务要求如下：

（1）组长选取不同实训车辆，让组员描述所检查的二手车基本情况及如何判别事故车。

（2）针对实训车辆，组员分别检查漆膜厚度。

（3）针对实训车辆，组员分别检测车体左右对称性和车辆其他部位。

2. 注意事项

（1）组员判别事故车时，请注意不要拥挤，以免发生磕碰。

（2）任务结束后，需要对车辆及相应工位进行 6S 管理。

3. 任务工单

具体任务工单如表 2-15 所示。

表 2-15　任务工单

任务名称					
姓名		班级		学号	
任务地点		任务时间		日期	
设备及工具					

（续表）

工作计划		任务结果
描述你所检查的二手车的基本情况(车辆类别、品牌、车辆号牌号码、车辆生产厂家、生产日期、初次注册登记日期、表征行驶里程、车辆的VIN码)		
检查漆膜厚度(实测漆膜厚度的位置、数据及结论)		
检测车体左右对称性和车辆其他部位(车体左右对称性、左A柱、左B柱、左C柱、右A柱、右B柱、右C柱、左前纵梁、右前纵梁、左前减振器悬架部位、右前减振器悬架部位、左后减振器悬架部位、右后减振器悬架部位)		
通过对所有检查结果的分析,请将你对所检查车辆是否为事故车做结论性描述,并根据任务结果写出整改建议或学习计划		

任务拓展

一、填空题

1. 泡水车是指_____。

2. 在二手车评估中,事故车包括_____、_____和_____。

3. 在确定是否为泡水车时,发动机舱内重点检查的部位有_____、_____和_____。

二、选择题

1. 下面不属于事故车的选项是( )。

   A. 泡水车
   B. 大修车

   C. 严重碰撞或撞击的车辆
   D. 火烧车

2. 泡水车是指( )。

   A. 涉水深度超过车轮半径的车辆

   B. 涉水深度超过车轮的车辆

   C. 涉水行驶过的车辆

   D. 水深超过发动机舱盖,达到前风窗玻璃的下沿

3. 以下可以判定车辆有过严重碰撞的选项是( )。

   A. 前保险杠弯曲变形
   B. 更换过倒车镜

   C. 车架大梁弯曲变形
   D. 前翼子板补过漆

4. 鉴别事故车辆时,发动机舱内无须检查的是( )。

   A. 冷却系统与进气系统

   B. 润滑系统与供油系统

   C. 点火系统

   D. 曲柄连杆机构

三、简答题

1. 什么叫事故车?

2. 碰撞事故车鉴定步骤是怎么样的?

3. 泡水车鉴定步骤是怎么样的?

4. 什么叫火烧车? 如何鉴定?

任务二　二手车静态检查

任务描述

静态检查的目的是快速、全面地了解汽车的大概技术状况。通过全面检查,发现一些较大的缺陷,如严重碰撞、车身或车架锈蚀或有结构性损坏、发动机或传动系统严重磨损、车厢内部设施不良、损坏维修费用较高等,为价值评估提供依据。

任务分析

汽车在使用过程中随着年限、里程表读数的不断攀升,相关零件会出现磨损、腐蚀、连接松动、老化、变形等不同程度的疲劳损伤,诸如车身倾斜、漆面老化、车身锈蚀、动力性能下降、燃料增加等,就会造成车辆经济价值变低、车辆性能降低。因此,评定车辆价值和实际状况,需要专业二手车鉴定评估师来鉴定其耗损程度,其中静态检查也是对汽车技术状况鉴定的一个重要方面。

知识链接

静态检查是指二手车在静态状态下,根据检查人员的技能和经验,辅以简单的工量具,对二手车技术状况进行检查。

一、静态检查所需的工具和用品

为了二手车检查时得心应手,在检查之前,应该先准备一些工具和用品,手电筒、漆膜仪这两个是用得最多的,其他还包括卷尺、胎纹尺、OBD、内窥镜、制动片厚度尺、制动液测试笔等,具体需要准备的工具和用品如下:

(1)一个记录本和一支笔。用来记录看到、听到和闻到的异常情况以及需要让机械师进一步检测和考虑的事情。

(2)一个手电筒。用来照亮发动机舱和汽车下面又暗又脏的地方。

(3)一些清洁棉布或纸巾。用于擦手或擦干净将要检查的零件。

（4）一块大的旧毛毯或帆布。用于仰面检查汽车下面是否有漏油、磨损或损坏的零件等时垫于身下。

（5）一截 300～400 mm 清洁的橡胶管或塑料管。可以当作"听诊器"用来倾听发动机或其他不可见地方是否有不正常的噪声。

（6）一个卷尺。用于测量车辆和车轮罩之间的距离。

（7）一个光盘。用来测试车载 CD 机是否正常工作。

（8）一个小型工具箱。装有常用工具，如火花塞套筒、尖嘴钳、螺丝刀、扳手等。

（9）一个小磁铁。用于检查塑料车身腻子的车身镶板。

（10）一只数字万用表。用来进行辅助电气测试，比如测汽车蓄电池电压。

（11）漆膜仪。用来测量车漆厚度，拿着它在车身特定部位读取数值，用来对比判定是否重新做过漆。

（12）汽车内窥镜。有些不容易看到的地方（如发动机内部、底盘等）就需用内窥镜投影原理来观察部件情况。

（13）胎压检测器。查胎压。

（14）胎纹尺。检测轮胎的磨损程度，是否需要更换。

（15）制动片检测尺。检测制动片磨损到什么程度，是否需要更换。

（16）制动液测试笔。检测制动液的含水量，来判断是否需要更换。

（17）电脑检测仪。用于读取车辆的故障码数据。

（18）汽车空调出风口测试仪。检测空调出风口温度，判定空调系统是否运行正常。

（19）冷却液冰点仪。用来检测冷却液的冰点。

（20）听诊器，听发动机或者底盘异响。

二、静态检查的主要内容及方法

二手车静态检查主要包括外观检查和识伪检查两大部分。其中，外观检查大部分在鉴定事故车辆章节里已经介绍，包括检查发动机舱、检查驾驶舱、检查行李舱和检查车底等内容；识伪检查主要包括鉴别走私车辆、拼装车辆和盗抢车辆等工作。

1. 外观检查

（1）外观检查的目的是查看车辆的成新率是否与年份相符合。查看车辆的使用强度、保养情况。查看车辆车身外观技术状况，仔细察看车漆是否有色差，有无刮痕；注意油漆面和翼子板、车门下边缘、轮罩等区域的锈蚀情况，判断是否有过修复、是否重新喷漆。

（2）外观检查一般采用目测法。围绕车身转一圈，如图 2-35 所示；于车辆前后方 45°角位置查看车身线条及漆面,如图 2-36 所示;近距离查看前后风窗玻璃是否为原装,查看车身各个接缝是否均匀对称。具体步骤如下:

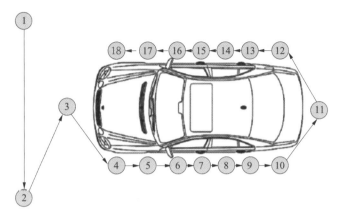

图 2-35 围绕车身转一圈

① 检查前风窗玻璃密封胶是否整齐,如图 2-37 所示。

图 2-36 查看车身线条及漆面

图 2-37 检查密封胶

② 检查发动机舱盖两边接缝是否整齐,左右缝隙是否对称,如图 2-38 所示。

③ 检查前照灯、翼子板和前保险杠结合处的缝隙是否均匀、整齐,如图 2-39 所示。

④ 检查前门和翼子板缝隙是否均匀,如图 2-40 所示。

⑤ 检查车门接缝是否均匀对称,如图 2-41 所示。

⑥ 检查后车门、后翼子板、后尾灯和后保险杠的缝隙是否均匀,如图 2-42 所示。

⑦ 检查行李舱盖缝隙是否整齐,左右是否对称,如图 2-43 所示。

⑧ 检查前照灯新旧程度是否一致,左右是否对称,缝隙是否均匀,如图 2-44 所示。

⑨ 检查后尾灯缝隙是否整齐,左右是否对称,如图 2-45 所示。

检查发动机舱盖两边接缝是否整齐，左右缝隙是否对称

图2-38 检查发动机舱盖两边接缝

检查前照灯、翼子板和前保险杠结合处的缝隙是否均匀、整齐

图2-39 接合处缝隙检查、对比

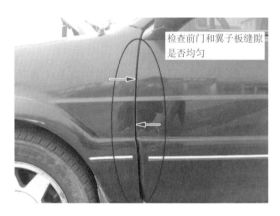

检查前门和翼子板缝隙是否均匀

图2-40 前车身缝隙检查

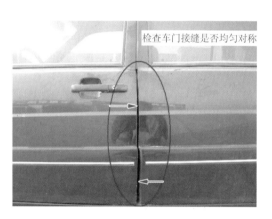

检查车门接缝是否均匀对称

图2-41 检查车门接缝

检查后车门、后翼子板、后尾灯和后保险杠的缝隙是否均匀

图2-42 后车身缝隙检查

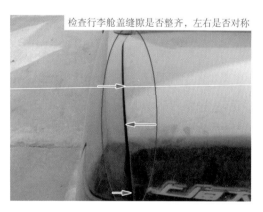

检查行李舱盖缝隙是否整齐，左右是否对称

图2-43 行李舱盖缝隙检查

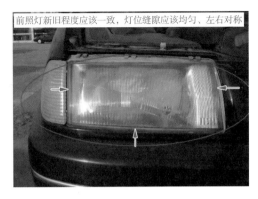

图 2-44　检查前照灯　　　　　　　　图 2-45　检查后尾灯

完成车身各个接缝检查后再查看轮胎磨损程度及磨损是否均匀,如图 2-46 所示;查看减振器是否漏油,如图 2-47 所示;查看制动盘磨损程度,如图 2-48 所示。

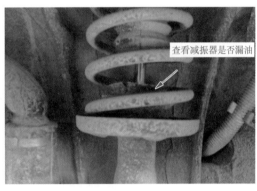

图 2-46　查看轮胎磨损情况　　　　　图 2-47　查看减振器是否漏油

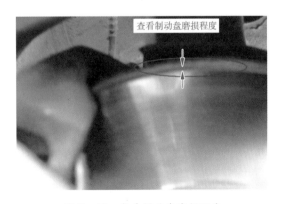

图 2-48　查看制动盘磨损程度

(3) ABC 柱外观检查。最后最重要的还要进行 ABC 柱外观检查,如图 2-49 所示。A

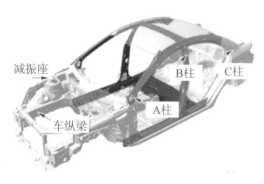

图 2-49　ABC 柱构造图

柱需要检查是否有过修复、喷漆痕迹,是否自然平顺,没有变形;B 柱需要检查是否有过修复、喷漆痕迹,依然要看看是否为自然平顺的,没有变形,没有修整的痕迹;C 柱需要检查是否有过修复、喷漆痕迹。

(4) 全车覆盖件(发动机舱盖、前后翼子板、车门、车顶、ABC 柱、行李舱盖、前后保险杠)检查。全车覆盖件检查最主要的是漆膜厚度检测,如图 2-50 所示。原厂漆面正常厚度为 $80\sim150\,\mu m$,只经过喷漆修复后在 $200\,\mu m$ 以上,钣金修复过可以达到 $300\,\mu m$ 以上,测量方法如图 2-51 所示。

漆膜仪的使用

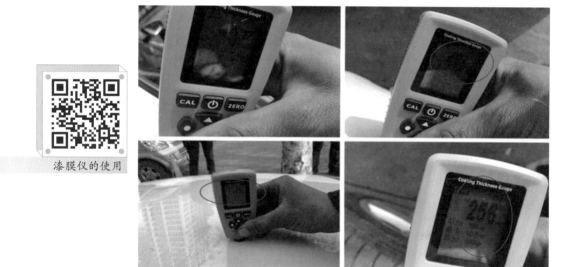

图 2-50　漆膜厚度检测

如果只是喷漆的话,可能是因为轻微剐蹭,但是如果经过钣金修复,那这辆车很可能就是事故车。

(5) 玻璃(前风窗、后风窗、侧窗玻璃)检查。汽车玻璃(前风窗、后风窗、侧窗玻璃)只要是原厂生产的都会带有本品牌的标识,一般国内生产的玻璃多数为福耀生产的,很多即使是原厂玻璃也是授权给福耀生产的,只不过会多一个厂家标志。进口玻璃一般多为高档车才有,生产厂家很多,但都会有厂家标志,标识如图 2-52 所示。

测量方法	测量结果
1. 在车身侧边门上取 5 个点 ABCDE	A　134.6μm　B　110.0μm
2. 每个点测量三次取平均值	C　115.6μm　D　116.9μm
3. 把 5 个点的平均值相加,再取平均值	E　125.7μm
4. 得到该部位的平均厚度	侧边门平均厚度为:120.64μm
同样方法测量其他部位得到	温馨提示:
发动机舱盖平均厚度:119.4μm	根据《中华人民共和国汽车行业标准——汽车油
车顶平均厚度:121.8μm	漆涂层》(QC T 484—1999)
行李舱盖平均厚度:112.6μm	入门经济型模型车(裸车价低于 5W):≥90μm
前门平均厚度:120.64μm	售价高于 5W 的车型:≥120μm

图 2-51　漆膜厚度测量方法

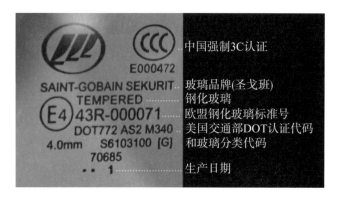

图 2-52　汽车玻璃标识

　　汽车玻璃生产日期的识别:点在数字前就意味着是上半年,在后就是下半年,几个点就代表着是向前或向后几个月,在前就用"7 减去点数",在后就用"13 减去点数"。

　　(6) 车身尺寸检查。包括检查整车长、宽、高,车体周正性及怀疑区域的长、宽、高、对角线尺寸,如图2-53～图2-56所示。

图2-53   检查车身尺寸1

图2-54   检查车身尺寸2

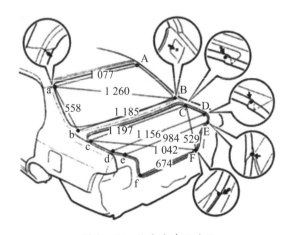

图2-55   检查车身尺寸3

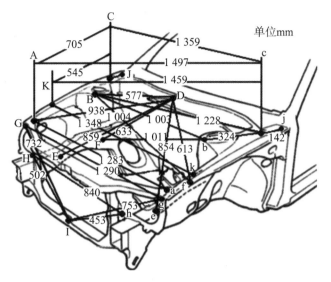

图 2-56　检查车身尺寸 4

（7）车内电气设备状况检查。

（8）检查刮水器、音响设备、仪表、空调设备等是否齐全、有效。

（9）车轮检查。

① 检查车轮轮毂轴承。将车轮悬空，用手晃动车轮，检查车轮轮毂轴承是否松旷。

② 车轮横向和径向摆动量检查。当车轮横向和径向摆动量超过规定值时，车辆行驶过程中会引起转向轮摆振、行驶不稳定。

③ 检查轮胎磨损情况。依据国家标准要求，轮胎的胎面和胎壁上不允许有长度超过25 mm 或深度足以暴露出轮胎帘布层的破裂和割伤。轮胎不应有异常磨损，当轮胎出现非正常磨损时，表明该车的车轮定位参数不准确或是车辆长期超载运行。

④ 检查轮胎花纹磨损深度（根据国家规定，乘用车轮胎花纹深度不允许小于 1.6 mm，转向轮的胎冠花纹深度不允许小于 3.2 mm）。

2. 识伪检查

（1）鉴别走私和拼装车辆。走私车辆是指没有通过国家正常进口渠道进口的、并未完税的车辆；拼装车辆是指一些不法厂商和不法商人为了牟取暴利，非法组织生产、拼装，无产品合格证的假冒、低劣汽车，这些汽车有些是境外整车切割、境内焊接拼装的。

① 检查车辆来源（非法车辆的 VIN 号码和发动机号常会有被修改的痕迹）；检查汽车VIN 码（在车辆前风窗玻璃左下方）。

② 查验证书。一般合法进口的汽车风窗玻璃上标有黄色商检标志，并附有中文车主手

册和维修手册各一本。

③ 检查车身外观。由于走私车辆多数是在境外进行切割,然后通过走私或作为汽车配件进口,所以应仔细查看车身是否有重做油漆的痕迹;发动机舱盖、行李舱盖与车身的接合缝是否整齐、均衡;车身流线部分是否流畅。

④ 检查车辆内饰。车辆内饰装饰材料经过再装配后,常会留下一定的痕迹。

⑤ 检查发动机舱。发动机和其他零部件是否有重新拆卸、安装过的痕迹等。

⑥ 车辆改装检查。外观改装、车内改装、动力系统的升级。

(2) 鉴别盗抢车辆。这类车辆的鉴别方法一般有以下几种:

① 根据公安车辆管理部门的档案资料,及时掌握车辆情况,防止盗抢车辆进入二手车市场交易。

② 根据一般的盗窃手段,主要检查汽车门锁是否过于新,锁芯有无被更换过的痕迹。

③ 不法分子急于对有些车辆销赃,他们会对车辆有关证件进行篡改和伪造,将被盗车辆改头换面。检查重点是核对发动机号码和车辆识别代码,检查钢印周围是否变形或是否有褶皱现象、钢印正反面是否有焊接的痕迹。

④ 查看车辆外观是否全身重新做过油漆,或改变了原车辆颜色。

1. 分配任务

每5人为一组,选出一名组长,组长对小组任务进行分工。组员按组长要求完成相关任务。具体任务要求如下:

(1) 组长选取不同实训车辆,让组员描述所检查的二手车基本情况以及静态检查的注意事项。

(2) 针对实训车辆,组员分别进行车辆外观检查(主要检查漆膜厚度)、车辆发动机舱检查、车辆行李舱检查、车辆驾驶舱检查和车内内饰及座椅检查的情景模拟。

2. 注意事项

(1) 组内成员相互配合,合理安排工作任务,设计检查项目及检查顺序等,在进行任务时请注意不要拥挤,以免发生磕碰。

(2) 具体检查项目可参考课堂讲授内容、课本内容和网络内容。

(3) 情景模拟时,请将动作和语言相结合,抓住检查重点和检查标准。

(4) 任务结束后,需要对车辆及相应工位进行6S管理。

3. 任务工单

具体任务工单如表 2 - 16 所示。

表 2 - 16 任务工单

任务名称					
姓名		班级		学号	
任务地点		任务时间		日期	
设备及工具					
	工作计划			任务结果	
车辆外观检查					
车辆发动机舱检查					
车辆行李舱检查					
车辆驾驶舱检查					
车内内饰及座椅检查					
根据任务结果写出整改建议或学习计划					

任务拓展

一、填空题

1. 二手车静态检查是指_____。

2. 二手车静态检查主要包括_____和_____两大部分。

3. 识伪检查主要包括_____、_____和_____等工作。

二、选择题

1. 下列对二手车拍照的一般要求的描述,选项(　　)不正确。

　　A. 车身要擦洗干净　　　　　　　　B. 风窗玻璃及仪表盘上无杂物

　　C. 机动车号牌无遮挡　　　　　　　D. 前轮处于向右偏驶状态

2. 如果风窗玻璃密封胶条上沾有油漆,说明车辆可能(　　)。

　　A. 属于油漆厂　　　　　　　　　　B. 汽车制造质量较差

　　C. 风窗玻璃可能破碎过　　　　　　D. 车辆可能出过交通事故

3. 下列选项中,(　　)不能明确反映车辆的使用程度。

　　A. 机油的量　　　　　　　　　　　B. 地毡或地板胶残旧程度

　　C. 座椅的新旧程度　　　　　　　　D. 内外饰的完好与新旧程度

三、简答题

1. 在静态检查中,要用到哪些工具和用品?

2. 在静态检查中,车身的外观应如何进行检查?

3. 在静态检查中,车辆发动机舱检查应如何进行?

任务三　二手车动态检查

任务描述

　　机动车的动态检查是指车辆路试检查。路试的主要目的是在一定条件下，通过机动车各种工况，如发动机起动、怠速、起步、加速、匀速、滑行、强制减速、紧急制动，从低速挡到高速挡、从高速挡到低速挡的行驶，检查汽车的操纵性能、制动性能、滑行性能、加速性能、噪声和废气排放情况，以鉴定二手车的技术状况。

任务分析

　　在对汽车进行静态检查之后，再进行动态检查，其目的是进一步检查发动机、底盘的工作状况及汽车的使用性能。其检查的主要内容如图 2-57 所示。

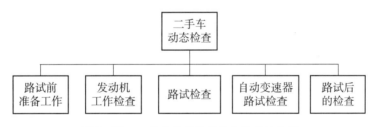

图 2-57　二手车技术状况动态检查的内容

知识链接

　　动态检查是指二手车在工作状态下(发动机在运转、二手车在运动或静止)，根据检测人员的技能和经验，辅以简单的工具/量具，对二手车的技术状况进行检查，主要是指车辆路试检查。

一、路试前的准备工作

(一) 检查工作

在进行路试之前，先检查机油油位、冷却液液位、制动液液位、转向油液位、

二手车动态检查

踏板自由行程、转向盘自由行程、轮胎胎压和各警示灯项目,各个项目正常后方可起动发动机,进行路试检查。

观察仪表盘内指示灯、警告灯和各仪表显示是否正常,有没有故障码报出,如果有的话应当立即停止路试,完全消除故障隐患后才能继续路试。

1. 检查机油油位

检查之前应将车停放在平坦的场地。将起动开关钥匙拧到关闭位置,把驻车制动杆放到制动位置,变速杆放到空挡位置。

打开发动机舱盖,拔出机油尺,将机油尺用抹布擦净油迹后,插入机油尺导孔,拔出查看,如图 2-58 所示。油位在上下刻线之间,即为合适,如图 2-59 所示。如果超出上刻线,应放出机油;如果低于下刻线,可从加油口处添加机油,待 10 min 后,再次检查油位。补充时应严格注意清洁并检查是否有渗漏现象。

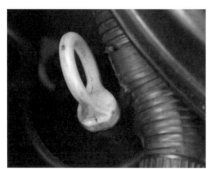

图 2-58　机油油位检查方法

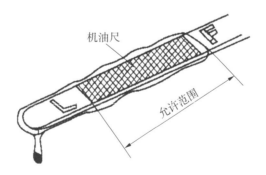

图 2-59　机油油位允许范围

2. 检查冷却液液位

一般车型的膨胀水箱是在前排乘员前面,挨着加玻璃水旁边的透明塑料瓶,俗称溢水壶,如图 2-60 所示。它的功用是调节膨胀水箱中的冷却液,在不同温度时的水位,当车辆行驶后温度升高,冷却液受热膨胀,多余的冷却液就溢到这个塑料瓶子里,温度降低后,又退回到散热器,凡是有这个透明塑料瓶的车辆,在检查冷却液容量时,看里面的水位即可,不必拧开散热器盖。当发动机是冷的时候,冷却液的水位应在最大值与最小值之间的记号上。如果冷却液不足,应及时往塑料瓶中添加冷却液,注意不要过量!

图 2-60　溢水壶

3. 检查制动液液位

观察制动液液位是否在"MIN"(最低)和"MAX"(最高)标记之间。如果液位低于最低标记,说明需要添加制动液。

4. 检查离合器液压油液位

将离合器盖或离合器座打开,然后用手指触摸液位标尺上的液位高度。如果液位在正常范围内,液位标尺应该显示液位高度。如果液位过低或过高,可能需要进行调整。

5. 检查动力转向液压油的油量

检查液压动力转向系统的油量,通常应在热态下。首先把车停在平坦坚硬的路面上,在不超过 1000 转/分的状态下启动发动机怠速;来回转动方向盘几次,将液压油的温度升高到 80 度左右。可以用手摸摸液压管路,应该感觉到热。然后将方向盘转到中间位置,观察储油箱中的油是否有气泡或乳化现象。如果产生泡沫乳化现象,说明液压动力转向器内可能有空气或油位过低导致空气进入。在这种情况下,排除管道空气并添加液压油。加油后检查油量是否在量油尺的正常位置:当储油箱内的液位稳定下来时,就应将液压油补充到储液罐的上限(或"MAX")的刻线位置。

6. 检查燃油箱的油量

直接看油表就能知道油箱还剩多少油。根据汽车的类型,燃油表可分为指针式和数字式。指针型,这意味着燃油量是由指针的位置来指示的。燃油表上有两个字母 E 和 F。F(英文单词 Full 的缩写)表示满,E(英文单词 Empty)表示不足。燃油图标亮了,说明油量不多了,需要尽快加油。

7. 检查冷却风扇传动带,如图 2-61 所示

主要检查传动皮带有无裂纹、碎边等现象,发现问题应立即更换。

图 2-61　检查冷却风扇传动带

8. 检查制动踏板行程并确保制动灯正常工作

多次踩下踏板直至制动助力器内无真空。松开制动踏板，然后在制动踏板与驾驶室底板之间立一直尺，用手向下按制动踏板至有阻力时，记下直尺读数。然后放松踏板，再看直尺读数。两次读数之差即为踏板自由行程，踏板的自由行程为 1.0~6.0 mm。

每次路试前，必须对制动灯进行检查。检查时，关闭车门后上车连续踩踏制动踏板，观察制动灯是否点亮。发现制动灯不亮时，应排除故障后再进行路试。

9. 检查轮胎气压

拧开轮胎气嘴的防尘帽，用轮胎气压表测量轮胎气压，轮胎的气压应符合轮胎的规定，正常标准型轮胎胎压范围：2.4~2.5 bar。气压不足，应进行充气；气压过高，应放出部分气体。轮胎气压过高或过低，均不宜进行路试，此时既不能正确判断汽车的性能状态，也可能发生意想不到的事故。

10. 灯光的检查

不同车型车灯颜色通常有所不同。新款豪华车的车灯颜色在白天也呈明显白色，中档车在白天则呈略微黄色。豪华车车灯颜色如果偏黄，或中档车车灯颜色显得较黄，就表明其灯光穿透力比较弱，会对夜间行车安全造成一定影响。

11. 空调的检查

无论是什么季节鉴定二手车，冷暖风的检查都不能忽视。在夏天往往觉得空调冷就可以了，但也要注意把按钮调到暖风看看是否也能正常工作。如果没有冷风或是制冷不明显，则应检查空调系统是否不工作、泄漏、需要清理或者加氟；若暖风有故障则应该检查水箱情况。

12. 音响的检查

查看各扬声器是否有声音，车载 CD 工作情况及收音机的效果，各个扬声器是否有异响。虽然这些都是功能键，但检查做到细致入微，对准确给出鉴定结果的帮助是很大的。

13. 其他检查

车辆中控锁、备用钥匙、各座椅调整按钮及刮水器等的检查。这些小细节都是在路试过程中随手检查的。要上路试车自然能够拿到车钥匙，但仍要查看是否有备用钥匙，而车辆是否加装过防盗系统，防盗系统的品质如何，各中控锁工作是否正常等。

（二）试驾路线规划工作

路试时间最好为 10～15 min；如在二手车市场，可选择市区以外的道路。因为路试时间长，可以反映出车辆在不同行驶状态时的性能，试驾前要了解大致的路线，做到心中有数，如急转、爬坡、坑洼地段，要谨慎驾驶。

（三）保持良好驾车习惯

上车后调整好座椅、头枕、后视镜的位置，调整并系好安全带；在进行二手车路试时，驾驶员整个身体应处于舒适、安全的驾驶环境中。

（四）提前熟悉该车的所有功能键操作和使用

比如电子驻车、发动机起动、车道偏离辅助、车道保持、自适应巡航、碰撞预警、定速巡航、换挡拨片、怀挡操作、经济和运动模式、可调气动悬架、方向盘电动调节、自动驻车、发动机防盗、电动座椅多向调节、座椅通风和加热、座椅按摩。有些车方向盘上的功能键也要提前熟悉，如图 2-62 所示。

图 2-62　方向盘的功能键

二、路试检查

路试检查是通过一定里程的路试检查汽车的技术状况,汽车路试一般行驶 20 km 左右。

1. 发动机工作性能的检查

检查发动机工作性能主要是检查发动机的起动性、怠速、异响、急加速性、曲轴箱窜气量及排气颜色等项目。

(1) 检查发动机起动性。发动机正常起动是发动机正常运转的首要条件。起动系统在车辆的使用过程中有可能发生起动困难或者无法起动的故障。因此,在检查时也要围绕着这两个现象进行检查。

正常情况下,起动发动机时,应在 3 次内起动成功。起动时,每次时间不超过 5 s,再次起动时间要间隔 15 s 以上。若发动机不能正常起动,说明发动机的起动性能不好。如果由于发动机曲轴不能转动而导致发动机无法起动,其原因主要可能是蓄电池电量不足或起动机工作不良,也可能是发动机运转阻力过大。如果起动时曲轴能正常转动,但发动机起动仍很困难,就要识别故障原因。

(2) 检查发动机怠速。发动机的怠速应在 (800 ± 50) r/min 左右,不同发动机的怠速转速可能有一定的差别。若开空调,转速应上升,在 1 000 r/min 左右。若出现转速过高、过低、发动机抖动严重等现象,均表明发动机怠速不良。

(3) 检查发动机异响。检查发动机起动、怠速、是否有异响,发动机怠速时应该很平稳,在正常情况下,发动机的声音是平稳有节奏的。

① 踩加速踏板,发现加速不明显,缺乏动力,发动机有歇斯底里的声音。最可能出现在发动机热、冷或缺油时。

② 发动机有"咝咝"的声音,像有蒸汽或者空气从发动机里面出来一样,一旦听见这种声音,发动机会迅速地损失动力。

③ 加速时,发动机出现"呼呼"的声音,或者减速时也会出现,总之跟随发动机转速变化而改变声音大小。

④ 发动机在怠速时,发出"嗒嗒嗒"的声音,好像有什么东西在拍打金属。加速的时候,行驶的时候,可能听不见,可能是气门间隙过大造成的。

(4) 检查发动机急加速性。待冷却液温度、油温正常后,迅速踏下加速踏板,发动机由怠速状态猛加速,观察发动机灵活反应,改变转速时过渡应圆滑。当加速踏板踩到底时,迅速释放加速踏板,发动机转速是否能迅速由高速到低速灵活反应,发动机不能怠速熄火。

（5）检查发动机窜油窜气。打开机油口的盖子,慢慢踩踏加速踏板,若窜气严重,用肉眼就可以看出。若窜气不严重,可以用一张白纸,放在离机油口 5 cm 左右的地方,然后踩加速踏板,若窜气、窜油,白纸上会有油迹,严重时油迹大。

（6）检查排气颜色。正常的汽油发动机排出的气体是无色的,在严寒的冬季可见白色的水汽;柴油发动机带负荷运转时,发动机排出气体一般是灰色的,负荷加重时,排气颜色会淡一些,汽车排气常有三种不正常的烟雾。

第一种:冒黑烟。冒黑烟意味着燃油系统供给的燃油太多。换句话说,空气、燃油混合气太浓。发动机不能将它们完全燃烧。当发动机运行在浓混合气时,排气中的燃油使催化转化器变成一个催化反应炉。混合气过浓情况是由于几个火花塞不点火,还是由于几个喷油器漏油引起的,很难区分。

第二种:冒蓝烟。冒蓝烟意味着发动机烧机油,即机油窜入燃烧室。若机油油面不高,最常见的原因是气缸与活塞密封出现问题,即活塞、活塞环因磨损与气缸的间隙过大。这表明发动机需要大修。

第三种:冒白烟。冒白烟意味着发动机烧自身冷却系统中的冷却液。这可能是气缸垫烧坏,使冷却液从冷却液通道渗漏到燃烧室中;也可能是缸体有裂纹,冷却液进入气缸内。

2. 自动变速器的路试检查

（1）自动变速器路试前的准备工作。在道路试验之前,应先让汽车以中低速行驶 5～10 min,让发动机和自动变速器都达到正常工作温度。

（2）检查自动变速器升挡。

（3）测试自动变速器升挡车速。

（4）检查自动变速器换挡时发动机转速。

（5）检查自动变速器换挡质量。

（6）检查自动变速器的锁止离合器工作状况。

（7）检查发动机制动功能。

（8）检查自动变速器强制降挡功能。

3. 汽车底盘工作性能的检查

汽车路试一般行驶 20 km 左右。通过一定里程的路试检查汽车的工况。

（1）检查离合器的工作状况。手动挡车离合器应该接合平稳,分离彻底。离合器常出现的故障是打滑和分离不彻底,这些会造成起步困难、行驶无力、爬坡无力、变速器齿轮发出撞击声、起步抖动等。

（2）检查变速器的工作状况。在鉴定二手车时,检查手动变速器是一个重要的方面。如果手动变速器出现故障,这将严重影响车辆最后的评估价格。对手动变速器的检查,往往通过听声音、挂挡、换挡、检查泄漏情况来判断是否存在故障。

① 检查怠速是否有异响。如果发动机怠速状态下处于空挡位置且有异响,可能是曲轴和变速器第一轴安装的同轴度有偏差,在踏下离合器踏板时可消失;如果在入挡后有异响,可能是相互啮合齿轮工作时有撞击造成的,说明变速器壳体有损伤或者是部分齿轮有损害,造成啮合过程中的撞击。

② 换挡性能的检测。从起步到高速加挡,再由高速至低速减挡,看变速器换挡是否灵活;看主减速器是否发出特别大的声响;检查所有前进挡及倒车挡;如果每次挂挡都磨齿轮,则可能是离合器的液压系统或变速器本身有故障;如果行驶中变速器杆发生抖动现象,则说明操纵机构的各处磨损严重产生松旷现象。不管在换挡过程中发生哪种不良现象,都会影响汽车的操控性能,这种车最好不要购买,以免以后维修起来麻烦。

③ 检查有无跳回空挡。在行驶中变速杆跳回空挡,应该是齿轮和齿套磨损严重,致使轴承松旷或轴向间隙过大,应找专业人员查看齿轮啮合状况。

④ 检查是否能正常入挡。如果发现变速器不能正常挂挡、齿轮有撞击声或者挂上挡位很难推回空挡等,说明变速器换挡困难。熄火后手握变速杆可以任意摆动,说明定位失效,如果变速杆不松旷还出现换挡困难,说明是同步器故障导致换挡时出现齿轮撞击声。出现这种故障须及时维修。

（3）检查汽车动力性。汽车动力性的好坏直接影响汽车运输效率的高低,是汽车使用的最重要的基本性能。汽车动力性检测一般会关注汽车的 $0\sim100\,km/h$ 加速时间和最高车速。通常情况下,动力性良好的汽车急加速时,发动机会发出强劲的轰鸣声,车速也会迅速地提高;在测试动力性能时最好选择不同的路况测试,除了在平坦的路面测试最高车速和 $0\sim100\,km/h$ 加速时间,最好再找一个斜坡测试一下爬坡能力。

（4）检查汽车制动性能。制动系统直接关系到行车安全问题,试驾二手车时除了原地确认制动踏板深浅是否正常外,试车过程中也要进行制动停止以及点制动测试,如制动力道是否足够,或是必须很用力踩才能制动停车,高速制动时方向盘是否有明显的抖动情况,以及是否有不正常的吱叫声出现等现象。因此,路试二手车时应该选择在不同的车速情况下测试点制动效果,比如分别以 $40\,km/h$、$60\,km/h$ 的车速紧急制动,来检测制动性能是否正常无损。《机动车运行安全技术条件》(GB 7258—2017)中规定了的制动性能检测的技术要求,如表 2-17 所示。

表 2-17　制动距离和制动稳定性要求

机动车类型	制动初速度/ (km/h)	空载检验制动距离要求/m	满载检验制动距离要求/m	试验通道宽度/m
三轮汽车	20	≤5.0		2.5
乘用车	50	≤19.0	≤20.0	2.5
总质量小于或等于 3 500 kg 的低速货车	30	≤8.0	≤9.0	2.5
其他总质量小于或等于 3 500 kg 的汽车	50	≤21.0	≤22.0	2.5
铰接客车、铰接式无轨电车、汽车列车(乘用车列车除外)	30	≤9.5	≤10.5	3.0ᵃ
其他汽车、乘用车列车	30	≤9.0	≤10.0	3.0ᵃ
两轮普通摩托车	30	≤7.0		—
边三轮摩托车	30	≤8.0		2.5
正三轮摩托车	30	≤7.5		2.3
轻便摩托车	20	≤4.0		—
轮式拖拉机运输机组	20	≤6.0	≤6.5	3.0
手扶变型运输机	20	≤6.5		2.3

注：ᵃ 对车宽大于 2.55 阻的汽车和汽车列车，其试验通道宽度（单位米）为"车宽（m）+0.5"。

（5）检查汽车行驶稳定性。在路试二手车时，做几次转弯测试，检查在转动方向盘时是否感到很沉重。以 15 km/h 的速度行驶，路试过程中将方向盘向左、右转动，检查其转向是否灵活，有无回正力矩，并且直线行驶一段距离后松开方向盘，测试车辆会不会出现跑偏现象。以 80 km/h 以上高速行驶，观察方向盘有无摆振现象，即所谓的"汽车摆头"。若汽车有高速摆头现象说明车轮不平衡或有不对中问题，直接影响汽车的行驶安全。

（6）减振系统是否颠簸或沉闷。除了检查制动性能是否良好之外，二手车的减振系统是否存在颠簸或响声沉闷也非常关键，因为减振系统好坏直接影响后期的保养成本，建议二手车试驾时，尽量选择不同的路况来分别测试，如平坦路面、弯路、颠簸路面等路况。二手车路试过程中，可以选择把车辆开到减速带、不平整路面或多弯路面，一旦发现有强烈的颠簸感或者响声沉闷，就说明减振系统有问题。

（7）检查汽车传动效率。在平坦的路面上，将汽车加速至 30 km/h 左右，踩下离合器踏板，手动变速器挂入空挡（自动变速器汽车无须变换变速杆）滑行，根据滑行距离估计机动车各传动效率是否高。一般汽车越重滑行距离越远，初始速度越高，滑行距离也就越远。其滑行距离应不小于 200 m。否则说明汽车传动系统的阻力大,传动效率低,油耗增大,动力不足。将汽车加速至 40～60 m/h 迅速抬起加速踏板,检查有无明显的金属撞击声,如果有说明传动系统间隙过大。

(8) 风噪大小的检测。通过风噪声的大小也能判断出二手车的车况。通常车速越高,风噪声越大。如果在路试过程中,汽车保持高速行驶,风噪声很大,这说明车辆的密封条损坏或者车门变形导致汽车密封性能不好,尤其是整形后的事故车。碰到这种情况一定要仔细检查车况。

三、路试后的检查

1. 检查各部件温度

(1) 检查油、冷却液温度。冷却液温度不应超过 90℃,发动机润滑油温度不应高于 95℃,齿轮油温度不应高于 85℃。

(2) 检查运动机件过热情况。查看轮毂、制动鼓、传动轴、变速器壳、中间轴承、驱动桥壳等的温度,不应该有过热的现象。

2. 检查"四漏"现象

(1) 在发动机运转及停车时散热器、水泵、气缸、缸盖、暖风装置及所有连接部位均无明显渗漏水现象。

(2) 机动车连续行驶距离不小于 10 km,停车 5 min 后观察不得有明显渗漏油现象。检查机油、变速器油、主减速器油、转向液压油、制动液、离合器油、液压悬架油等相关处有无泄漏。

(3) 检查汽车的进气系统、排气系统有无漏气现象。

(4) 检查发动机点火系统有无漏电现象。

四、二手车技术状况鉴定千分表

为了较详细地全面检查汽车,特别是价格较高的二手车,可以进行 1000 分的详细检测。即在以下的检查项目中,若出现问题,则从总分 1000 分中扣去相应的分值,若车辆的同一问题在不同的检查项目中出现,则只扣取最高分。数值表明相对重要度,分数越高,表明车辆状况越好。二手车的 1000 分鉴定检查包括三个部分:静态检查(555 分)、原地起动动态检查(264 分)、路试动态检查(181 分)。

(一) 静态检查

如表 2-18 所示。

表 2-18 静态检查

项目	动作内容	检查内容	可能的问题	分值
方向盘	上下摇动	松动	主轴上部磨损	2
	转动方向盘、调整高度	游隙、是否正常	方向盘使用频繁,整个转向系统包括横拉杆等连接部分损坏	3
喇叭	按喇叭	响声	喇叭簧片损坏、继电器损坏	1
风窗玻璃洗涤器	喷洗风窗	喷嘴流畅	电动机坏、堵塞、缺水	2
刮水片	起动刮水器	无松旷、角度正常	机构松动	1
各种按钮	操作一遍	指示灯正常、回位	失效	1
座位	调整位置、角度	滑槽、定位、锁止	固定不稳	2
	观察滑槽磨损情况	调整的频度	多人用车	1
遮阳板	翻动遮阳板	外观、支架	卡住	1
加速踏板	踩下、松开踏板	顺畅	连杆机构拉索损坏	1
制动踏板	踩下、松开踏板	游隙小、有力	油路、执行机构损坏	2
离合器踏板	踩下、松开踏板	间隙不合适	离合器片磨损	10
		踩踏沉重	分离机构损坏	4
驻车制动拉杆	拉起、放松	弹簧作用灵敏、有一定多余空间		3
变速杆	依次挂挡	咬合明确		1
油压灯	打开点火开关	油压灯没动静	不亮,灯泡坏	1
充电指示灯	打开点火开关	充电指示灯没动静	不亮,灯泡坏	1
燃油表	打开点火开关	没动静	线路或仪表坏	2
冷却液温度表	打开点火开关	没有指示	线路或仪表坏	2
阻风门	拉出、压紧	不顺畅	机构磨损卡住	1
发动机机油	打开发动机舱盖检查机油尺;观察气缸盖、挺杆罩等	检查机油容量及是否泄漏;检查洁净程度	漏油	10
		是否色泽混浊、呈乳白色	发动机吃水	20
		机油标尺有金属屑	曲轴、连杆严重磨损	50

（续表）

项目	动作内容	检查内容	可能的问题	分值
冷却液	观察膨胀水箱液面、给水管各部分夹子处、水泵、散热器等的结合处	是否泄漏		10
制动液	观察制动液面是否正常；清洁底盘下的制动液管上的污泥；手摸总泵外表面	是否渗漏		5
各电线接头	拨动蓄电池桩头、蓄电池至起动装置的电线两端、搭铁线、点火线圈、分电盘线圈	是否松动、有无自行搭线	线束短路	10
插头与夹子	拨动插接件、固定夹子、卡子等	是否松动		2
蓄电池	查看制造日期，前照灯打开时起动发动机	检查寿命、发动机是否顺利起动、蓄电池电压	寿命一般为两年，不能起动则电力不足	10
传动带	按压、摇动传动带	松紧度	松弛、老化	2
空气滤清器	打开空气滤清器盖	是否有污物		1
散热器片	观察折损弯曲状况	平整情况	事故车修复	10
风窗玻璃	观察四周胶封	胶条是否为新的	玻璃曾破损	20
车窗玻璃	升降	感觉是否顺畅、观察密封性		10
熔丝	打开各处熔丝盒	检查是否熔断、有无备份		2
座椅	按压	感觉回弹	过度使用	1
烟灰盒、点烟器等	检查	状态	车辆使用、保养不当	2
发动机舱	检查	周边及下方有无油污	气缸垫漏油	20

（续表）

项目	动作内容	检查内容	可能的问题	分值
排气管	戴手套摸排气管内壁	灰渍是否呈黑灰色、黑色且有黏稠液体	发动机燃烧不完全、漏机油,发动机可能部分损坏	20
散热器	检查水面	是否有漂浮物,漂浮物是锈蚀粉屑还是油污	有锈蚀粉屑则散热器内锈蚀严重,有油污则机油渗漏	10
变速器	检查变速器油	观察颜色为红色或棕色;闻味道;是否漏油	红色正常,棕色表示发生故障;焦味为磨损严重	23
轮胎	检查磨损情况、轮胎型号	磨损是否不均匀,是否补过	车轮定位、悬架有问题	20
车辆水平度	车辆水平放置自后向前看	不平	轮胎磨损、减振器损坏、弹簧坏、悬架有问题	20
车身、发动机号	检查	清晰度	积压车	10
车身外表	使自己的视线与被检钣金件表面保持水平观察车身表面、车身密封胶条	观察是否有重新修补的起伏痕迹、车身颜色差;胶条粘漆	事故车	20
车身内部	观察钣金件是否安装过支架等		出租车、赛车	20
散热器护罩、横梁、发动机下纵梁、发动机舱侧副梁	观察散热器、发动机周围结构件	应有原厂圆形点焊痕迹,是否有失圆或大小不一的点焊形状或修理过的痕迹	事故车	20
行李舱盖板	观察行李舱周边	检查密合度好坏、大小是否一致	后车尾碰撞	20
行李舱地板	翻开行李舱地毯	判断是否有烧焊的痕迹	事故车	20
地板	翻开地毯,观察底部	检查有无锈蚀、漏洞,大梁有无曲折及修复的情况	泡水车、事故车	40

项目	动作内容	检查内容	可能的问题	分值
发动机舱盖	观察发动机舱盖与翼子板的缝隙、发动机舱盖与车灯间的结合、发动机舱盖与风窗玻璃间的间隙	检查是否均匀，有无原车胶漆	事故车	10
发动机舱盖内护板	打开发动机舱盖，观察内护板	检查是否有烤过漆的痕迹	事故车	5
车身 B 柱	观察车门框与 B 柱	检查是否为一直线，接缝处自然平整	事故车	10
车门	来回打开车门，揭开防水胶条	检视车门开闭顺畅度，检查 A、B、C 柱与车门是否呈一直线、防水胶条是否平整、车门附近是否留有原车结合时的铆钉痕迹	事故车	10
悬架	按压车身后松开	感觉回弹次数 2～3 次	减振器损坏	5
减振器	观察减振器活塞杆	减振器活塞杆潮湿或减振器筒油污严重	过度磨损、密封不良	5
车身底部	拨动球头和弹性铰接头	观察是否松旷、损坏	过度使用、事故车	10
轮毂轴承	在举升机上上下移动车轮	感觉是否松动	过度使用、事故车	10
后轴轴承	用手移动	感觉是否发响	过度使用、事故车	10
排气管	观察排气管	是否生锈	使用年限过长	10

（二）原地起动动态检查

如表 2-19 所示。

表 2-19　原地起动动态检查

项目	动作内容	检查内容	可能的问题	分值
油压灯	打开点火开关	油压灯亮	机油不足	1
充电指示灯	打开点火开关	充电指示灯亮	充电不足	2
前照灯（远近光）、小灯、雾灯、倒车灯	观察外观，逐一开关	是否正常工作，有无破损或变色	换成次品	3
发动机	起动发动机	怠速抖动、各缸压力、怠速转速、逐缸断火	怠速过低、发动机支架不稳固、有未点火的气缸等	5
	听发动机声响	异响，如气门声等	哒哒声为气门间隙过大；隆隆声为轴承坏	10
	踩下加速踏板提高转速或测缸压	异响，如咯咯声或缸压低	活塞问题	50
	鞋底或废布堵住排气管	发动机在几秒内没有熄火	车底有嚓嚓声，密封性不好	25
	打开机油添加口盖	是否有汽油味	活塞环损坏	50
	观察排气颜色	白烟不断或排气颜色偏蓝	吃机油	25
空调系统	打开空调开关	感觉制冷效果	制冷剂缺乏	5
		感觉抖动情况	动力不足、离合器故障	18
	听空调压缩机响声	有吱吱声	压缩机、传动带	5
发电机	测发电机电压	是否正常	充电电压过高	5
发动机电喷系统	起动发动机	故障灯是否亮	电喷系统故障	30
动力转向系统	一只手转动方向盘	车轮是否转动，用力大小	动力转向系统失效	30

（三）路试动态检查

如表 2-20 所示。

表 2-20　路试动态检查

项目	动作内容	检查内容	可能的问题	分值
直线行驶	方向盘正位	是否跑偏,车轮摆动、发飘;方向盘振动	胎压不均、事故车车轮定位不准、转向系统有问题、车架变形;轮辋变形、动平衡有问题	30
转向灯亮灭装置	左右拨动转向灯	自动消灯器在方向盘回正时自动跳回		5
车身发响	关闭车窗环路行驶	听车内响声	车身钣金件、座椅、附件安装问题	10
悬架弹簧	过坑洞	感觉回弹、听异响	悬架弹簧、减振器等	10
转向	过弯道	方向盘回正、转向系统间隙	系统松旷、拉杆及球铰等	10
离合器	挂二挡,拉驻车制动杆,松开离合器踏板	发动机不熄火	离合器打滑或过度磨损	15
制动	直线行驶点制动、持续制动	有无跑偏、甩尾、距离长等	制动系统有问题	16
运动部件	空挡滑行(初速度20 km/h)	看距离(50~80 m)	润滑不当、轴承过紧、制动刮蹭、润滑油凝固	10
发动机	空挡滑行	发动机有无霹雳声	排气门密封不严、点火角错、点火装置故障	5
	观察排气管尾气	大量蓝烟或黑烟	气门或活塞磨损严重	50
		冒白烟	缸垫渗水	20

 **任务实施**

1. 分配任务

　　每 5 人为一组,选出一名组长,组长对小组任务进行分工。组员按组长要求完成相关任务。具体任务要求如下:

　　(1)组长选取不同实训车辆,让组员分别说出车辆的类型。

　　（2）针对实训车辆，组员分别进行路试前的准备工作、模拟路试动态检查以及路试后的检查。

　　（3）针对实训车辆，组员按照二手车技术状况鉴定千分表详细地全面检查汽车。

2. 注意事项

　　（1）成员在进行动态检查时，请注意不要拥挤，以免发生磕碰。

　　（2）任务结束后，需要对车辆及相应工位进行 6S 管理。

3. 任务工单

　　具体任务工单如表 2 - 21 所示。

表 2 - 21　任务工单

任务名称					
姓名		班级		学号	
任务地点		任务时间		日期	
设备及工具					
	工作计划			任务结果	
路试前的准备工作					
模拟路试动态检查					
路试后的检查					
按照二手车技术状况鉴定千分表详细地全面检查汽车					

（续表）

根据任务结果写出整改建议或学习计划

任务拓展

一、填空题

1. 二手车动态检查是指_____。

2. 检查发动机工作性能主要是检查发动机的_____、_____、_____、_____、_____和_____等项目。

3. 汽车排气常有三种不正常的烟雾,分别是_____、_____和_____等。

二、选择题

1. 汽车路试一般在(　　)km 左右。

  A. 10   B. 20   C. 30   D. 50

2. 下列选项中,(　　)不是车辆路试检查项目。

  A. 轮胎的技术状况   B. 传动系统技术状况

  C. 转向系统技术状况   D. 制动系统技术状况

3. 下列选项中,(　　)不能用路试检查。

  A. 传动系统技术状况   B. 转向系统技术状况

  C. 侧滑量   D. 车辆制动性能

4. 发动机起动时,向起动机、点火系统及其他用电设备供电的是(　　)。

  A. 发电机   B. 蓄电池

  C. 蓄电池和发电机   D. 发动机

三、简答题

1. 如何进行路试? 有哪些要求?

2. 什么是动态检查? 动态检查的内容有哪些?

3. 如何检查发动机工作性能?

任务四 辅助仪器检查

任务描述

现在车辆制造的技术越来越先进，车辆检查过程中不能光凭经验，必须要使用专用工具、仪器或设备做辅助检查。

任务分析

利用静态检查和动态检查，可以对汽车的技术状况进行定性的判断，即初步判定车辆的运行情况是否基本正常、车辆各部分有无故障及出现故障的可能原因、车辆各总成及部件的新旧程度等。当对车辆各项技术性能及各总成、部件的技术状况进行定量、客观的评价时，通常需借助一些专用工具、仪器或设备进行。

知识链接

二手车仪器检查

仪器检查是指使用仪器、设备对二手车的技术性能和故障进行检测和诊断，既定性又定量地对二手车进行技术检查。此项检查通常委托汽车综合性能检测站（以下简称"综检站"）进行，二手车鉴定评估人员需要对综检站提供的检测报告单进行详细的分析，给出准确的二手车技术状况评价。

一、汽车性能检测的主要指标及其检测设备

对二手车进行综合检测，需要检测车辆的动力性、燃油经济性、转向操作性、排放污染、噪声等整车性能指标，以及发动机、底盘、电器等各部件的技术状况，下面讲述汽车主要检测内容及其采用的仪器设备。

检测汽车性能指标需要的设备有很多。其中最主要的有制动检验台、侧滑试验台、前照灯检测仪、车速表试验台、示波器、四轮定位仪和车胎平衡仪等设备，这些设备一般在综检站或汽车修理厂采用，操作难度较大，二手车鉴定评估人员不需要掌握这些设备的使用。但对于一些常规的、小型检测设备应能掌握，以迅速快捷地判断汽车常见故障。这些设备仪器主

要有：气缸压力表、真空表、万用表、正时枪、燃油压力表、废气分析仪、烟度计、声级计、电脑故障诊断仪（俗称"解码仪"）等。

二、汽车主要性能检测标准

1. 车速检测标准

车速表指示车速 v_1（单位：km/h）与实际车速 v_2（单位：km/h）之间应符合下列关系式：

$$0 \leqslant v_1 - v_2 \leqslant (v_2/10) + 4$$

将被测机动车驶上车速表检验台的滚筒上，使车轮旋转。当该机动车车速表的指示值 v_1 为 40 km/h 时，车速表检验台速度指示仪表的指示值 v_2 在 32.8～40 km/h 范围内为合格。

当车速表检验台速度指示仪表的指示值 v_2 为 40 km/h 时，读取该机动车车速表的指示值 v_1，当 v_1 的读数在 40～48 km/h 范围内时为合格。

2. 侧滑检测标准

《机动车运行安全技术条件》（GB 7258—2017）规定：汽车（三轮汽车除外）的车轮定位应与该车型的技术要求一致。对前轴采用非独立悬架的汽车（前轴采用双转向轴时除外），其转向轮的横向侧滑量，用侧滑台检验时侧滑量值应小于或等于 5 m/km。《机动车安全技术检验项目和方法》（GB 38900—2020）也有相关规定：前轴采用非独立悬架的汽车（包括采用双转向轴的汽车，但不包括静态轴荷大于或等于 11 500 kg，不适用于仪器设备检验的汽车），转向轮横向侧滑量值应小于或等于 5 m/km。

3. 汽车制动性能检测标准

行车制动项目包括行车制动率、制动不平衡率、制动协调时间、车轮阻滞力等指标。驻车制动项目只有驻车制动力一个指标。

（1）行车制动率合格标准见表 2-22。

汽车主要性能指标

表 2-22　行车制动率合格标准

机动车类型	制动力总和与整车重量的百分比		轴制动力与轴荷[a]的百分比	
	空载	满载	前轴	后轴
乘用车、总质量不大于 3 500 kg 的货车	≥60	≥50	≥60[b]	≥20[b]
其他汽车、汽车列车	≥60	≥50	≥60[b]	—

注：a）用平板制动检验台检验乘用车时应按动态轴荷计算。

b）空载和满载状态下测试应满足此要求。

（2）制动不平衡率合格标准见表2-23。

表2-23　制动不平衡率合格标准

内　容	要求
前轴(左右轮制动力差的最大值/左右轮最大制动力中的大值)	≤20%
后轴及其他轴(轴制动力≥轴荷×60%时,左右轮制动力差的最大值/左右轮最大制动力中的大值)	≤24%
后轴及其他轴(轴制动力<轴荷×60%时,左右轮制动力差的最大值/该轴轴荷)	≤8%

（3）制动协调时间合格标准见表2-24。

表2-24　制动协调时间合格标准

机动车制动形式	协调合格时间
液压制动	0.35 s
气压制动	0.60 s
汽车列车、铰接客车、铰接式无轨电车	0.80 s

（4）车轮阻滞力合格标准。

各车轮的阻滞力占该轴轴荷百分比≤5%。

（5）驻车制动力合格标准见表2-25。

表2-25　驻车制动力合格标准

机动车类型	合格标准
总质量/整备质量≥1.20	驻车制动力总和占整车重量百分比≥20%
总质量/整备质量<1.20	驻车制动力总和占整车重量百分比≥15%

（6）制动完全释放时间要求(仅对汽车要求)。

汽车制动完全释放时间(从松开制动踏板到制动消除所需要的时间)不应大于0.80 s。

（7）进行制动性能检测时的制动踏板力或制动气压应符合以下要求。满载检验时,气压制动系统:气压表的指示气压小于等于额定工作气压。液压制动系统:乘用车踏板力≤500 N;其他机动车踏板力≤700 N。空载检验时,气压制动系统:气压表的指示气压≤600 kPa。液压制动系统:乘用车踏板力≤400 N;其他机动车踏板力≤450 N。

4. 前照灯检测标准

（1）前照灯远光灯灯束发光强度检测标准见表 2-26。

表 2-26　前照灯远光灯灯束发光强度检测标准

单位:cd

机动车类型	检查项目			
	新注册车		在用车	
	两灯制	四灯制	两灯制	四灯制
最高设计时速小于 70 km/h 的汽车	10 000	8 000	8 000	8 000
其他汽车	18 000	15 000	15 000	12 000

（2）前照灯光束偏移量检测标准。

① 近光光束照射位置检测标准（10 m 远处）见表 2-27 和表 2-28。

表 2-27　近光光束照射位置检测标准（1）

机动车类型	近光光束垂直偏	
	下限	上限
乘用车	0.7H	0.9H
其他类型机车	0.6H	0.8H

表 2-28　近光光束照射位置检测标准（2）

机动车类型	近光光束水平偏	
	左偏限值	右偏限值
各种汽车、摩托车左右灯	170 mm	350 mm

② 远光光束照射位置检测标准（10 m 远处）见表 2-29 和表 2-30。

表 2-29　远光光束照射位置检测标准（1）

机动车类型	远光光束垂直偏	
	下限	上限
乘用车	0.9H	1.0H
其他类型机动车	0.8H	0.95H

表 2-30　远光光束照射位置检测标准(2)

灯光类型	远光光束水平偏	
	左偏限值	右偏限值
左灯	170 mm	350 mm
右灯	350 mm	350 mm

5. 汽车排放污染物的检测标准

(1) 按照《汽油车污染物排放限值及测量方法(双怠速法及简易工况法)》(GB 18285—2018),检测结果应小于表 2-31 中规定的排放限值。

表 2-31　双怠速排气污染物排放限值

类别	怠速		高怠速	
	CO/%	HC[a]/10^{-6}	CO/%	HC[a]/10^{-6}
限值 a	0.6	80	0.3	50
限值 b	0.4	40	0.3	30

注:a) 对以天然气为燃料的点燃式发动机汽车,该项目为推荐性要求。

排放检验的同时,应进行过量空气系数(λ)的测定。发动机处于高怠速转速工况时,λ 应在 1.00±0.05 之间,或者在制造厂规定的范围内。

(2) 按照《柴油车污染物排放限值及测量方法(自由加速法及加载减速法)》(GB 3847—2018),检测结果应小于表 2-32 中规定的排放限值。

表 2-32　在用汽车和注册登记排放检验排放限值

类别	自由加速法	加载减速法	
	光吸收系数(m^{-1})或不透光度(%)	光吸收系数(m^{-1})或不透光度(%)[a]	氮氧化物 [b]/×10^{-6}
限值 a	1.2(40)	1.2(40)	1500
限值 b	0.7(26)	0.7(26)	900

注:a) 海拔高度高于 1500 m 的地区,加载减速法限值可以按照每增加 1000 m 增加 0.25 m^{-1} 幅度调整,总调整幅度不得超过 0.75 m^{-1}。

b) 2020 年 7 月 1 日前,限值 b 过渡限值为 1200×10^{-6}。

(3) 按照《柴油车污染物排放限值及测量方法(自由加速法及加载减速法)》(GB 3847—2018),检测结果应小于表 2-33 中规定的烟度排放限值。

表2-33 车辆自由加速试验烟度排放限值

类别	林格曼黑度法
	林格曼黑度(级)
限值 a	1
限值 b	

6. 噪声检测标准

(1)喇叭声级的检测标准。根据《机动车运行安全技术条件》(GB 7258—2017)的规定,机动车(手扶拖拉机运输机组除外)应设置具有连续发声功能的喇叭,喇叭声级在距车前2 m、离地高 1.2 m 处测量时,其极限值见下表2-34。

表2-34 机动车喇叭声极限值

车辆类型	机动车喇叭声级
发动机最大净功率(或电机额定功率总和)为7 kW 以下的摩托车	80 dB(A)～112 dB(A)
其他机动车	90 dB(A)～115 dB(A)

(2)汽车定置噪声的检测标准。根据《机动车运行安全技术条件》(GB 7258—2017)的规定,机动车的排气污染物排放及噪声应符合国家环保标准的规定。根据《汽车加速行驶车外噪声限值及测量方法》(GB 1495—2020)规定的测量方法进行汽车加速行驶车外噪声的测量,获得的结果不应超过表2-35 中的限值。

表2-35 汽车加速行驶车外噪声限值

汽车分类		噪声限值,dB(A)	
		第三阶段	第四阶段
M₁	GVM≤2 500 kg[a), b)]	73	71
	GVM>2 500 kg[c), d)]	74	72
M₂[f)]	GVM≤3 500 kg	74	73
	GVM>3 500 kg	76	75
M₃[f)]	GVM≤7 500 kg	78	77
	7 500 kg<GVM≤12 000 kg	80	79
	GVM>12 000 kg	81	80
N₁[e)]	GVM≤2 500 kg	73	72

（续表）

汽车分类		噪声限值,dB(A)	
		第三阶段	第四阶段
N_2^{f)}	GVM>2 500 kg	74	73
	GVM≤7 500 kg	78	77
	GVM>7 500 kg	79	78
N_3^{f)}	GVM≤17 000 kg	81	80
	GVM>17 000 kg^{g)}	82	81

注:对特殊车型的限值宽松说明,详见以下 a)~g)条款(可叠加)。

a) GVM≤2 500 kg 的 M_1 类车型:如属于越野车(G 类),或采用中置(后置)发动机且后轴参与驱动时,其限值增加 1 dB(A);其中,采用中置发动机仅后轴驱动的车型,如果其驾驶员座椅 R 点离地高度≥800 mm,其限值再增加 1 dB(A)。

b) GVM≤2 500 kg 的 M_1 类车型:如 PMR>120 kW/t,其限值增加 1 dB(A);其中,如 PMR>160 kW/t,其限值再增加 2 dB(A)。

c) GVM>2 500 kg 的 M_1 类车型:如属于越野车(G 类),或驾驶员座椅 R 点离地高度≥850 mm,其限值增加 1 dB(A)。

d) GVM>2 500 kg 的 M_1 类车型:如 PMR>160 kW/t,其限值增加 2 dB(A)。

e) N_1 类车型:如属于越野车(G 类),或噪声测量时后轴参与驱动,其限值增加 1 dB(A)。

f) M_2,M_3,N_2,N_3 类车型:如噪声测量时采用多于两轴行驶,其限值增加 1 dB(A);如噪声测量时采用多轴驱动,其限值再增加 1 dB(A)。

g) GVM>17 000 kg 的 N_3 类车型:如属于越野车(G 类),其限值增加 1 dB(A)。

（3）客车车内噪声的检测标准。客车以 50 km/h 速度匀速行驶时,客车车内噪声不应大于 79 dB(A)。

（4）驾驶员耳旁噪声的检测标准。汽车(三轮汽车和低速货车除外)驾驶员耳旁噪声声级不应大于 90 dB(A)。

三、气缸压缩压力检测

气缸压缩终了的压力与发动机的热效率和平均指示压力有密切关系。影响气缸压缩终了压力的因素有气缸活塞密封性、气门与气门座的密封性以及气缸垫的密封性等。因此,通过气缸压缩终了压力的测量,可以间接地判断上述部位的技术状况。

1. 检测工具

气缸压缩压力检测工具为气缸压力表。气缸压力表(图 2-63)是一种专用压力表,一般由表头、导管、单向阀和接头等组成。

2. 检测方法

（1）将气缸压力表的橡胶接头插在被测缸的火花塞或喷油器孔内，并扶正压紧；或将压力表接头旋入被测缸的火花塞或喷油器的螺纹孔内。

图 2-63　气缸压力表

（2）将节气门、阻风门置于全开位置，用起动机转动曲轴 3～5 s（不少于 4 个压缩行程），汽油机转速应大于等于 130～250 r/min，柴油机转速应大于或等于 500 r/min（或原厂规定）。待压力表头指针指示并保持最大压力后停止转动。

（3）取下气缸压力表，记录读数，按下单向阀使压力表指针回零。

（4）按上述方法依次测量各缸，每缸测量 2～3 次，计算出各缸测量结果的算术平均值和各缸压力与各缸平均压力的差。

3. 技术标准

汽油机的缸压一般为 8～11 bar，柴油机的缸压一般为 12～16 bar，汽车进气压力在车辆怠速时一般为 27～30 kPa。常见几种车型发动机的气缸压缩压力标准值见表 2-36。

表 2-36　气缸压缩压力标准值

发动机型号	压缩比	气缸压力标准值/kPa	检测压力时的转速/(r/min)
上海桑塔纳 JV	8.5	1 000～1 300	
上海桑塔纳 2000AFE	9.0	1 000～1 300	
上海桑塔纳 2000AJR	9.5	1 000～1 300	200～250
广州本田雅阁	8.9	930～1 230	
上海别克 L46	9.0	不小于 689	

4. 检测结果分析

为确保发动机具有一定的动力性和经济性，汽油机气缸压力应不低于原厂规定标准值的 10%；柴油机不得低于原厂规定标准值的 20%。同时，为保证发动机平稳工作，汽油机各缸压力差不得超过 10%，柴油机不得超过 8%。当气缸压缩压力的检测值不符合规定时，根据润滑油具有密封作用的特点，以下述方法确定导致气缸密封性不良的原因。

由火花塞或喷油器孔注入适量（一般 20～30 ml）润滑油后，再次检测气缸压缩压力，并比较两次检测结果。

（1）若第二次检测结果比第一次高，并接近标准值，表明气缸密封性不良是由于气缸、活塞环、活塞磨损过大或活塞环对口、卡死、断裂及缸壁拉伤等原因而引起。

（2）若第二次检测结果与第一次近似，表明气缸密封性不良的原因为进、排气门或气缸垫不密封（滴入的润滑油难以达到这些部位）。

（3）两次检测结果均表明某相邻两缸压缩压力低，其原因可能是两缸相邻处的气缸垫烧损窜气。用气缸压力表检测气缸压力，尽管应用极为广泛，但存在测量误差大的缺点。

5. 注意事项

（1）测试发动机气缸压力时，严禁将发动机起动，以防损坏气缸压力表。

（2）测试前，对于汽油机应将分电器中央高压线拔下，或将燃油泵继电器拔下；对于柴油机应旋松喷油器高压油管接头使其断油，即使发动机不着火工作。

四、排放污染物检测

检测仪器为废气分析仪。废气分析仪有两气体、四气体、五气体之分。五气体分析仪可检测 CO、HC、CO_2、O_2 和 NOX 五种气体。目前广泛采用的是不分光红外线两气体分析仪。

（一）汽油车排放污染物检测

检测汽油车排放污染物的方法是怠速法和双怠速法。

1. 怠速法

进行怠速尾气排放检测时：

（1）检验前仪器及车辆准备。

① 装上长度等于 5.0 m 的取样软管和长度不小于 0.6 m 并有插深定位装置的取样探头。

② 仪器的取样系统不得有泄漏。

③ 受检车辆发动机进气系统应装有空气滤清器，排气系统应装有排气消声器，并不得有泄漏。

④ 测量时发动机冷却液和润滑油温度应达到汽车使用说明书所规定的热状态。

（2）检验程序。

① 必要时在发动机上安装转速计。

② 发动机由怠速工况加速至额定转速的 0.7 倍，维持 60 s 后降至怠速状态。

③ 发动机降至怠速状态后，将取样探头插入排气管中，深度等于 0.4 m，并固定于排气

管上。

④ 发动机在怠速状态,维持 15 s 后开始读数,读取 30 s 内的最高值和最低值,其平均值即为测量结果;若为多排气管时,取各排气管测量结果的算术平均值。

2. 双怠速法

进行双怠速尾气排放检测时:

(1) 检验前仪器及车辆准备。

① 装上长度等于 5.0 m 的取样软管和长度不小于 0.6 m 并有插深定位装置的取样探头,检查取样软管和探头内残留的 HC 含量(体积分数),不得大于 20×10^{-6}。

② 仪器的取样系统不得有泄漏。

③ 受检车辆发动机进气系统应装有空气滤清器,排气系统应装有排气消声器,并不得有泄漏。

④ 测量时发动机冷却液和润滑油温度应达到汽车使用说明书所规定的热状态。

(2) 检验程序。

① 必要时在发动机上安装转速计。

② 发动机由怠速工况加速至额定转速的 0.7 倍,维持 60 s 后降至高怠速状态(即额定转速的 0.5 倍)。

③ 发动机降至高怠速状态,维持 15 s 后开始读数,读取 30 s 内的最高值和最低值,其平均值即为高怠速排放测量结果。

④ 发动机从高怠速状态降至怠速状态,在怠速状态维持 15 s 后开始读数,读取 30 s 内的最高值和最低值,其平均值即为怠速排放测量结果;若为多排气管时,分别取各排气管高怠速排放测量结果和怠速排放测量结果的平均值。

(二)柴油机烟度检测

进行柴油机烟度检测时:

(1) 检验前仪器及车辆准备。

① 抽气开关与抽气泵动作同步,滤纸洁白均匀无受潮变质,取样进气管路畅通。

② 受检车辆发动机达到规定的热状态,排气系统不得有泄漏现象。

(2) 检验程序。

① 吹除积存物。由怠速工况将加速踏板迅速踏到底,4 s 后放开,反复 3 次,以清除排气系统中的积存物。

② 安装取样探头。将取样探头固定于排气管内,插入深度等于 0.3 m,并使其中心线与

排气管轴线平行。

③ 将踏板开关固定在加速踏板上方。

④ 测量取样。由怠速工况将踏板开关和加速踏板一并迅速踏到底，保持 4 s 后松开，完成第一次检验。

⑤ 读取示值（自动）或取样（手动）。

⑥ 相隔 11 s 以后，进行第二次检验。

⑦ 重复检验 3 次，取 3 次检验的算术平均值为排气烟度的检验结果。

（三）柴油机自由加速检测

进行柴油机自由加速试验检测排气污染物时：

（1）检验前仪器及车辆准备。

① 车辆进气系统应装配空气滤清器，排气系统应装配消声器并且不得有泄漏。

② 测量时发动机的冷却液和润滑油温度应达到汽车使用说明书所规定的热状态。

③ 试验前车辆不应长时间怠速运转。如车辆长时间怠速运转，测试前应增加自由加速工况操作次数，以便扫尽排气管内积存的排放污染物。

④ 燃料应使用柴油，不得加消烟添加剂，柴油应符合《车用柴油》（GB 19147—2016）的规定。

（2）检验程序。

① 车辆在发动机怠速下，插入不透光仪取样探头。

② 迅速但不猛烈地踏下加速踏板，使喷油泵供给最大油量，在发动机达到调整器允许的最大转速前，保持其位置。一旦达到最大转速，立即松开加速踏板，使发动机恢复至怠速，不透光仪恢复到相应状态。

③ 重复②操作过程至少 6 次，记录不透光仪的最大读数值。如果读数值连续 4 次均在 0.25×10^{-6}（质量分数）的带宽内，并且没有连续下降的趋势，则记录值有效。

④ 计算连续 4 次测量结果的算术平均值，并将测量结果记录下来。

（四）结果分析

根据汽车生产年代的不同，检测的标准也不同。尤其对于汽油机车辆，由于发动机降低排污技术的快速发展，排放标准越来越高，尾气排放不合格的原因也较复杂。

（五）注意事项

（1）检验时，发动机怠速应符合规定。

（2）检验结束后，抽出取样探头，待废气分析仪回零后再检查下一台车。

（3）取样探头不用时要吊挂，防止污染受损。

（4）左右排烟口的风扇有故障时严禁继续使用，否则将污染废气分析仪的光学器件，造成废气分析仪更大的损坏。

五、噪声检测

1. 检测设备

噪声是汽车对环境污染的第二公害，检测汽车噪声的设备是声级计，如图 2-64 所示。声级计按供电电源种类可以分为交流式和直流式两种，一般由传声器、前置放大器、衰减器、计权网络、检波器和指示装置组成。

根据《机动车运行安全技术条件》（GB 7258—2017）的规定，机动车（手扶拖拉机运输机组除外）应设置具有连续发声功能的喇叭，喇叭声级在距车前 20 m、离地高 1.2 m 测量时，其值对发动机最大净功率（或电机额定功率总和）为 7 kW 以下的摩托车为 80～112 dB(A)，其他机动车为 90～115 dB(A)。

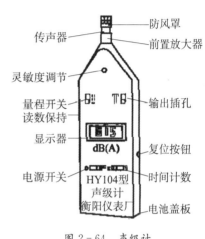

图 2-64 声级计

2. 检测对象及要求

（1）测量车外噪声。测量条件为：

① 测量场地应平坦而空旷，在测试中心以 25 m 为半径的范围内，不应有大的反射物，如建筑物、围墙等。

② 测试场地跑道应有 20 m 以上平直、干燥的沥青路面或混凝土路面。路面坡度不超过 0.5%。

③ 本底噪声（包括风噪声）应比所测车辆噪声至少低 10 dB。并保证测量不被偶然的其他声源所干扰。本底噪声是指测量对象噪声不存在时，周围环境的噪声。

④ 为避免风噪声干扰，可采用防风罩，但应注意防风罩对声级计灵敏度的影响。

⑤ 声级计附近除测量者外，不应有其他人员。如不可缺少时，则必须在测量者背后。

⑥ 被测车辆不载重，测量时发动机应处于正常使用温度。若车辆带有的其他辅助设备也是噪声源，测量时是否开动，应按正常使用情况而定。

测量场地及测点位置：

如图 2-65 所示为测量车外噪声时的测量场地及测量位置。测试传声器位于 20 m 跑道中心点 O 两侧,各距中线 7.5 m,距地面高度 1.2 m,用三脚架固定。传声器平行于路面,其轴线垂直于车辆行驶方向。

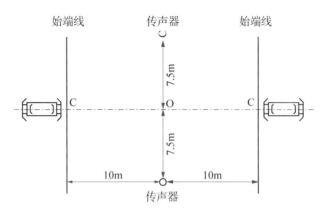

图 2-65　测量车外噪声时的测量场地及测点位置

(2) 测量车内噪声。测量条件为:

① 测量跑道应有足够试验需要的长度,应是平直、干燥的沥青路面或混凝土路面。

② 测量时风速(指相对于地面)应不大于 3 m/s。

③ 测量时车辆门窗应关闭。若车内带有的其他辅助设备是噪声源,测量时是否开动,应按正常使用情况而定。

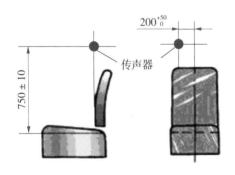

图 2-66　驾驶室内噪声测点的位置

④ 车内本底噪声比所测车内噪声至少低 10 dB,并保证测量不被偶然的其他声源所干扰。

⑤ 车内除驾驶员和测量人员外,不应有其他人员。

测点位置:

① 车内噪声测量通常在人耳附近布置测点,传声器朝车辆前进方向。

② 驾驶室内噪声测点的位置如图 2-66 所示。

③ 载客车室内噪声测点可选在车厢中部及最后一排座椅的中间位置。

3. 测量方法

车辆以常用挡位、50 km/h 以上的不同车速匀速行驶,分别进行测量。

用声级计“慢”挡测量“A”“C”计权声级,分别读取表头指针最大读数的平均值,测量结果记入规定的表格中。

做车内噪声频谱分析时,应包括中心频率为 31.5 Hz、63 Hz、125 Hz、250 Hz、500 Hz、

1 000 Hz、2 000 Hz、4 000 Hz、8 000 Hz 的倍频带。

测量驾驶员耳旁噪声的条件为：

（1）汽车空载，处于静止状态且置变速器于空挡，发动机应处于额定转速状态，门窗紧闭。

（2）测量位置应符合《声学汽车车内噪声测量方法》（GB/T 18697—2002）的规定。

（3）环境噪声应低于被检测噪声至少 10 dB（A）。

（4）声级计置于"A"计权、"快"档。

4. 注意事项

使用声级计测量汽车噪声应注意如下事项：

（1）声级计使用电池供电时，使用完毕后应立即将电池取出，以免电池漏液而损坏机件。

（2）声级计应存放于干燥、温暖的场所，如有可能，最好置于干燥皿中。

（3）在拆装传声器、电池或外接电源时，应事先将电源开关置于"关"。

（4）不要随意取下传声器的保护罩，以免损坏膜片。当发现膜片上有污物时，可用脱脂棉蘸取少许三氯乙烯或丙酮，轻轻擦拭干净。

（5）不要用手触摸触头，以免由于人体静电而损坏声级计。

（6）声级计的显示器采用液晶数显。液晶是有机化合物，如果长期暴露于强烈的紫外线辐射下，将会发生光化学反应，因此在使用中应尽量避免日光直接照射在显示器上。

六、电控发动机燃油压力检测

1. 燃油压力表的安装

（1）将燃油系统卸压。起动发动机，在发动机运转过程中拔下电动汽油泵继电器（或拔出电动汽油泵电源插头），待发动机自行熄灭后，再转动起动开关，起动发动机 2～3 次，燃油压力即可完全释放，然后关闭点火开关，装上电动汽油泵继电器（或接上电动汽油泵电源接线）。

（2）拆下蓄电池负极搭铁线。

（3）拆除冷起动喷油器油管接头螺栓（拆开螺栓时，要用一块棉布包住油管接头，以防汽油喷溅），将油压表（量程为 1 MPa）和油管一起安装在冷起动喷油器油管接头上。油压表也可以安装在汽油滤清器油管接头、分配油管进油接头上，或用三通接头接在燃油管道上等便于安装和观察的任何部位。

（4）擦干溅出的燃油。

（5）重新装上蓄电池负极搭铁线。

2. 燃油系统静态油压的检测

（1）用一根短导线将电动汽油泵的两个检测孔短接。

（2）打开点火开关（但不要起动发动机），让电动汽油泵运转。

（3）测量燃油压力。其正常油压应为 300 kPa 左右。

（4）拔掉电动汽油泵检测插孔的短接线，关闭点火开关。

3. 燃油系统保持油压的测量

测量静态油压结束 5 min 后，再观察油压表指示的油压：此时的油压称为燃油系统保持油压。其值应 ≥147 kPa。

4. 注意事项

（1）燃油管道及各部件内始终保持着一定的油压。为了检测，需要断开系统的连接时，应先卸除压力。

（2）注意不要让燃油流入气缸，以防侵蚀电气部件。

（3）测试时严禁作业区附近有明火。

（4）擦拭时严禁使用掉纤维的抹布。

（5）拆装燃油喷射和点火系统各线时，必须关断电源或开关。

（6）不同车型燃油系统的燃油压力各不相同，应查找相应说明书。

（7）单点喷射（SPI）燃油系统的油压较低，一般低于 100 kPa。

（8）若测得油压过高，则说明燃油压力调节器或真空软管有故障。

（9）若测得油压过低，则说明电动汽油泵、汽油滤清器或燃油压力调节器有故障。

七、用故障诊断仪读取故障码

1. 检测仪器

汽车的电子控制系统都有故障自诊断功能，可采用故障诊断仪（解码器）来读取故障码。故障诊断仪如图 2-67 所示。

2. 用故障诊断仪读取和清除故障码的步骤

（1）选好合适的故障检测接头，接上解码器连接线。

（2）将接头接到汽车的故障诊断座上，再用解码器的工作电源线接到点烟器上（诊断座自带电源的可免此项）。

图 2-67　故障诊断仪

（3）车辆点火开关转至 ON，屏幕显示出菜单，这时可根据需要检查的项目来选择具体的子菜单。

（4）选择后可以在解码器的屏幕上读到故障部位的名称，有多个故障的则同时在屏幕上显示出来。

（5）注意故障的名称只代表它所在的这一部分电路有故障，并不一定就是这个零部件有故障。

（6）清除故障码：前面的程序和提取故障码一样，只是在选择子菜单时选择清除故障码，通过对话框的问答选择清除。

3. 注意事项

（1）安全注意事项。

① 在进行测试操作前，应先将汽车置于空挡（手动挡）或驻车挡（自动挡）位置，并拉紧驻车制动杆，避免起动时发生碰撞事故。

② 由于汽车的蓄电池电解液中含硫酸，在实测工作中要避免直接接触电解液，防止其腐蚀皮肤及衣物，更不能让它溅入眼睛。

③ 动态测试时，应将测试车辆停放在通风良好的场所。发动机排出的废气中含有毒性化合物，要避免大量吸入。

④ 发动机正常运转时，尽量勿动发动机元件，避免被散热器及排气管高温烫伤，或被冷却风扇划伤手指。

⑤ 测试操作中请不要吸烟，或携带任何火源，避免引起火灾。

⑥ 进行验车工作时，应关闭点火开关，并注意对线路及电子元件的保护。

（2）检测汽车电路元器件的注意事项。

① 利用解码器检测时,所有接线的工作都应在点火开关关闭的状态下进行,避免插接错误引起电路损坏。

② 点火开关打开时,绝不能任意插拔传感器或其他电子装备。因为断开电路时,由于线圈的自感作用,将会产生很高的瞬间高压,这种高压会造成传感器及汽车电脑模块损坏。

③ 在汽车上靠近汽车电脑或传感器的地方进行修理作业时,应倍加注意,以免损坏电脑和传感器。

④ 不能将带有强磁的磁源放置在靠近汽车电脑或传感器的位置,否则会严重影响电控系统的工作状况。

⑤ 维修、拆卸汽车电脑或电脑控制的数字仪表的过程中,应在手腕处用金属带与车身搭铁,避免身体与车体摩擦产生的高压静电损坏电脑元件。

⑥ 操作人员不应在没有提示的情况下随意用连线跨接电脑接脚,或用 LED 灯直接测试汽车电脑控制系统电路。

⑦ 在测试程序中没有明确说明的情况下,不应用指针式或低阻抗万用表对电控系统电路进行检测,避免损坏电器元件。

⑧ 注意被更换的电器型号和需测量新元件的相应电阻值,确保维修准确无误,并保证电路正常。

⑨ 认真检查电控系统线路及接线头,避免由不良搭铁线或修饰的地方导致元件工作不良。

⑩ 确保汽车电脑接脚连线插接可靠,否则会由于虚接而损坏电脑元件。

（3）仪器使用操作的注意事项。

① 因本仪器采用精密电子集成系统,首先应注意仪器的保管,不要摔碰,避免受潮。

② 在测试前选择正确的测试接头及测试卡,并根据说明书中的连线结构图,插好测试卡（对于通用诊断器而言）,将主机与接头用主线连接好,按说明书规定判断该车型需不需要接外接电源。盲目地接通主机外接电源很容易烧损仪器。

③ 测试前应先关闭点火开关,然后将已连接好的仪器的测试接头插入车身自诊断座,再打开点火开关进行测试。

④ 动态测试时,起动发动机后,主机显示屏出现闪烁现象是正常的。

⑤ 当在检测工作中,主机显示"电脑诊断帧出现错误"提示时,说明自诊断线路连接不良,汽车电脑不能与主机实现通信,需检查各连线接口连接是否良好。特殊情况下还要检查车身线路。

⑥ 使用仪器过程中,应保证测试卡插到位,不然容易出现花屏、乱码现象。

⑦ 使用仪器时,需保证外接电源线路连接良好。若主机不显示,请检查外接电源线和点烟器插头内的熔丝是否损坏。

⑧ 测试工作结束后,应先关闭点火开关,然后切断外接电源,再拔下测试接头,并从仪器上取下测试卡,将仪器分解装箱。

⑨ 人工故障测试时,应保证试配线(跨接线)与诊断座之间接触良好,避免中断测试信号。

1. 分配任务

每 5 人为一组,选出一名组长,组长对小组任务进行分工。组员按组长要求完成相关任务。具体任务要求如下:

(1) 组长选取不同实训车辆,让组员分别说出车辆的类型。

(2) 针对实训车辆,组员分别用故障诊断仪读取和清除故障码。

(3) 针对实训车辆分析车辆整车性能检测报告单,组员分别说出汽车的不合格项目,并解释说明可能存在的故障。

2. 注意事项

(1) 成员阐述车辆型号及读取和清除故障码时,请注意不要拥挤,以免发生磕碰。

(2) 任务结束后,需要对车辆及相应工位进行 6S 管理。

3. 任务工单

具体任务工单如表 2-37 所示。

表 2-37　任务工单

任务名称					
姓名		班级		学号	
任务地点		任务时间		日期	
设备及工具					

（续表）

工作计划		任务结果
用故障诊断仪读取和清除故障码		
分析车辆整车性能检测报告单(底盘测功、燃料经济性、发动机技术状况、转向操纵性、悬架性能、制动性能、前照灯、排气污染性能、人工检验、噪声及其他项目)		
分析不合格项目以及可能存在的故障,并根据任务结果写出整改建议或学习计划		

任务拓展

一、填空题

1. _____是指使用仪器、设备对二手车的技术性能和故障进行检测和诊断,既定性又定量地对二手车进行技术检查。

2. 检测汽车性能指标需要的设备有很多。其中最主要的有_____、_____、_____、_____、_____、_____和_____等设备。

3. 检测汽油车排放污染物的方法是_____和_____。检测仪器为_____。

4. 噪声是汽车对环境污染的第二公害,检测汽车噪声的设备是_____。

二、选择题

1. 当(　　)匹配不当时,车轮在直线行驶过程中就会产生侧向滑移现象。

A. 车轮前束值与车轮外倾角   B. 车轮外倾角与主销倾角

C. 主销后倾角与主销内倾角   D. 车轮前束值与主销外倾角

2. 下列选项的叙述,( )不正确。

A. 相对气缸压缩压力用来评价气缸密封性

B. 汽油机点火电压用来评价蓄电池技术状况

C. 柴油机的最高转速用来评价调速器的技术状况

D. 起动电压可评价蓄电池的技术状况

3. 相对气缸压力低,不可能是( )造成的。

A. 活塞磨损过度   B. 气缸磨损严重

C. 曲轴轴颈磨损严重   D. 气门不密封

4. 以下各项中,( )不用于检测发动机气缸密封性。

A. 发动机气缸压力测试仪   B. 解码器

C. 气缸压力表   D. 进气管真空表

5. ( )不用来检测汽车排放污染物。

A. 气缸漏气量检测仪   B. 废气分析仪

C. 不透光仪   D. 烟度计

6. 制动跑偏主要原因是左右车轮的( )有差别,轮胎气压不一致及前轮定位和悬架异常。

A. 轴向力   B. 离心力   C. 制动力   D. 反作用力

7. 在侧滑检测台上测试汽车前轮侧滑量时,如滑板向外侧滑动,则说明( )。

A. 前轮外倾过大   B. 前束值过大   C. 主销内倾角过大   D. 主销后倾角过大

三、简答题

1. 使用设备对二手车进行检测时主要检查哪些内容?

2. 用故障诊断仪读取和清除故障码的步骤是怎么样的?

3. 如果制动力平衡检测结果不合格，说明车辆可能存在怎样的问题？

项目小结

本项目主要对二手车事故车的鉴定、二手车静态检查、二手车动态检查、辅助仪器检查四个任务进行了学习。

二手车事故车的鉴定任务中主要学习了二手车鉴定评估技术规范以及如何鉴定事故车。

二手车静态检查任务中主要学习了静态检查所需的工具和用品以及静态检查的主要内容和方法。

二手车动态检查任务中主要学习了路试前的准备工作、路试检查、路试后的检查以及二手车技术状况鉴定千分表。

辅助仪器检查任务中主要学习了汽车性能检测的主要指标及其检测设备、汽车主要性能检测标准、气缸压缩压力检测、排放污染物检测、噪声检测、电控发动机燃油压力检测以及用故障诊断仪读取故障码。

项目三 〉二手车价格估算

项目导读

在二手车交易时,消费者和销售商都格外注重车辆价格的确定,采用合理的手段和价格确定方法让"好车值好价格",才能让二手车市场日趋规范化。但是在实际工作中二手车属于非标准产品,车辆价格随行就市且波动范围大,个人主观因素也会影响车辆定价。在《二手车鉴定评估技术规范》(GB/T 303232—2013)中明确在车辆技术状况鉴定的基础上可使用重置成本法和现行市价法确定车辆价格,涉及成新率、重置成本等价格影响因素的判定和计算。本项目包括六个任务,分别为成新率计算、现行市价法评估、重置成本法评估、收益现值法评估、清算价格法评估和折旧法评估,通过以上任务的学习全面掌握二手车价格的估算方法。

项目目标

知识目标

1. 掌握常见的二手车成新率计算方法。
2. 掌握现行市价法、重置成本法、收益现值法和清算价格法的概念、公式和应用场景。
3. 了解折旧评估法的概念、公式和应用场景。

技能目标

1. 能依据评估目的及评估对象特点合理选择二手车成新率的计算方法。
2. 能根据评估目的及评估对象特点选择合适的方法评估二手车的价值。
3. 熟悉二手车鉴定评估报告的撰写方法,能够依据二手车鉴定评估作业表、二手车技术状况表等资料,独立撰写二手车鉴定评估报告的价格计算部分。

素养目标

1. 通过资料查询、客户评估目的询问、车辆技术状况鉴定等培养严谨细致的工作态度和作风。
2. 通过评估对象情况分析和验证,培养辩证、客观的唯物主义思维。

任务一　成新率的计算方法

任务描述

在国家双碳经济倡导下,生活中大家开始习惯二手商品消费,例如二手 3C 产品、二手自行车、二手家具等,在闲鱼、孔夫子等网站上通常会看到商品的原有人用五成新、九成新等术语描述产品的新旧程度。成新率越高代表商品的成色越好,所剩余的商品价值越高。在二手汽车消费领域是如何确定车辆的新旧呢?

任务分析

二手车价格评估

二手车在完成了《二手车鉴定评估技术规范》(GB/T 303232—2013)所要求的车辆动态和静态检查后,就应该对二手车进行价格评估和计算。这一步至关重要,二手车价格评估不合理将导致原车主收益受损或者因价格过高产生车辆滞销情况。由于二手车属于非标准产品,有说服力的价格评估方法可在一定程度上保护消费者双方利益。小王是二手车市场一名见习阶段的二手车经纪人,主管今天给小王布置了一个车辆成新率计算的任务。如果你是小王,你觉得计算二手车的成新率应该从哪些方面入手呢? 需要知晓哪些条件呢?

知识链接

一、成新率概念

成新率法是一种评估资产成新的方法,即对被评估资产,由具有专业知识和丰富经验的工程技术人员对资产的实体各主要部位进行技术鉴定,并综合分析资产的设计、制造、使用、磨损、维护、修理、大修理、改造情况和物理寿命等因素,将评估对象与其全新状态相比较,考察由于使用磨损和自然损耗对资产的功能、使用效率带来的影响,判断被评估资产的成新率,从而估计实体性贬值。

成新率是反映二手车技术状况的指标,是指车辆现时状态价值与全新状态价值的比值。

常用的二手车成新率计算方法包括使用年限法、行驶里程法、部件鉴定法、整车观测法、综合分析法和综合成新率法等。

二、使用年限法

(一) 计算方法

使用年限法是将车辆剩余使用年限与规定使用年限的比值来确定二手车成新率，在《二手车鉴定评估技术规范》(GB/T 303232—2013)中明确规定其计算公式为

$$C_Y = \frac{Y_g - Y}{Y_g} \times 100\% \qquad (3-1)$$

式中：C_Y——年限成新率；

Y_g——规定使用年限，年或者月；

Y——二手车已使用年限，年或者月。

使用年限成新率的前提假设是在使用寿命期间，实体性损耗与实践呈线性关系，车辆使用强度正常。

(二) 概念界定

1. 规定使用年限 Y_g

车辆规定使用年限由商务部、发改委、公安部、环境保护部令 2012 年第 12 号《机动车强制报废标准规定》中明确说明。鉴定评估时应结合车辆行驶证确定被评估车辆的使用性质确定规定使用年限。特别需要说明的是营运载客汽车与非营运载客汽车相互转换的，按照营运载客汽车的规定报废，但小、微型非营运载客汽车和大型非营运轿车转为营运载客汽车的，应按照公式(3-2)所列公式核算累计使用年限，且不得超过 15 年。

$$累计使用年限 = 原状态已使用年 + \left(1 - \frac{原状态已使用年}{原状态使用年限}\right) \times 状态改变后年限 \qquad (3-2)$$

特别说明：公式中原状态已使用年中不足一年的按一年计算，例如，已使用 2.5 年按照 3 年计算；原状态使用年限数值取定值为 17；累计使用年限计算结果向下取整，且不超过 15 年。

2. 二手车已使用年限 Y

已使用年限可以通过读取车辆登记证书中的车辆初次登记日期，计算到评估基准日当天经历的时间，通常使用"月"作为单位计算。

3. 年限成新率使用前提条件

使用年限法计算成新率的前提是车辆按照正常的使用强度。各类车辆平均行驶里程的统计数据如表 3-1 所示。

表 3-1　我国对各类汽车年均行驶里程统计数据

汽车类别	年平均行驶里程(万 km)
私人用车	1～3
出租车	10～15
微、轻型货车	3～5
中、重型货车	6～10

（三）案例解析

2023 年 6 月 14 日,某客户前往二手车市场,已知评估车辆车型为 2018 款 2.0 L 两驱嘉乐版 7 座,在 2018 年 6 月完成了车辆初次登记。车辆使用性质为非营运私人用车,截至评估当天车辆累计行驶里程达到 8.5 万 km,请使用年限成新率法进行车辆成新率计算。

年限成新率计算解析:

(1) 车辆 2018 年 6 月注册登记,并于 2023 年 6 月评估,已经使用年限为 5 年。车辆属于家庭自用的非营运私人用车,根据《机动车强制报废标准规定》查询,该车规定使用年限为 15 年。

(2) 按照公式(3-1)计算得知:

$$C_Y = \frac{Y_g - Y}{Y_g} \times 100\%$$
$$= (15 - 5)/15 \times 100\%$$
$$\approx 66.7\%$$

三、行驶里程法

（一）计算方法

行驶里程法是通过二手车累计行驶里程与规定行驶里程的比值来确定成新率的方法,其计算公式为:

$$C_S = \frac{S_g - S}{S_g} \times 100\% \qquad (3-3)$$

式中:C_S——行驶里程成新率;

　　S_g——规定行驶里程,km;

S——累计行驶里程,km。

行驶里程成新率的前提是车辆行驶里程记录是真实的,未经历篡改。目前二手车市场的不法销售商常常为了车辆能评估出一个好的价格,会使用调表等方式欺骗消费者。

(二)概念界定

1. 规定行驶里程 S_g

规定行驶里程是指在《机动车强制报废标准规定》中规定的车型最大累计行驶里程,通常使用 km 作为单位。

2. 累计行驶里程 S

累计行驶里程是指从车辆开始使用到评估基准日当天行驶的总里程,通常使用 km 作为单位。

(三)案例解析

2023 年 6 月 14 日,某客户前往二手车市场,已知评估车辆车型为 2018 款 2.0 L 两驱嘉乐版 7 座,在 2018 年 6 月完成了车辆初次登记。车辆使用性质为非营运私人用车,截至评估当天车辆累计行驶里程达到 8.5 万 km,请使用行驶里程法进行车辆成新率计算。

年限成新率计算解析:

(1) 车辆 2018 年 6 月注册登记,并于 2023 年 6 月评估,已经使用年限为 5 年,该车辆报废行驶里程为 60 万 km,截至评估基准日车辆总共行驶了 8.5 万 km。

(2) 按照公式(3-3)计算得知:

$$C_S = \frac{S_g - S}{S_g} \times 100\%$$

$$= \frac{(60 - 8.5)}{60} \times 100\%$$

$$\approx 85.8\%$$

四、部件鉴定法

(一)计算方法

指鉴定评估人员使用工具、仪器对二手车进行技术状况鉴定并确定车辆各组成部分的技术状况,并按照各个组成部分对整车的价值大小赋予价值权重评分,通过累加各部件的成新率与价值权重系数乘积最后确定车辆的成新率,其计算公式为:

$$C_B = \sum_{i}^{n} (C_i \times \beta_i) \tag{3-4}$$

式中:C_B——部件鉴定成新率;

　　C_i——二手车第 i 项部件成新率;

　　β_i——二手车第 i 项目部件的权重比例。

部件鉴定法计算二手车成新率步骤繁多且工作量大,但所得成新率更加准确且接近客观。该计算方法考虑了车辆的实体损耗及车辆换件所引发的价值变动,一般应用于价值较高的二手车评估。

(二) 计算步骤

(1) 依据二手车总成或者部件价值占整车价值的比例从而确定权重比例 β,依次确定各个部件的权重比例 $\beta_i(i=1, 2, 3, \cdots, n)$。

(2) 借助鉴定评估工具评估各个部件的功能好坏。如果该部件功能完全失效为零分,估算其单个部件的成新率 $C_i(i=1, 2, 3, \cdots, n)$。

(3) 最后将各个部件估算的成新率与权重系数相乘,分别得到各个总成、部件的权重成新率,再将各个成新率相加,最终求得二手车的成新率。汽车各部分的价值权重系数参考数据见表 3-2。

表 3-2　汽车各部分的价值权重系数参考数据

序号	车辆总成、部件名称	价值权重系数(%)		
		轿车	客车	货车
1	发动机及离合器总成	26	27	25
2	变速器及万向传动装置	11	10	15
3	前桥、前悬架及转向系统总成	10	10	15
4	后桥及后悬架总成	8	11	15
5	制动系统	6	6	5
6	车架	2	6	6
7	车身	26	20	9
8	电气仪表	7	6	5
9	轮胎	4	4	5
合并		100	100	100

(三) 案例解析

2023 年 2 月,二手车鉴定评估人员对一台车辆进行评估。评估人员检查后发现该车尾气排放达标,维修保养情况一般,路试情况一般,车辆累计行驶里程 6 万 km,经过技术鉴定,鉴定人员认为该车的各总成部件的成新率和权重如下:发动机及离合器总成的成新率为40%(权重25%),变速器及转向轴总成成新率为60%(权重15%),前桥及转向器前悬总成成新率为50%(权重15%),后桥及后悬架总成成新率为30%(权重15%),制动系统成新率为60%(权重5%),车架总成成新率为46%(权重6%),车身总成成新率为50%(权重9%),电气仪表系统成新率为40%(权重5%),轮胎成新率为40%(权重5%)。请使用部件鉴定成新率计算方法测算车辆的成新率。

部件鉴定成新率计算解析:

$$C_B = \sum_{i}^{n}(C_i \times \beta_i)$$

$$= 40\% \times 25\% + 60\% \times 15\% + 50\% \times 15\% + 30\% \times 15\% + 60\% \times 5\% + 46\% \times 6\% + 50\% \times 9\% + 40\% \times 5\% + 40\% \times 5\%$$

$$= 0.1 + 0.09 + 0.075 + 0.045 + 0.03 + 0.0276 + 0.045 + 0.02 + 0.02$$

$$= 0.4526$$

五、整车观测法

整车观测法是指鉴定评估人员以"人工观察为主仪器检查为辅"进行二手车车况鉴定,确定二手车技术等级及成新率。主要参考鉴定评估时车辆技术状态、使用时间、行驶里程、车辆大修和车辆外观等情况确定。二手车车况等级和成新率参考表见表3-3。

表3-3　二手车成新率参考表

车况等级	新旧情况描述	有形损耗率	技术状况描述	成新率
1	使用不久	0%~10%	刚使用不久,行驶里程在3万~5万km,车辆技术状况良好,使用强度正常	90%~100%
2	较新车	11%~35%	使用1~4年,行驶里程15万km,没有经历过大修,车辆技术状况较好	65%~89%
3	旧车	36%~60%	使用4~5年,发动机或整车经历过大修且恢复了原有设计性能,在用状况良好	40%~64%
4	老旧车	61%~85%	使用5~8年,发动机或整车经历过两次大修,车辆动力性、经济性下降,外观油漆脱落且故障频发	15%~39%

（续表）

车况等级	新旧情况描述	有形损耗率	技术状况描述	成新率
5	待报废处理车	86%～100%	即将达到规定使用年限,虽然通过《机动车运行安全技术条件》(GB 7258—2017)规定,但难以正常使用	15%及以下

整车观察法是依据鉴定评估人员的经验进行鉴定评估,评估结论仅作为参考要素。由于在使用该方法时,仅仅通过人工观察完成,所以其评定结果可能受到个人主观或者经验是否丰富等人为原因影响。

六、综合分析法

(一) 计算方法

综合分析法与前期提及的成新率计算方法有所区别,它以使用年限率作为计算的基础,结合车辆实际技术状况、车辆保养维护情况、车辆制造质量、使用性质和使用条件等多个维度确定二手车的价值,以上多个维度作为调整系数的方式综合确定二手车成新率,其计算公式如下:

$$C_F = C_Y \times K \times 100\% = \frac{Y_g - Y}{Y_g} \times K \times 100\% \tag{3-5}$$

式中:C_F——综合成新率;

C_Y——年限成新率;

K——综合调整系数。

(二) 概念界定

影响二手车成新率的主要因素包括技术状况、维护保养、原始制造质量、车辆使用用途、使用条件五个维度,具体调整系数见表3-4。

表3-4 二手车成新率调整系数表

序号	影响因素	分级	调整系数	权重
1	技术状况 K_1	好	1.0	30%
		较好	0.9	
		一般	0.8	
		较差	0.7	
		差	0.6	

（续表）

序号	影响因素	分级	调整系数	权重
2	维护保养 K_2	好	1.0	25%
		较好	0.9	
		一般	0.8	
		差	0.7	
3	原始制造质量 K_3	进口车	1.0	20%
		国产名牌车	0.9	
		国产非名牌	0.8	
4	车辆使用用途 K_4	私用	1.0	15%
		公务商务	0.9	
		营运	0.7	
5	使用条件 K_5	好	1.0	10%
		一般	0.9	
		差	0.8	

调整系数 K 的计算需要使用加权平均法进行计算：

$$K = K_1 \times 30\% + K_2 \times 25\% + K_3 \times 20\% + K_4 \times 15\% + K_5 \times 10\% \qquad (3-6)$$

其中，综合调整系数 K、技术状况 K_1、维护保养 K_2、原始制造质量 K_3、车辆使用用途 K_4 和使用条件 K_5，其具体的调整系数和分级是一个参考值。在评估时，鉴定评估师应结合被评估对象进行适当的调整和优化。

使用综合分析法进行车辆价格评估时，综合考虑了影响二手车价值的各种要素，便于定性定量地对二手车成新率进行评估，适用于中高等价值的二手车评估。

（三）案例解析

2023 年 11 月 25 日，有一台奔驰 C‑Class 2018 款 C200L 运动版来店进行车辆价值评估。该车初次登记日期为 2017 年 11 月，是一台私人用途的车辆，截至评估当日车辆已经行驶了 10 万 km。

鉴定评估中发现该车外观漆面保护良好，在使用中仅有右前翼子板有轻微喷涂痕迹。通过查询车辆保养维护记录，车辆从购买之日起均准时进行车辆保养维护。打开发动机舱，车辆线束整齐、规则，机油颜色正常，无冷却液渗入情况。乘客舱内干净整齐，各个功能部件均能正常工作。在动态检查中该车起步、加速和减速等工况工作正常。车主有固定停车位，车辆常在道路状况良好的市区公路行驶。请使用综合分析法计算车辆的成新率。

1. 车辆基本情况概述

（1）车辆初次登记时间 2017 年 11 月，评估基准日为 2023 年 11 月。

（2）车辆技术状况较好，仅存在轻微磕碰情况：$K_1 = 0.9$。

（3）车辆维护保养较好，按时前往授权维修店保养：$K_2 = 0.9$。

（4）车辆为国产名牌汽车北京奔驰 C-Class，属于国产名牌汽车：$K_3 = 0.9$。

（5）车辆使用用途为私用：$K_4 = 1.0$。

（6）车辆长期在城市道路行驶，使用条件良好：$K_5 = 1.0$。

2. 计算过程

$$C_F = C_Y \times K \times 100\% = \frac{Y_g - Y}{Y_g} \times K \times 100\%$$

其中，$C_Y = \dfrac{Y_g - Y}{Y_g} \times 100\% = (15 - 6)/15 \times 100\% = 60\%$

$$K = K_1 \times 30\% + K_2 \times 25\% + K_3 \times 20\% + K_4 \times 15\% + K_5 \times 10\%$$
$$= 0.9 \times 0.3 + 0.9 \times 0.25 + 0.9 \times 0.2 + 1.0 \times 0.15 + 1.0 \times 0.1$$
$$= 0.27 + 0.225 + 0.18 + 0.15 + 0.1 = 0.925$$

最终，$C_F = C_Y \times K \times 100\%$
$$= 0.6 \times 0.925 \times 100\% = 55.5\%$$

七、综合成新率法

（一）计算方法

在二手车价格评估中，应采用定性和定量的分析方法，结合多种因素对二手车成新率进行计算，避免仅考虑使用年限法、行驶里程法或者部件鉴定法从单一角度计算而带来的误差。在《二手车鉴定评估技术规范》(GB/T 303232—2013)中明确说明了综合成新率的计算方法。

$$e = y \times a + t \times \beta \tag{3-7}$$

式中：e——综合成新率；

y——年限成新率(C_Y)；

a——年限成新率系数；

t——技术鉴定成新率；

β——技术鉴定成新率系数。

$a+\beta=1$，$y\times a$ 相当于经济性陈旧贬值后车辆剩余的价值率，$t\times\beta$ 相当于实体性陈旧贬值与功能性陈旧贬值后车辆剩余的价值率。$y(C_Y)$的计算公式即为 $C_Y=\dfrac{Y_g-Y}{Y_g}\times100\%$，$t=X/100$，其中 X 等于车辆动态和静态的鉴定评分制，车辆技术鉴定满分为 100 分，具体扣分细则应该按照《二手车鉴定评估技术规范》(GB/T 303232—2013)进行评分。

(二)案例解析

2023 年 11 月 25 日，有一台奔驰 C–Class2018 款 C200L 运动版到店进行车辆价值评估。该车初次登记日期为 2017 年 11 月，是一台私人用途的车辆，截至评估当日车辆已经行驶了 10 万 km。

车辆在评估时发现发动机舱盖存在一处划痕，缺陷登记为三级，车身外观扣除 1.5 分；在发动机舱检查过程中发现了发动机附件传动带存在老化情况，需要更换整备，发动机舱扣除 1.5 分；另外在路试过程中发现车辆底盘存在异响，需要扣除 2 分。车辆技术状况满分为 100 分，结合检查情况共计扣除 5 分，共计得分 95 分，属于一级车辆。请使用综合成新法计算车辆成新率。

1. 车辆基本情况

在车辆技术鉴定中技术状况得分 95 分，该车属于一级车辆。初次登记日期为 2017 年 11 月，鉴定评估日为 2023 年 11 月 25 日，车辆已使用 6 年。

2. 具体计算过程

$$y=C_Y=\frac{Y_g-Y}{Y_g}\times100\%=(15-6)/15\times100\%=60\%,\ t=X/100=95/100=0.95$$

$$e=y\times a+t\times\beta=0.6\times0.5+0.95\times0.5=0.3+0.475=0.775(a=0.5,\ \beta=0.5)$$

任务实施

1. 分配任务

每 5 人为一组，选出一名组长，组长对小组任务进行分工。组员按组长要求完成相关任务。具体任务要求如下：

（1）通过开放式或者封闭式提问方法并借助大数据方式查询客户往期车辆保养维护记录、车辆证照等资料，了解鉴定评估车辆及委托人的真实情况，选择一种二手车成新率计算方法进行车辆成新率的计算。

（2）小组成员用PPT汇报方式说明选择的成新率计算方法和计算过程。

2. 注意事项

（1）小组成员使用开放式或封闭式提问方法了解客户鉴定评估意图、车辆以往使用情况等基本信息。

（2）任务结束后，需要将成新率分析过程、辅助说明材料及PPT上传至课程平台。

3. 任务工单

具体任务工单如表3-5所示。

表3-5　任务工单

任务名称	二手车成新率计算				
姓名		班级		学号	
任务地点		任务时间		日期	
设备及工具					
任务实施及结果					
1. 车辆基本情况					
2. 委托人基本情况					

（续表）

3. 成新率计算方法选择及计算过程
根据任务结果写出整改建议或学习计划

任务拓展

一、单项选择题

1. 小型、微型非营运载客汽车和大型非营运轿车累计报废里程是（　　）。

　　A. 60 万 km　　　　B. 80 万 km　　　　C. 40 万 km　　　　D. 100 万 km

2. 车辆使用性质由营运汽车转化为非营运载客汽车，其报废年限应该按照（　　）计算。

　　A. 营运汽车报废年限　　　　　　　B. 非营运汽车报废年限

　　C. 客户意愿　　　　　　　　　　　D. 不确定

二、判断改错题

1. 成新率是反映二手车新旧程度的重要指标，是二手车的功能或使用价值占全新车辆的功
能或使用价值的比率。　　　　　　　　　　　　　　　　　　　　　　　　　（　　）

　　改为：

2. 车辆累计行驶里程是指二手车从开始使用到评估基准日所行驶的总里程。　　（　　）

　　改为：

3. 部件鉴定法常常使用在确定价值比较低的二手车成新率时。　　　　　　　　（　　）

　　改为：

4. 小、微型非营运载客汽车、大型非营运轿车、轮式专用机械车无使用年限限制。　（　　）

　　改为：

三、简答题

1. 请说明使用年限成新率计算的前提有哪些,该方法的优势和劣势是什么。

2. 请说明使用综合分析法时,二手车的调整系数选择应确定哪些参数,选择时有哪些注意事项。

任务二　现行市价法评估

任务描述

　　了解车辆基本情况和明确委托人鉴定评估诉求，并借用技术状况鉴定工具完成车辆技术状态鉴定后初步确定车辆的技术情况，接下来应该怎么确定车辆的价值呢？价值评估应该选用什么样的方法？

　　在《二手车鉴定评估技术规范》(GB/T 303232—2013)中，针对评估车辆价值时应该遵循的原则有以下两点：

　　(1) 一般情况下，推荐选用现行市价法；在无参照物、无法使用现行市价法的情况下，选用重置成本法。

　　(2) 根据车辆有关情况，确定估值方法并对车辆价值进行估算。

　　由此可知，如果市场上存在大量的同类型有着类似车况的车辆在进行交易，评估师则可借鉴已交易车辆的成交情况作为参考进行估价。

任务分析

　　任何新产品在首次进入市场之前都会对同类产品的价格进行深入的调研和分析，以此才能准确定价和找准消费群体。作为非标准产品的二手车在进入市场时也需要准确定价。价格过高，车辆有可能不能顺利销售；车价过低，可能导致利润不理想。怎么才能准确合理地进行二手车报价呢？某日实习生小王接到企业导师布置的任务，要求小王对客户的一台2021款的梅赛德斯奔驰 E‐Class 260 进行价格评估。小王在某些二手车销售网站上找到了同类型车辆的销售报价和成交情况。如果你是小王，你会如何使用现行市价法进行车价评估？

知识链接

　　大数据时代，二手车鉴定和交易越来越透明化，评估人员可以通过查询二手车之家网站、汽修宝 App 等途径了解到二手车交易数据。如果在公开市场上能较容易获取二手车交易数据，一般情况下可选择现行市价法。实质上现行市价法是一种类比的方法，通过在市场上查找与被评估车辆类似且最近在公开市场上已交易的车辆成交案例，类比两车的异同并将异同点的价格差异进行量化，或者在二手车市场能找到类似车辆并将其价格直接作为被评估车辆价值参考的一种评估方法。

《二手车鉴定评估技术规范》(GB/T 303232—2013)中有说明：

（1）评估价值为相同车型、相同配置和相同技术状况鉴定检测分值的车辆近期的交易价格。

（2）如无参照物，则可从本区域近期的交易记录中调取相同车辆，相近区域的成交记录中调取相同车型、相近分值的成交价格，并结合车辆技术状况鉴定分值加以修正。

现行市价法包括直接市价法和类比调整市价法两类。

（一）直接市价法

直接市价法是指在公开市场上能找到与被评估车辆完全相同的车辆作为参考，并将其价格直接作为被评估车辆的一种定价方法。在选择参照车辆时需要是相同车辆型号和配置，使用条件、使用性质和技术状况完全一致，并且交易时间间隔较近。

使用直接市价法会存在一定难度，很难在市场上寻找到与被评估二手车完全相同的车辆。例如车主的使用条件、车辆的装饰配置、车辆的技术状况和车型改款都会直接影响车辆的价格，所以相对于类比调整市价法，直接市价法使用情况较少。

（二）类比调整市价法

使用直接市价法确定评估车辆价格存在一定的难度，但评估师可在公开市场上找到相似技术状况的车辆作为参照物进行定价。评估师可量化车辆技术状况和交易条件等，结合参照物的成交价格作出调整，以此确定被评估车辆的价格。

1. 计算公式

$$P = P'K \tag{3-8}$$

式中：P——评估价格，单位元；

P'——参照车辆市场成交价格，单位元；

K——差异调整系数。

2. 评估步骤

（1）收集被评估二手车资料：通过查看车辆的各类证照和询问，了解车辆的车型、生产厂家、车辆用途、已行驶里程等信息,为在公开市场上查找参照车辆提供依据。

(2)在公开交易市场上选择参照车辆:按照可比性原则,在公开市场上查找可类比的参照车辆,为尽可能地保证类比工作的有效性,评估人员至少需要找到两台及以上的车辆作为参照物。在选择可比因素方面应包括车辆型号、生产厂家、车辆用途、已使用年限、已使用行驶里程、车辆技术性能参数、实际车辆技术状况、市场所在地、成交数量和时间等。

(3)差异确定及量化差异:量化差异需要从结构性能、销售时间、成新率和销售数量、技术状况等维度进行。特别需要注意的是当被评估车辆的状况相对参照车辆差时,被评估对象的估值应在参照物价格的基础上减去量化的差异值;反之,当被评估车辆的状况相对参照车辆好时,评估对象的估值应在参照物价格的基础上加上量化的差异值。

(4)计算评估价值:将差异进行量化后,应汇总所有的差异并以此对参照车辆的成交市价进行调整,最终确定评估二手车的价值。

3. 评估案例分析

2023年12月,王女士在二手车市场上欲出售一台丰田2019款1.2 T S-CVT GL先锋版卡罗拉轿车。由于丰田卡罗拉在新车市场上销售情况好,市场保有率较高,在二手车市场上交易量大且在公开市场上易找到类似的车辆交易案例,如果你是鉴定评估师,你会如何使用现行市价法进行车辆价格的评估?

车辆基本情况为私人用途,厂家指导价为11.98万元。CVT无级变速器,1.2 T发动机,配有防抱死制动系统(ABS)、制动力分配系统(EBD)等安全配置。通过技术状况鉴定该车漆面良好,发动机舱水管、油管和线束无老化和裂纹。乘客舱内干净整齐,仪表台无划痕。动态测试中车辆发动机运行平稳、爬坡有力,制动响应迅速且无跑偏情况。

表3-6　评估车辆与参照车辆的技术和经济参照对比表

序号	对比项目	参照车辆A	参照车辆B	被评估车辆
1	车辆品牌及型号	一汽丰田卡罗拉	一汽丰田卡罗拉	一汽丰田卡罗拉
2	车辆配置	2019款 S-CVT GL 先锋版	2019款 S-CVT GL 先锋版	2019款 S-CVT GL 先锋版
3	发动机排量	1.2 T	1.2 T	1.2 T
4	发动机类别	涡轮增压	涡轮增压	涡轮增压
5	变速器类型	无级变速器	无级变速器	无级变速器
6	尾气排放标准	国五	国五	国五

（续表）

序号	对比项目	参照车辆 A	参照车辆 B	被评估车辆
7	销售条件	公开市场销售	公开市场销售	公开市场销售
8	初次登记时间	2019 年 12 月	2019 年 12 月	2020 年 2 月
9	规定使用年限	15 年	15 年	15 年
10	交易时间	2023 年 12 月	2023 年 12 月	2023 年 12 月
11	已使用年限	4 年	4 年	3 年 10 个月
12	综合成新率	62%	77%	68%
13	交易地点	北京	北京	北京
14	交易数量	1 台	1 台	1 台
15	付款方式	全款销售	全款销售	全款销售
16	物价指数	1	1	1
17	成交价格	7.58 万	8.10 万	待评估

通过对参照物的基本情况分析，了解到三辆车之间具有类比性，所以选用现行市价法对车辆进行评估。

（1）以参照车辆 A（表 3-6）作为参照量化各类差异和调整：

① 在结构和性能方面无差异，不需要量化和调整差异。

② 在销售时间方面无差异，不需要量化和调整差异。

③ 在综合成新率方面存在差异，需要量化和调整差异。

$7.58 \times (68\% - 62\%) = 7.58 \times 6\% = 0.4548$ 万元（被评估车辆该项性能优于参照车辆 A）

④ 在销售数量和付款方式上无差异，不需要量化和调整差异。

所以以参照车辆 A 为参照时，被评估车辆的评估价值 P_1 为

$$7.58 + 0.4548 = 8.0348（万元）$$

（2）以参照车辆 B 作为参照量化各类差异和调整：

① 在结构和性能方面无差异，不需要量化和调整差异。

② 在销售时间方面无差异，不需要量化和调整差异。

③ 在综合成新率方面存在差异，需要量化和调整差异。

$8.10 \times (77\% - 68\%) = 8.10 \times 9\% = 0.729$ 万元（被评估车辆该项性能劣于参照车辆 B）

④ 在销售数量和付款方式上无差异,不需要量化和调整差异。

所以以参照车辆 B 为参照时,被评估车辆的评估价值 P_2 为

$$8.10-0.729=7.371(万元)$$

综合参照车辆 A 和 B,使用算术平均法计算被评估车辆评估值 P:

$$P=(P_1+P_2)/2=(8.0348+7.371)/2=7.7029(万元)$$

 **任务实施**

1. 分配任务

每5人为一组,选出一名组长,组长对小组任务进行分工。组员按组长要求完成相关任务。具体任务要求如下:

(1) 使用二手车之家车辆价值评估预估功能(图3-1),输入待评估车辆基本信息,了解车辆价格评估大数据测算方法。

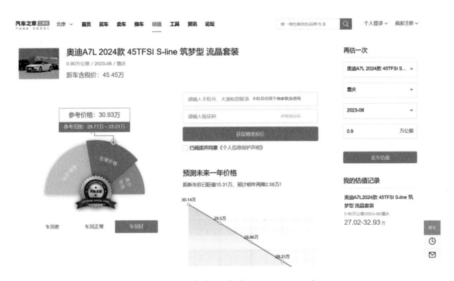

图 3-1　二手车之家鉴定评估工具界面

(2) 小组成员用 PPT 汇报说明车辆现行市价法的估算过程。

2. 注意事项

(1) 除了二手车之家,还包括查博士、汽修宝等 App 均有二手车价值估算的功能,可使用多平台进行车辆价值估算。

(2) 任务结束后,需要将车辆价值估算的过程、辅助说明材料及 PPT 上传至课程平台。

3. 任务工单

具体任务工单如表 3-7 所示。

表 3-7 任务工单

任务名称	现行市价法估算二手车价值				
姓名		班级		学号	
任务地点		任务时间		日期	
设备及工具					
任务实施及结果					
1. 车辆基本情况					
2. 车辆估算的方法选择及理由					
3. 现行市价法计算过程					
根据任务结果写出整改建议或学习计划					

任务拓展

一、填空题

1. 在使用类比调整市价法时候,评估的步骤包括(1)＿＿＿＿＿＿＿＿＿＿＿＿＿＿＿、
   (2)＿＿＿＿＿＿＿＿＿＿＿、(3)＿＿＿＿＿＿＿＿＿＿＿＿＿、(4)＿＿＿＿
   ＿＿＿＿＿＿＿＿四步。

2. 现行市价法包括＿＿＿＿＿＿＿＿＿＿＿＿＿和＿＿＿＿＿＿＿＿＿＿＿＿＿两个
   方法。

二、选择题

1. 使用现行市价法评估车辆时,选择参照车辆应该考虑哪些因素?(多选题)(　　　)

   A. 车辆型号　　　　　　　　　　B. 车辆用途

   C. 车辆使用年限　　　　　　　　D. 车辆行驶里程

   E. 车辆所处地区　　　　　　　　F. 市场状况

   G. 交易季节　　　　　　　　　　H. 交易量

   I. 交易时间

2. 以下哪些选项需要在比较分析二手车与参照车辆之间差异时进行量化?(多选题)(　　　)

   A. 结构和性能差异和量化　　　　B. 销售时间的差异和量化

   C. 新旧程度的差异和量化　　　　D. 销售数量的差异和量化

   E. 付款方式的差异和量化

三、简答题

1. 现行市价法的含义是什么,其优势和劣势又分别是什么?

2. 简要说明在选择参照车辆时应该从哪些角度去甄别。

任务三 重置成本法评估

任务描述

如前文所述,在《二手车鉴定评估技术规范》(GB/T 303232—2013)中,针对评估车辆价值时应该遵循的原则有以下两点:

(1) 一般情况下,推荐选用现行市价法;在无参照物、无法使用现行市价法的情况下,选用重置成本法。

(2) 根据车辆有关情况,确定估值方法并对车辆价值进行估算。

那么,如果被评估车辆保有量和交易量较低,市场上不存在同类型有着类似车况的车辆在进行交易,评估师应选择什么样的方法进行车辆价值评估?

任务分析

现行市价法使用的前提是市场上有大量同类型、同车况的交易案例作为参考,但是部分车型属于冷门车辆或者市场上暂时缺少相似交易案例,可以依据《二手车鉴定评估技术规范》(GB/T 303232—2013)中提到了除现行市价法以外的重置成本法进行价值评估。那么什么么是重置成本法? 包含哪些计算步骤呢? 现行市价法和重置成本法有什么样的区别或者联系? 它们的应用情景有什么区别呢?

知识链接

(一) 重置成本法的基本内容

重置成本法是指按重新购置或购买一个全新状态的被评估资产需要的全部成本(重置成本),减去实体性贬值、功能性贬值和经济性贬值后得到被评估资产价值的一种评估方法。

1. 重置成本法的计算模型

(1) 模型一:评估值＝重置成本－实体贬值－功能贬值－经济贬值。

此模型是重置成本法的最基本模型,综合考虑了车辆现时的重置成本和各类贬值要素,此方法量化了各类贬值,真实可靠且有说服力,容易被人接受。但缺点在于造成车辆贬值的因素很多,无法完全准确量化,所以在真实的鉴定评估中此方法应用较少。

(2) 模型二:评估值＝重置成本×成新率。

此模型通过成新率综合考虑了各类贬值的影响力,是一种定性和定量的评估方法,方法简单容易理解,是《二手车鉴定评估技术规范》(GB/T 303232—2013)中推荐的评估方法。

2. 基于成新率的重置成本法计算

在《二手车鉴定评估技术规范》(GB/T 303232—2013)中明确说明了重置成本法的计算方法。

(1) 在无任何参照体时使用重置成本法。

$$W = R \times e \tag{3-9}$$

式中:W——车辆评估价值;

R——更新重置成本,更新重置成本为相同型号、配置的新车在评估日的市场零售价格;

e——综合成新率。

(2) 综合成新率计算方法。

$$e = y \times a + t \times \beta \tag{3-10}$$

式中:e——综合成新率;

y——年限成新率;

t——技术鉴定成新率;

a——年限成新率系数;

β——技术鉴定成新率系数,其中 $a + \beta = 1$;

$y \times a$ ——相当于经济性陈旧贬值之后,车辆的剩余价值率;

$t \times \beta$ ——相当于实体性陈旧贬值与功能性陈旧贬值后,车辆剩余的价值率。

(3) 年限成本率计算方法。

$$y = N/n \tag{3-11}$$

式中:y——年限成新率;

N——预计车辆剩余使用年限;

n——车辆使用年限(非营运乘用车使用年限 15 年,超过 15 年的按实际年限计算;营运车辆、有使用年限规定的车辆按实际要求计算）。

（4）技术成新率计算方法。

$$t = X/100 \qquad (3-12)$$

式中：t——技术鉴定成新率；

　　　X——车辆技术状况分值。

（二）重置成本法计算案例分析

2023 年 12 月 15 日，客户王先生将其个人名下的一台丰田卡罗拉 2019 款 1.2 T S-CVT GL 先锋版轿车出售，鉴定评估人员对车辆进行鉴定评估，以下是车辆鉴定评估的情况：

1. 车辆情况概述

（1）车型：丰田卡罗拉 2019 款 1.2 T S-CVT GL 先锋版。

（2）车辆更新重置成本：11.98 万元。

（3）初次登记时间：2018 年 12 月。

（4）车辆用途及里程：私人使用，共计行驶 5.5 万 km。

（5）评估基准日期：2023 年 12 月 15 日。

2. 车况检查及技术状况评分

（1）静态检查：车辆属于私人用车，车辆平时停放在车库保管，车辆长期在市区使用。车辆外观存在三处划伤，均为三级（扣除 1.5 分）。车辆底盘存在变速器轻微漏油，转向时转向器存在轻微响声，其他情况良好。

（2）动态检查：该车辆起动顺利，热车和冷车起动均能顺畅，无异响。行驶时，该车无跑偏的现象。制动时，制动距离正常。

（3）车辆技术状况评分：78 分（技术状况等级：二级）。

3. 评估计算过程

（1）使用重置成本法计算该车价值，$W = R \times e$。

（2）更新成本 R，通过查询官网，发现该车型更新了型号和配置，目前售价为 11.98 万元。

（3）综合成新率 e：

$$e = y \times a + t \times \beta$$

① 年限成新率 y：$y = C_Y = \dfrac{Y_g - Y}{Y_g} \times 100\% = (15-5)/15 \times 100\% \approx 66.7\%$

② 技术鉴定成新率 t：$t = X/100 = 78/100 = 0.78$

③ 通过案例分析，确定年限鉴定成新率系数 a 为 50%，技术鉴定成新率系数 β 为 50%

$$e = y \times a + t \times \beta = 66.7\% \times 50\% + 0.78 \times 50\%$$

$$= 0.333\,5 + 0.39 = 0.723\,5$$

④ 使用重置成本法计算评估值：$W = R \times e = 11.98 \times 0.723\,5 \approx 8.67$ 万元

任务实施

1. 分配任务

每 5 人为一组，选出一名组长，组长对小组任务进行分工。组员按组长要求完成相关任务。具体任务要求如下：

(1) 结合车辆 VIN 号码使用汽修宝 App，查询车辆类型和现行的价格。

(2) 利用车辆配置表了解被评估车辆与更新后车辆的配置差异、确定更新重置成本。

(3) 小组成员用 PPT 汇报说明重置成本法的估算过程。

2. 注意事项

(1) 汽修宝 App 的车型查询功能可帮助鉴定评估人员快速确定车型、年款。

(2) 年限成本率系数 a 和技术鉴定成新率系数 β 的和为 1，具体的权重分配可按照被评估对象合理分配。

3. 任务工单

具体任务工单如表 3-8 所示。

表 3-8　任务工单

任务名称	重置成本法估算二手车价值				
姓名		班级		学号	
任务地点		任务时间		日期	
设备及工具					

（续表）

任务实施及结果
1. 车辆基本情况
2. 车辆估算的方法选择及理由
3. 重置成本法计算过程
根据任务结果写出整改建议或学习计划

任务拓展

一、判断改错题

1. 重置成本法是指按重新购置或购买一个全新状态的被评估资产需要的全部成本（重置成本），减去实体性贬值、功能性贬值和经济性贬值后得到被评估资产价值的一种评估方法。

（　　）

改为：

2. 不管车辆的使用性质是什么，在确定车辆重置成本时都需要考虑车辆的重置成本。

（　　）

改为：

3. 在对车辆进行二手车价值评估时是将重置成本减去实体贬值、功能贬值和经济贬值等，此方法可以准确量化差异，是实际评估中常常使用的计算模型。　　（　　）

改为：

二、选择题

1. 在计算成新率时，有哪些方法可以选择？（　　）（多选题）

　　A. 里程成新率

　　B. 年限成新率

　　C. 综合成新率

　　D. 整车观察法

2. 轻、中、重型货车的规定使用年限为（　　）年。

　　A. 15

　　B. 10

　　C. 8

　　D. 5

三、简答题

重置成本法的含义，其优势和劣势分别是什么？

任务四　收益现值法评估

 **任务描述**

营运车辆指报告期末经主管机关核准,可参加营运的车辆。包括技术完好的、在修的、待修的、长期停驶的,以及拟报废尚未经上级主管部门批准的车辆。但不包括企业的非营运车辆(如架线车、油罐车、货车和其他专用车辆)和借入的客运车辆。

某企业想要投资一批二手新能源网约车用于营运,但企业对于二手新能源网约车的价格把握不准,想找个二手车评估机构对这批二手新能源网约车进行评估,算出最终价格,评估一下能否投资。针对这种情况应该用什么方法进行评估呢?

任务分析

根据《网络预约出租汽车经营服务管理暂行办法》可知,新能源网约车也属于营运车,必须遵守网约车行驶里程达到 60 万 km 时强制报废。行驶里程未达到 60 万 km 但使用年限达到 8 年时,退出网约车经营这一规定。要想确定企业能否投资网约车,就要先评估网约车的价格,对于营运车,采用收益现值法进行评估。

知识链接

一、收益现值法基本知识

(一) 收益现值法的概念

收益现值法又称收益还原法、收益资本金化法,是指通过估算被评估资产的未来预期收益并折算成现值,借以确定被评估资产价值的一种资产评估方法。从资产购买者的角度出发,购买一项资产所付的代价不应高于该项资产或具有相似风险因素的同类资产未来收益的现值。收益现值法对企业资产进行评估的实质:将资产未来收益转换成资产现值,而将其现值作为待评估资产的重估价值。收益现值法的基本理论公式可表述为:

$$资产的重估价值 = \sum 该资产预期各年收益折成现值 \qquad (3-13)$$

(二) 收益现值法使用的前提条件及范围

1. 前提条件

收益现值法通常是在继续使用假设前提下运用的,应用收益现值法评估资产必须具备以下条件:

(1) 被评估对象必须是经营性资产,而且具有持续获利的能力。

(2) 被评估资产是能够而且必须用货币衡量其未来收益的单项资产或整体资产。

(3) 产权所有者所承担的未来经营风险也必须能用货币加以衡量。

只有同时满足上述条件,才能运用收益现值法对资产进行评估。

2. 适应范围

适用收益现值标准的资产业务主要有以下几种:

(1) 企业及整体资产产权变动的资产评估。整体资产是一种特殊的商品,它的价值不是由该资产中投入的价值来决定,而是由它产出的价值决定的。

(2) 以资产产权和自然资源业务为目的的资产评估。这两种资产业务能够带来级差收益,其价格可根据租金来评估,适用收益现值标准。

(3) 以无形资产转让、投资为目的的资产评估。这种资产可为所有者带来超额收益或垄断利益。在评估中,以其带来追加收益来确定资产的价值。

(三) 收益现值法的计算公式

根据收益现值法的概念可知,被评估车辆的评估值等于剩余寿命期内各期的收益现值之和,即收益现值法的计算公式如下所示:

$$P = \frac{A_1}{(1+i)^1} + \frac{A_2}{(1+i)^2} + \frac{A_3}{(1+i)^3} + \cdots + \frac{A_n}{(1+i)^n} \qquad (3-14)$$

根据求和公式运算符号,可将其简化为:

$$P = \sum_{t=1}^{n} \frac{A_t}{(1+i)^t} \qquad (3-15)$$

式中:P——评估值(元);

　　A_t——未来第 t 个收益期的预期收益额(元);

　　n——收益总年期(年),剩余使用年限;

i——折现率（%）；

t——收益期（年），一般以年计算。

根据公式(3-14)可知，如果假定营运车辆剩余使用年限里每年的预期收益额均一样，即 $A_1 = A_2 = A_3 = \cdots = A_n = A$，则可以将公式(3-14)进一步优化为：

$$P = \frac{A}{(1+i)^1} + \frac{A}{(1+i)^2} + \frac{A}{(1+i)^3} + \cdots + \frac{A}{(1+i)^n} \qquad (3-16)$$

将 A 提出来，形成等比数列，如下：

$$P = A \cdot \left[\frac{1}{(1+i)^1} + \frac{1}{(1+i)^2} + \frac{1}{(1+i)^3} + \cdots + \frac{1}{(1+i)^n} \right] \qquad (3-17)$$

利用等比数列求和公式可将公式进一步演化，如下：

$$P = A \cdot \frac{(1+i)^n - 1}{i \cdot (1+i)^n} \qquad (3-18)$$

以上均为收益现值法的计算公式，根据不同情况适应不同公式。根据公式可知，要准确计算评估价，就要掌握以下参数：

1. 收益总年期 n

收益总年期其实就是二手营运车辆剩余使用寿命的年限，亦是指从评估基准日当天到二手车报废的年限。

根据最新汽车强制报废标准可知，营运小型车辆（出租车、网约车）使用年限均是8年，出租车超8年强制报废，网约车超8年必须退出市场。

值得注意的是营运车辆转为非营运车辆或非营运车辆转为营运车辆，一律按营运车辆的规定报废。

2. 预期收益额 A_t

运用收益现值法时，未来每年收益额的确定是关键。预期收益额是指被评估二手营运车辆在其剩余使用寿命期内的使用过程中，可能带来的年纯收益额。

(1)预期收益额是通过预测分析获得的，是一个虚拟值。

(2)收益额的构成包括：收入、支出和税收三个部分。具体公式如下：

$$收益额 = 税前收入 - 所得税 = 税前收入 \times (1 - 所得税税率) \qquad (3-19)$$

$$税前收入 = 毛收入 - 车辆使用过程中的各种费用和人员劳务费用等 \qquad (3-20)$$

3. 折现率 i

折现率是指将未来预期收益额折算成现值的比率。从本质上讲,折现率是一种期望投资报酬率,是投资者在投资风险一定的情况下,对投资所期望的回报率。折现率由无风险报酬率、风险报酬率两部分构成。但折现率也受到市场通货膨胀影响,通货膨胀率也是折现率的一个包含因子,故折现率公式为:

$$折现率\,i＝无风险报酬率＋风险报酬率＋通货膨胀率 \tag{3-21}$$

(四) 收益现值法的影响因素及优缺点

收益现值法是一种着眼于未来的评估方法,它主要考虑资产的未来收益和货币的时间价值。体现在营运车辆上就是指车辆载客赚钱的能力和货币贬值。

1. 影响因素

(1) 营运车辆继续运营并获利的能力。

(2) 营运车辆剩余获利年限及预期收益的预测值。

(3) 剩余寿命期内所担风险的预测值。

2. 优缺点

(1) 能够较真实、准确地反映营运车辆收益的价格。

(2) 在投资决策时,应用收益现值法得出的营运车辆价格较容易被买卖双方所接受。

(3) 收益额的预判难度较大,受较强的主观判断和未来收益不可预见因素的影响。

(4) 在评估中适用范围较窄,只适用于营运车辆的评估。

课堂讨论

同学们,收益现值法是一种无须考虑车辆技术状况的评估方法,对于某辆机动车来说,收益现值法所评估的价格并不能真实反映车辆的好坏,那它反映什么,受哪些因素影响,请谈谈你的看法。

二、收益现值法应用实例

(一) 实例一

某企业拟将一辆10座旅行客车转让,某客户准备将该车辆购入用作载客营运车辆,车辆是在2018年11月登记注册,截至评估日期,车辆已使用5年。经预测得出车辆剩余使用时间内,每年纯收益为6万元,折现率为10%,求算该车辆的评估值。

解题过程如下。

1. 分析题目

(1) 客户想用作营运车辆,评估营运车辆应选择收益现值法。

(2) 车辆 2018 年 11 月登记,2023 年 11 月进行评估,可知该车辆已经使用 5 年,按照国家相关文件可知,10 座旅行客车属于中型客车,其最多使用年限为 10 年,行驶里程为 50 万 km,则车辆还可以继续使用 5 年,里程数不考虑。

(3) 车辆未来每年纯收益相同,为 6 万元,则选择公式(3-18)即可。

2. 运用收益现值法的计算过程

根据分析可知,剩余使用年限 n 为 $n = 10 - 5 = 5$(年);每年纯收益 A 为 $A = 6$(万元);折现率 i 为 $i = 10\% = 0.1$。

根据公式(3-18):

$$P = A \cdot \frac{(1+i)^n - 1}{i \cdot (1+i)^n} = 6 \times \frac{(1+0.1)^5 - 1}{0.1 \times (1+0.1)^5} = 22.7(万元)$$

即该车辆最高参考评估价为 22.7 万元。收益现值法作为营运车辆价格评估方法,求算价格只是一个最高参考价,因为收益现值法存在投资风险。

(二) 实例二

一辆捷达出租车,评估基准日是 2023 年 11 月,2019 年 11 月购入,并于当月完成车辆登记手续,仅行驶 10 万 km。目前车辆技术状况良好,能正常运营;根据前期预判,如继续用于运营,全年预计可出勤 320 天。根据市场经营经验,该车型每天平均毛收入约 600 元,每天耗油费用 80 元,年检、保险、养路费及各种应支出费用折合平均每天 80 元,年日常保养费用约 7 000 元,年平均维修费用约 3 000 元,人员劳务费 30 000 元。根据目前银行储蓄年利率、行业收益等情况,确定无风险率为 10%,风险报酬率为 5%,通货膨胀率为 5%,所得税税率为 20%,标书租赁费 10 000 元。假设每年的纯收益逐年递减 10%,试结合上述条件评估该车可接受的最大投资额是多少。

解题过程如下:

1. 分析题目

(1) 捷达车辆为出租车,评估营运车辆应选择收益现值法。

(2) 车辆 2019 年 11 月登记,2023 年 11 月进行评估,可知该车辆已经使用 4 年,按照国家相关文件可知,捷达车辆属于小微型客车,其最多使用年限为 8 年,行驶里程为 60 万 km,

则车辆还可以继续使用 4 年,里程数不考虑。

（3）车辆收益根据公式(3-16)和公式(3-17)可以求得,但每年纯收益逐年递减则选择公式(3-15)即可。

（4）折现率可通过公式(3-21)求得。

2. 运用收益现值法的计算过程

根据分析可知,剩余使用年限 n 为 $n = 8 - 4 = 4$(年)。

每年毛收入 A_0 为 $A_0 = 320 \times 600 = 19.2$(万元);总支出 B 为 $B = (80 \times 320) + (80 \times 320) + 7\,000 + 3\,000 + 30\,000 + 10\,000 = 10.12$(万元);首年纯收益 A_1 为 $A_1 = (A_0 - B) \times (1 - 0.2) = 72\,640$(元);由于纯收益逐年递减 10%,则第二年纯收益 A_2 为 $A_2 = A_1 \times (1 - 0.1) = 65\,376$(元);第三年纯收益 A_3 为 $A_3 = A_2 \times (1 - 0.1) = 58\,838.4$(元);第四年纯收益 A_4 为 $A_4 = A_3 \times (1 - 0.1) = 52\,954.56$(元)。

根据公式(3-21)可知,折现率 i 为 $i = 10\% + 5\% + 5\% = 0.2$。

根据公式(3-14)可知,车辆评估值 P 为 $P = \dfrac{A_1}{(1+i)^1} + \dfrac{A_2}{(1+i)^2} + \dfrac{A_3}{(1+i)^3} + \cdots +$

$\dfrac{A_n}{(1+i)^n} = \dfrac{72\,640}{1+0.2} + \dfrac{65\,376}{(1+0.2)^2} + \dfrac{58\,838.4}{(1+0.2)^3} + \dfrac{52\,954.56}{(1+0.2)^4} = 60\,533.33 + 45\,400 + 34\,050 + 25\,537.5 = 165\,520.83$(元)。

所以该车辆可接受的最大投资额是 16.55 万元。

 **任务实施**

1. 分配任务

每 5 人为一组,选出一名组长,组长对小组任务进行分工。组员按组长要求完成相关任务。具体任务要求如下:

（1）结合本地区出租车和网约车的运营情况,小组利用空余时间进行 5 台出租车和 5 台网约车的信息收集,收集完毕后,以小组为单位完成一份简要的信息报告。

（2）小组通过以下资料对 10 辆营运车进行价格评估,本地出租车年平均净收益为 7 万元,网约车年平均净收益为 8 万元,当地折现率为 10%,默认每年收益比上一年递减 5%。

（3）小组成员将计算结果汇总并利用 PPT 进行结果汇报。

2. 注意事项

（1）小组成员在进行当地出租车和网约车信息收集时,请注意安全。

（2）任务结束后,需要将相关调查报告及PPT上传至课程平台。

3. 任务工单

具体任务工单如表3-9所示。

表3-9　任务工单

任务名称					
姓名		班级		学号	
任务地点		任务时间		日期	
设备及工具					
	工作计划			任务结果	
调研当地出租车信息					
调研当地网约车信息					
PPT汇报					
根据任务结果写出整改建议或学习计划					

任务拓展

一、选择题

1. 收益现值就是将被评估车辆在剩余寿命期内的预期收益,按(　　)折现为评估基准日的现值。

    A. 一定的折现率　　　B. 一定的贬值率　　　C. 一定的折旧率　　　D. 一定的成新率

2. 收益现值法一般适用于(　　)。

    A. 公务用车的评估　　　　　　　　　B. 投入运营的车辆评估

    C. 私家车的评估　　　　　　　　　　D. 商务用车的评估

3. 所谓折现,就是将未来的收益,按照一定的折现率,折现到评估基准日的(　　)。

    A. 原值　　　　　　B. 残值　　　　　　C. 现值　　　　　　D. 净值

4. 用收益现值法评估二手车价值时,若被评估车辆在剩余寿命期内,各年收益不等,则其价值的计算公式为(　　)。

    A. $P = \dfrac{1+i}{A_1} + \dfrac{(1+i)^2}{A_2} + \cdots + \dfrac{(1+i)^n}{A_n}$

    B. $P = \dfrac{A_1}{1+i} - \dfrac{A_2}{(1+i)^2} - \dfrac{A_3}{(1+i)^3} - \cdots - \dfrac{A_n}{(1+i)^n}$

    C. $P = \dfrac{A_1}{1+i} \times \dfrac{A_2}{(1+i)^2} \times \dfrac{A_3}{(1+i)^3} \times \cdots \times \dfrac{A_n}{(1+i)^n}$

    D. $P = \dfrac{A_1}{1+i} + \dfrac{A_2}{(1+i)^2} + \dfrac{A_3}{(1+i)^3} + \cdots + \dfrac{A_n}{(1+i)^n}$

5. 用收益现值法评估二手车时,收益率越高,那么二手车评估值(　　)。

    A. 无法确定　　　　B. 都不是　　　　C. 越高　　　　D. 越低

二、判断题

1. 在二手车评估时,通常采用税前的利润为其收益额。　　　　　　　　　　　　(　　)

2. 确定折现率时,最后选择的折现率应该低于银行存款的利率。　　　　　　　　(　　)

3. 二手车的评估中,折现率、收益率、回报率、报酬率都是说明二手车在营运中取得收益的收益率水平。　　　　　　　　　　　　　　　　　　　　　　　　　　　　　　(　　)

4. 收益现值法的计算,实际上就是对被评估车辆未来预期收益进行折现的过程。　(　　)

5. 预期收益是指车辆使用中带来的当前收益的期望值。　　　　　　　　　　　　(　　)

三、计算题

1. 旅游公司欲卖出一辆旅游客车（19 座以上），该车系上海—杭州线路长途旅游客车，公司欲将车与线路运营权一同对外转让，线路运营权年限与车的报废年限相同。已知该车于 2019 年 11 月注册登记并投入运营，投资回报率为 15%。预期该车每年收入均为 20 万元，年运营成本均为 6 万元，适用的所得税率为 20%，试评估该车（含线路运营权）于 2023 年 11 月的价值。

2. 某企业拟将一辆全顺 11 座旅行客车转让，某工商户欲将此车购置做载客营运，按国家规定该车剩余使用年限为 5 年，经市场调查及预测，该车辆购进后首年的纯收益额为 4 万元，但使用前三年每年纯收益递减 10%，后两年每年递减 20%。假定折现率为 10%。根据以上信息试评估该车的价值。

任务五　清算价格法评估

任务描述

某企业因为经营不善导致业务量急剧下降,企业存续出现问题。为了偿还所背负的债务,该企业想通过变卖企业车辆来筹措资金,但并不清楚企业目前拥有的 2 辆大巴车、3 辆商务车和 4 辆小轿车的具体价格。你知道用什么方法评估破产企业的二手车辆吗?

任务分析

根据任务描述,企业需要评估三类不同的车型,用于偿还企业债。这种情形下,企业可以申请破产,获得法院核准后,再利用清算价格法对企业所有资产进行评估,资产中的车辆也同样适用此法。

知识链接

一、清算价格法基本知识

(一)清算价格法的概念

掌握清算价格是理解清算价格法的前提。简单地说,所谓清算价格,是指在非正常市场上限制拍卖的价格。

清算价格指的是企业由于破产或其他原因,被要求在一定期限内将特定资产快速变现的价格。清算资产变现的方式,可以是一项完整的资产出售,也可拆零出售。清算价格法适用于企业破产、抵押、停业清理等情况下的资产价格评估。而清算价格法与现行市价标准的区别在于市场条件的不同:现行市价是公平市场价格,而清算价格是一种拍卖价格,由于受到期限限制和买主限制,其价格一般低于现行市价。

清算价格法是依据有关规定,根据企业清算时其资产可变现的价值,评定资产重估价值的方法。对于二手车来说,清算价格法就是以清算价格为标准,对二手车进行估价的方法。

（二）清算价格法的适用范围及条件

根据清算价格法的概念可知，以下三种情况，均可使用清算价格法，具体如下：

（1）企业破产。指当债务人不能清偿到期债务时，法院以其全部财产依法清偿其所欠的各种债务，不足部分不再清偿。

（2）抵押。以所有资产作抵押物进行融资的一种经济行为，合同当事人一方用自己特定的财产向对方保证履行合同义务的担保形式。

（3）清理。指企业由于经营不善导致严重亏损，已临近破产的边缘或因其他原因将无法继续经营下去，为弄清企业财物现状，对全部财产进行清点、整理和查核，为经营决策（破产清算或继续经营）提供依据以及因资产损毁、报废而进行清理、拆除等的经济行为。

根据适用范围可知，清算价格法不是通用型评估方法，它具有一定的限制条件。使用清算价格法的前提条件，如下所示：

① 具有法律效力的破产处理文件或抵押合同及其他有效文件。

② 资产以整体或拆零的方式在市场上可以而且必须快速出售变现。

③ 所卖收入足以补偿因出售资产产生的附加支出总额。

（三）清算价格法的实施步骤

想要应用清算价格法，需要按照如下步骤操作：

（1）进行市场调查，搜集与被评估资产或类似资产清算拍卖有关的价格资料。

对于二手车来说，采用清算价格法时，可以先采用市场比较法、重置成本法和收益现值法或综合运用几种方法的组合来确定被评估车辆的评估底价。

（2）分析、验证价格资料的科学性和可靠性。

（3）逐项对比分析被评估资产与参照物的差异及其程度，包括实物差异、市场条件、时间差异和区域差异等。

对于二手车而言，可根据相关因素确定其折扣率（或快速变现系数）。影响折扣率（或快速变现系数）的因素主要有：

① 被评估车辆的市场接受程度。被评估车辆是通用车型还是专用车型，专用车型通常比通用车型更难变现，例如运钞车就比一般的小客车难以变现。

② 被评估车辆的技术状况。技术状况较差的车辆只能变换用途拆零出售，价格相对较低。

③ 拍卖时限。变现时间的长短影响快速变现系数；变现时间越短，折扣率（或快速变现

系数)就越低。

（4）根据差异程度及其他影响因素，估算被评估资产的价值，最后得出评估结果。

（5）根据市场调查计算出结果，对清算价格进行评估。

（四）清算价格法的实施操作方法

车辆属于企业资产之一，所以一旦企业破产或清理资产，车辆的评估就可以采用清算价格法。而且车辆如果用作抵押使用，同样适用清算价格法。清算价格法的具体实施操作方法主要有三类，分别是：现行市价法、意向询价法和拍卖法。现行市价法在先前的项目中有详细介绍，本项目不再赘述。重点介绍余下两种方法。

1. 意向询价法

意向询价法也称模拟拍卖法，这是运用向潜在购买者询价的方式取得市场信息，最后经评估人员分析确定其清算价格的一种方法，用这种方法确定的清算价格受供需关系影响很大，要充分考虑其影响的程度。

对于车辆来说，此类方法的目的是通过潜在客户掌握市场竞品的相关售价，再以此售价为基础，经评估人员分析确定其清算价格。一般情况下，如果一辆二手车有 n 个不同人员进行了报价，价格分别为 Q_1、Q_2、Q_3…Q_n。采用意向询价法评估车辆价格可分为两种情况：一是 $n \leqslant 3$ 时，估价公式为 $Q = \dfrac{Q_1 + \cdots + Q_n}{n}$；二是 $n > 3$ 时，首先去掉一个最高价和一个最低价，再求平均值，则估价公式为 $Q = \dfrac{Q_1 + \cdots + Q_{n-2}}{n}$。不过，根据此法计算出来的价格只是参考价，具体价格需以评估师综合考虑后的价格为准。

2. 拍卖法

拍卖法是为了规范拍卖行为，维护拍卖秩序，保护拍卖活动各方当事人的合法权益，根据公平、公正、公开的立法原则而制定的法律，所有中华人民共和国境内拍卖企业进行的拍卖活动均适用拍卖法。

通俗地讲，拍卖过程中一般先由法院按照法定程序（破产清算）或由卖方根据评估结果提出一个拍卖的底价，随后买方在公开市场上通过竞价的方式参与竞购，价高者得。拍卖的地点如果是真实场地，一般称为现场拍卖；如果是网络平台，一般称为网上拍卖。所以一般二手车拍卖分为两种方式，分别是现场拍卖和网上拍卖。

拍卖法都需要遵循一定拍卖规则，然而二手车拍卖公司的拍卖规则基本相同，目前共性的拍卖规则主要有十七条。

二手车网上拍卖是如今最主流的拍卖方式,因为网络信息传递速度快、传播范围广,对于商家而言,丰富的信息共享和大量的客户浏览是最好的商机。目前网上交易系统主要有全程交易和半程交易两种。

(1)全程交易。全程交易是指用户和公司在网上完成整个二手车交易活动。其主要操作步骤为:

① 购买方挑选预购的候选二手车,查看详细资料和评价结果,进行二手车定购。

② 购买方向网站发出欲购指令,网站接受指令后要求买方认证身份并提供主要资料,进行身份核实和资料查验。

③ 网站在查验无误后向经销商传达欲购指令,经销商接受指令后发布线下交货相关信息表。

④ 网站将交货相关信息表转至购买方,买方根据信息表进行选择通报并发至网站,网站收到后与买方核实确认。

⑤ 网站最后将买方填报的信息表转至经销商,经销商确认无误,即完成网上交易。

(2)半程交易。半程交易与全程交易的第一步一样。不同之处在于用户选定二手车车型之后,可通过网站直接咨询该二手车所属经销商,取得经销商的联系方式与之直接对接,直到完成线下交易。

进行车辆拍卖需要有严格的操作流程,分为委托拍卖流程和竞买流程两种。

① 车辆委托拍卖流程。车辆委托拍卖需要提供车辆的行驶证、购置凭证、税费凭证、登记证书、交强险凭证和车辆所有人证件(身份证、户口本或企事业单位代码证)等有效证件,方能进行委托拍卖,具体操作如图 3-2 所示。

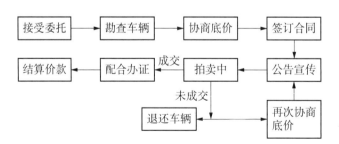

图 3-2　车辆委托拍卖流程框架图

② 车辆竞买流程。竞买人参加二手车竞买时,应提供竞买人身份证或企事业单位代码证和保证金,后续领取竞买号牌,参加竞买,具体操作如图 3-3 所示。

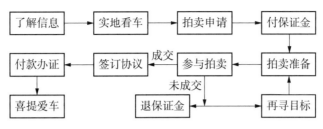

图 3-3　车辆竞买流程框架图

课 堂 讨 论

清算价格法、现行市价法、重置成本法和收益现值法之间是什么关系,它们之间的区别分别是什么,清算价格法与意向询价法、拍卖法之间又是什么关系,请谈谈你的看法。

二、清算价格法应用实例

(一) 实例一

某法院欲将其扣押的一辆轻型载货汽车拍卖出售。至评估基准日止,此车辆正好使用满 2 年,车况与其新旧程度相符,试根据以下信息用多种方法评估车辆清算价格。

相关信息:

(1) 根据市场调查,该车辆新车售价为 7.8 万元(含 13% 的增值税);根据有关规定,购车需要缴纳 10% 的购置税;根据规定,车辆使用年限为 15 年;目前此款车型在市场上的快速变现系数为 75%。

(2) 根据市场调查,目前该车辆在市场上流通较多,当地市场有 4 辆类似车型在售,其价格为参考 A 车辆 5.7 万元(里程数少,使用 1 年 6 个月);参考 B 车辆 5.1 万元(里程数多,使用 2 年,新车价格便宜 2 000 元);参考 C 车辆 5.8 万元(里程数少,使用 1 年 10 个月,新车价格贵 3 000 元);参考 D 车辆 5.6 万元(车况类似,使用 1 年 8 个月)。

(3) 根据市场调查,目前此车辆询价人员较多,主要的询价为 5.0 万元、5.5 万元、5.6 万元、5.38 万元、5.18 万元、5.08 万元和 5.2 万元。

解:

1. 首先分析题目

(1) 法院想以拍卖的形式处理此车辆,即可使用清算价格法进行评估。

(2) 根据信息资讯可知,可以用重置成本法、现行市价法和意向询价法求算车辆清算价格,对车辆进行评估。

2. 重置成本法求清算价格

(1) 先确定车辆的重置成本全价,新车销售价为 7.8 万元,包含 13% 的增值税,则车辆的裸车价为 $\frac{7.8}{(1+0.13)}=6.9$(万元);车辆需要缴纳的购置税为 $6.9\times10\%=0.69$(万元);由此该车辆重置成本全价即为 $7.8+0.69=8.49$(万元)。

(2) 由已知信息可知,确定车辆的成新率需要运用年限法,该车辆已使用 2 年,车辆规定使用年限 15 年,根据年限法求算成新率公式,求得成新率为:

$$成新率=\left(1-\frac{已使用年限}{规定年限}\right)\times100\%=\left(1-\frac{2}{15}\right)\times100\%=86.7\%$$

(3) 在不考虑该车辆功能损耗和经济损耗基础上,该车在公平市场条件下的评估值为 $8.49\times86.7\%=7.36$(万元)。

(4) 确定该车辆的清算价格后,为了该车能正常拍卖出售,快速变现,需考虑快速折现系数,目前该车的快速变现系数为 75%,即清算价格为 $7.36\times75\%=5.52$(万元)。

3. 现行市价法求清算价格

参考 A 车辆行驶里程数少,使用 1 年 6 个月,售价 5.7 万元,如果不考虑其他未知因素,推算评估车辆价格为 $\frac{0.867\times5.7}{1-18/180}=5.49$(万元)。

参考 B 车辆行驶里程数多,使用 2 年,新车价格便宜 2 000 元,售价 5.1 万元,如果不考虑其他未知因素,推算评估车辆价格为 $5.1+(0.2\times0.867)=5.27$(万元)。

参考 C 车辆行驶里程数少,使用 1 年 10 个月,新车价格贵 3 000 元,售价 5.8 万元,如果不考虑其他未知因素,推算评估车辆价格为 $\frac{0.867\times5.8}{1-22/180}-\left(0.3\times\frac{180-22}{180}\right)=5.47$(万元)。

参考 D 车辆车况相似,使用 1 年 8 个月,售价 5.6 万元,如果不考虑其他未知因素,推算评估车辆价格为 $\frac{0.867\times5.6}{1-20/180}=5.46$(万元)。

综上所述,该评估车辆在公平市场以现行市价法推算价格为 $\frac{5.49+5.27+5.47+5.46}{4}=5.42$(万元)。 如若要快速变现,则该车清算价格为 $5.42\times75\%=4.07$(万元)。

4. 意向询价法

该车辆主要的询价为 5.0 万元、5.5 万元、5.6 万元、5.38 万元、5.18 万元、5.08 万元和 5.2

万元。根据要求去掉一个最高询价和最低询价,则有效询价为 5.5 万元、5.38 万元、5.18 万元、5.08 万元和 5.2 万元,根据求和即可得出该车的清算价格为 $\dfrac{5.5+5.38+5.18+5.08+5.2}{5}=5.27$(万元)。

根据以上三种求算方法可知,采用重置成本法求算时,如成新率只考虑使用年限,得出的评估价偏高,不符合实际市场情况;采用现行市价法和意向询价法求算的评估价更符合实际情况,但运用现行市价法求算得出的评估价是基于公平市场得出的,如果需要顺利拍卖,快速售出,一般均需要考虑快速折现系数。

(二) 实例二

某企业因经营不善,现处于破产倒闭阶段,为了偿还债务,该企业想通过网上拍卖的方式出售公务车辆。

(1) 进行网上拍卖,企业需要怎么操作?

(2) 如若客户想购买此公务车辆,需要怎么操作?

解:

(1) 企业操作流程:

① 企业首先择优选择网上拍卖平台,目前主流的汽车拍卖平台有同城和天天等拍卖平台,确定拍卖平台以后,双方需要签订委托协议。

② 平台收到委托申请,即派遣技术人员上门进行车辆查勘,企业需要配合车辆查验,将车辆整理好,证件齐全备查。

③ 平台技术人员根据市场行情以及清算价格法对车辆进行报价,此报价一般为拍卖底价;企业也可以选择无声拍卖,即无底价拍卖,价格协商一致后双方签订拍卖合同。

④ 合同签订以后,平台根据要求上架车辆信息与图片,进行车辆网上公告与宣传,随后在拍卖日到来时直接上架拍卖,等待买家竞拍。

⑤ 拍卖后分为两种情况,一是拍卖成功,平台协助企业与买家进行车辆转让,并支付车款;二是拍卖失败,要么调整数值进行第二轮拍卖,要么拍卖终止退还车辆。

(2) 客户操作流程:

① 客户确定拍卖平台,在网上进行注册,登录拍卖平台浏览车辆相关信息与图片。

② 客户网上了解车辆后,若有购买意愿,可联系平台预约线下看车,进行实地车辆查验,比对实际信息与网上信息是否一致(如诚信度足够高,此步可省)。

③ 客户看车以后,在网上拍卖平台进行拍卖申请,并交纳保证金。

④ 交纳保证金后,进行拍卖准备,关注拍卖日期与时间,以免错过。

⑤ 参与拍卖,拍卖结果有两种情况,一是拍卖成功,平台协助客户进行车辆转让,客户支付车款喜提爱车;二是拍卖失败,要么继续关注其他车辆等待下次拍卖活动,要么退出拍卖平台,退还保证金。

 **任务实施**

1. 分配任务

每 5 人为一组,选出一名组长,组长对小组任务进行分工。组员按组长要求完成相关任务。具体任务要求如下:

(1) 模拟企业清算拍卖。某企业现有一辆奥迪 A6L 轿车,想拍卖用于还债,车辆已使用 3 年,当初花费 58 万元购进,现如今在市场上同类型的车辆,二手车成交价在 35 万元~40 万元之间,最近几天成交的同类型车辆价格分别为:36.6 万元、35 万元、38.3 万元、39.6 万元、36.8 万元、35.8 万元和 38.5 万元不等,快速变现系数为 80%。

(2) 根据以上信息求算车辆的清算价格。

(3) 以本车辆为例进行模拟拍卖,每次加价为 1 000~3 000 元的整数,拍卖底价为清算价格,拍卖顺序以抽签为准,拍卖轮到哪个组,哪个组必须报价,最终哪个组成功以 39.8 万元拍得,即为成功。

2. 注意事项

(1) 每个小组每次报价只能报价 1 000 元/2 000 元/3 000 元三种加价价格。

(2) 任务结束后,需要将拍卖流程视频或图片上传至课程平台。

3. 任务工单

具体任务工单如表 3-10 所示。

表 3-10　任务工单

任务名称					
姓名		班级		学号	
任务地点		任务时间		日期	
设备及工具					

（续表）

工作计划		任务结果
求清算价格		
拟拍卖报价（成功为例）		
实际拍得价		
根据任务结果写出整改建议或学习计划		

任务拓展

一、填空题

1. 现行市价是_____价格,而清算价格是一种拍卖价格,它由于受到期限限制和买主限制,其价格一般_____现行市价。

2. 清算价格法的适应范围主要有:_____、_____、_____。

3. 清算价格的求算方式有多种,主要有:_____、_____、_____。

4. 车辆拍卖时,竞买人一旦举牌应价或口头叫价即发生法律效力,不得_____。

5. 标的竞价采用_____和_____相结合的方式,竞买人举牌示意或口头叫价均可。

二、选择题

1. 以下不属于二手车清算价格折扣率(快速变现系数)影响因素的选项是(　　　)。

　　A. 车型类别　　　　B. 车辆技术状况　　　C. 收益要求　　　　D. 时限要求

2. 运用清算价格法进行二手车价格评估,必须要操作的选项是(   )。

　　A. 求算收益价值　　B. 计算使用年限　　C. 求算评估底价　　D. 申请拍卖

3. 目前二手车拍卖的分类,以下分组正确的选项是(   )。

　　A. 现场拍卖、网上拍卖　　　　　　　　B. 平台拍卖、无声拍卖

　　C. 全程拍卖、网上拍卖　　　　　　　　D. 无声拍卖、现场拍卖

4. 车辆委托拍卖必须提供登记证书、行驶证、_____、交强险凭证等相关证件。

　　A. 驾驶证　　　　　B. 商业险凭证　　　C. 购车发票　　　D. 购置税凭证

5. 债权人提出破产申请后,人民法院应当自收到申请之日起_____日内通知债务人。

　　A. 3　　　　　　　B. 5　　　　　　　C. 10　　　　　　D. 15

三、计算题

　　某银行欲将一辆抵押的汽车拍卖出售。至评估基准日止,此车辆正好使用6年,车况与其新旧程度相符,试根据以下信息用多种方法评估车辆价格。

　　相关信息:根据市场调查,该车辆新车售价为58万元(含13%的增值税),根据有关规定,购车需要缴纳10%的购置税;根据规定,车辆使用年限为15年,年限成新率系数为70%,车辆技术状况成新率为90%;目前此款车型在市场上的快速变现系数为75%。

任务六　折旧法评估

任务描述

　　王先生和他朋友在五年前同时买了一辆迈腾汽车,最近他们对各自的车辆进行了评估,想将其置换。评估师采用折旧法对他们的迈腾车进行评估后得出两辆车的价格一致。王先生甚是不解,因为他觉得他的车里程数少,车辆外观内饰也比较新,而且保养得也比较好,相比他朋友的车,他的车辆整体应该是更好一些,为什么评估价会是一样呢?

任务分析

　　机动车的折旧是指机动车随着时间的推移或在使用中,由于损耗而转移到产品中去的那部分价值。任务描述中王先生的车和他朋友的车之所以评估价格一样,主要是因为评估师采用的评估方法是折旧法。使用折旧法进行车辆评估时,不需要考虑车辆技术状况和成新率,只要车辆能正常使用,无损伤和故障存在即可。

知识链接

一、折旧法基本知识

(一) 折旧法的概念

　　折旧一般指固定资产折旧,意思是在固定资产使用寿命内,按照确定的方法对应计折旧额进行系统分摊。折旧同时也是固定资产在使用过程中,因损耗逐渐转移到新产品中去的那部分价值的一种补偿方式。

　　折旧法则是根据固定资产在整个使用寿命中的磨损状态而确定的成本分析结构的一种方法。机动车作为固定资产的一类,同样适用折旧法。机动车的折旧是指机动车随着时间的推移或在使用中,由于损耗而转移到产品中去的那部分价值。

（二）折旧法的公式

目前常用的折旧法主要有：直线法和加速折旧法两种。企业应当根据固定资产所含经济利益的预期实现方式来选择不同的方法。企业折旧方法不同，评估结果也不同。

企业应当按月进行固定资产折旧，当月增加的固定资产，当月不计折旧额，从下月起计折旧额；当月减少的固定资产，当月仍要计折旧额。提足折旧后，不管能否继续使用，均不再提取折旧；提前报废的固定资产，也不再补提折旧。

将折旧法应用到机动车评估上，其实类似于重置成本法，以车辆重置成本全价为基础，去除车辆折旧全额和后续维修全价就可以得到车辆的评估值，具体计算公式如下：

$$车辆评估价 = 重置成本全价 - 折旧全额 - 必需的维修费用 \qquad (3-22)$$

其中，重置成本全价指的是当前市场上购入此类（相似）车型所需全部成本，同重置成本法计算方法一样，之所以不采用二手车原价，是考虑到市场因素和经济因素带来的影响。

折旧全额指的是从注册登记之日起至评估当天车辆折旧额之和。必需的维修费用指的是车辆现时状况下，因某些功能丧失或部件损坏，必需维修和换件的费用总支出。

1. 直线法

直线法有两种计算形式，分别为平均年限法和工作量法。

（1）平均年限法。平均年限法，也简称为"平均法"，是按固定资产的使用年限平均地提折旧的方法。按此计算方法所计算的每年的折旧额是相同的，因此，在各年使用资产情况相同时，采用平均法比较恰当。这是一种最简单、最普遍的折旧方法。平均年限法适用于各个时期使用情况大致相同的固定资产折旧。

平均年限法是指将车辆的应计折旧额均衡地分摊到车辆规定使用寿命内的一种方法。采用这种方法计算的每期折旧额相等。具体计算公式如下：

$$年折旧率 = \frac{(1 - 预计净残值率)}{预计使用寿命} \times 100\% \qquad (3-23)$$

$$预计净残值率 = \frac{预计残值 - 各类清理费}{原值} \times 100\% \qquad (3-24)$$

$$年折旧额 = \frac{原值 - 预计净残值}{预计使用年限} \qquad (3-25)$$

根据公式（3-25）可知，要想求得车辆年折旧额，就需要掌握车辆原价、车辆净残值和使用年限。根据相关资料可知，一般私家小轿车使用年限以 15 年为限。而车辆净残值有两种说法，一是车辆残值一般为原价的 5%；二是车辆残值可忽略不考虑，具体情况以实际情况为准。则折旧全额公式为：

$$折旧全额 = \frac{车辆原价 - 车辆最终残值}{15(私家小轿车使用年限)} \times 已使用年限 \qquad (3-26)$$

（2）工作量法。工作量法是根据实际工作量计算每期应提折旧额的一种方法。它与平均年限法的区别在于参考数据不同，平均年限法以使用年限为基准，而机动车工作量法以行驶里程数为基准。所以工作量法的评估公式与公式（3-26）一样，只是折旧全额计算方法有所区别，公式为：

$$折旧全额 = \frac{车辆原价 - 车辆最终残值}{60万(私家小轿车参考公里数)} \times 已使用里程数 \qquad (3-27)$$

其中一般私家小轿车的使用里程数要求为 60 万 km，相关文件规定私家小轿车行驶 60 万 km 以后建议报废处理。

2. 加速折旧法

加速折旧法（也称为递减折旧法），是指在汽车使用早期多提折旧、在使用后期少提折旧的一种方法。其理论依据是：前期车辆故障少，修理费用少、服务多，为企业创造的效益高，理应多提折旧；后期车辆磨损、老化和消耗等，修理费用高、服务减少，理应少提折旧。这样可使汽车在各年承担的总费用比较接近，利润比较平稳，也弥补了平均年限法的不足。加速折旧法有两种主要计算形式，分别为双倍余额递减法和年数总和法。

（1）双倍余额递减法。双倍余额递减法是在不考虑固定资产残值的情况下，根据每一期期初固定资产账面净值和双倍直线法折旧额计算固定资产折旧的一种方法。对于机动车而言，该方法是根据每年年初车辆剩余价值的直线法折旧率的双倍计算车辆折旧的一种方法，无须考虑车辆残值，公式为：

$$年折旧率 = \frac{2}{15(预计使用年限)} \times 100\% \qquad (3-28)$$

$$年折旧额 = 车辆年初剩余价值 \times 年折旧率 \qquad (3-29)$$

$$车辆年初剩余价值 = 车辆原值 \times (1 - 年折旧率)^{已使用年限-1} \qquad (3-30)$$

由于每年年初固定资产净值没扣除预计净残值，因此，在计算折旧额时必须注意不能使固定资产的净值降低到其预计净残值以下，即采用双倍余额递减法计提折旧的固定资产，通常在其折旧年限到期前两年内，将固定资产净值扣除预计净残值后的余额平均分摊。

（2）年数总和法。年数总和法也称合计年限法，是指将固定资产的原价减去预计净残值后的净额，乘以一个逐年递减系数，用于确定折旧额的一种方法。逐年递减系数是以各年年初固定资产尚可使用年限做分子，以预计使用年限逐年数字之和做分母来求算。具体公式如下：

$$年折旧额 = (车辆原值 - 车辆残值) \times 递减系数 \tag{3-31}$$

$$
\begin{aligned}
递减系数(年折旧率) &= \frac{预计使用年限 + 1 - 已使用年限}{\sum 预计使用年限} \\
&= \frac{预计使用年限 + 1 - 已使用年限}{\dfrac{预计使用年限 \times (预计使用年限 + 1)}{2}}
\end{aligned}
\tag{3-32}
$$

其中 $\dfrac{预计使用年限 \times (预计使用年限 + 1)}{2}$ 是预计使用年限的求和，类似于等差数列求和公式。即预计使用年限确定以后，其求和数值也就是一个固定数值。

（三）折旧法的特点

折旧法和重置成本法虽然都是从车辆"损耗"的角度对车辆进行评估，但两者仍有较大区别，主要体现在折旧法的特点上，如：

（1）折旧年限是一个平均年限，同一类型的任何一项资产均适用，它指的是一种预计经济使用年限，一般短于物质使用年限。对于机动车而言，折旧年限一般都是采用国家相关标准规定的使用年限。

（2）运用折旧法进行车辆评估，无须考虑所在地、维护情况和运行状况等因素，其折旧年限均适应相同的规定年限。

（3）折旧法是建立在损耗基础上，但折旧法所指的损耗并不是真正意义上的实际磨损，而是根据国家规定和企业经营特点等情况综合考虑的。

（4）折旧法是一种计算简便、适用范围广泛的评估方法。但其本质上忽略了固定资产在不同环境或时期内的使用强度，导致评估结果不能很好地反映实际情况。

这也是折旧法与重置成本法的根本区别点。

（四）折旧法的适用范围及方法选择

折旧法采用的是经济使用年限，且可以应用加速折旧法去计算机动车的价值转移，使其车辆剩余价值相对比较少，对于二手车收购企业或个人来说是比较有利的。因此，折旧法比较适用于二手车的收购。

对于两种方法的选择,主要就是针对其优缺点进行判定。

(1)采用直线法进行车辆评估,不论是使用平均年限法还是工作量法,均是将车辆的转移价值平均分摊至预计使用年限中。方法计算简单、容易理解。但此方法没有考虑车辆在使用过程中相关支出的情况,车辆后期支出费用肯定远高于前期,所以此方法没有如实反映出前后支出费用的分摊配比,存在不符合实际情况的问题。

(2)采用加速折旧法进行车辆评估,不论是双倍余额还是年数总和,均可以克服直线法的不足。这种方法很好地体现出车辆使用前期折旧额高而维护费少,后期折旧额少维护费高的特征,也较好地反映了技术进步带来的价值损耗。

因此,采用折旧法进行车辆评估时,推荐使用加速折旧法,具体用双倍余额递减法还是年数总和法需根据实际情况而定。

折旧法主要考虑的是车辆的折旧,那么车辆一般具有哪些折旧,这些折旧中哪种折旧对车价的影响最大,折旧法与重置成本法在根本上的区别又是什么,请谈谈你的看法。

二、折旧法应用实例

(一) 实例一

2023年11月,某二手车销售公司打算收购一辆个人家用轿车。车辆注册登记日期为2019年11月,行驶里程为4万km;经查验,车辆相关税费票据、证件(照)齐全有效。该车辆当初价格为9万元,但目前市场行情价为8.8万元,该车型残值约为5 000元,试确定该车收购价格(车辆完好,无须进行维修)。

解题过程如下。

1. 分析题目

(1)求算车辆收购价格,优先选定折旧法进行车辆评估。

(2)车辆2019年11月登记,2023年11月进行评估,可知该车辆已经使用4年,按照国家汽车报废标准可知,车辆规定使用年限为15年,行驶里程为60万km,则取折旧年限为15年,折旧工作量为60万km。

(3)车辆原值为9万元,重置成本为8.8万元,残值为5 000元,维修费用为0元。

(4)本题将分别利用平均年限法、工作量法、双倍余额递减法和年数总和法计算该车辆的评估值。

2. 采用平均年限法进行评估

根据公式(3-23)可知,年折旧率为 $\dfrac{1-0.057}{15} \times 100\% \approx 6.3\%$。

根据公式(3-25)可知,年折旧额为 $\dfrac{90\,000-5\,000}{15} \approx 5\,666.7$(元)。

根据公式(3-26)可知,车辆使用 4 年,年折旧全额为 $5\,666.7 \times 4 = 22\,666.8$(元)。

根据公式(3-22)可知,该车的评估值为 $88\,000-22\,666.8-0 = 65\,333.2$(元)。

3. 采用工作量法进行评估

根据公式(3-27)可知,折旧全额为 $\dfrac{90\,000-5\,000}{60} \times 4 \approx 5\,666.7$(元)。

根据公式(3-22)可知,该车的评估值为 $88\,000-5\,666.7-0 = 82\,333.3$(元)。

4. 采用双倍余额递减法进行评估

根据公式(3-28)可知,年折旧率为 $\dfrac{2}{15} \times 100\% \approx 13.3\%$。

根据公式(3-28)和公式(3-29)可知,年折旧额=车辆年初剩余价值×年折旧率=车辆原值×(1-年折旧率)$^{已使用年限-1}$×年折旧率。

求得:使用第一年折旧额为 $90\,000 \times 0.133 = 11\,970$(元)。

使用第二年折旧额为 $90\,000 \times 0.867 \times 0.133 \approx 10\,378$(元)。

使用第三年折旧额为 $90\,000 \times 0.867^2 \times 0.133 \approx 8\,997.7$(元)。

使用第四年折旧额为 $90\,000 \times 0.867^3 \times 0.133 \approx 7\,801$(元)。

年折旧全额为 $11\,970+10\,378+8\,997.7+7\,801 = 39\,146.7$(元)。

根据公式(3-22)可知,该车的评估值为 $88\,000-39\,146.7-0 = 48\,853.3$(元)。

5. 采用年数总和法进行评估

根据公式(3-32)可知,递减系数(年折旧率)$= \dfrac{预计使用年限-已使用年限}{\sum 预计使用年限} = \dfrac{预计使用年限+1-已使用年限}{\dfrac{预计使用年限 \times (预计使用年限+1)}{2}}$。

求得:使用第一年折旧率为 $\dfrac{15+1-1}{15 \times 8} = \dfrac{15}{120}$。

使用第二年折旧率为 $\dfrac{15+1-2}{15\times 8}=\dfrac{14}{120}$。

使用第三年折旧率为 $\dfrac{15+1-3}{15\times 8}=\dfrac{13}{120}$。

使用第四年折旧率为 $\dfrac{15+1-4}{15\times 8}=\dfrac{12}{120}$。

根据公式(3-31)可知,年折旧额＝(车辆原值－车辆残值)×递减系数。

求得折旧全额为 $(90\,000-5\,000)\times\left(\dfrac{15+14+13+12}{120}\right)=38\,250$(元)。

根据公式(3-22)可知,该车的评估值为 $88\,000-38\,250-0=49\,750$(元)。

使用以上四种方法计算车辆评估价时,工作量法最不符合实际情况,因为采用行驶里程计算折旧率一般需要车辆实际年行驶里程大于理论年平均行驶里程。相比于直线法,加速折旧法计算的车辆评估价更贴近实际市场。

(二) 实例二

2023 年 11 月,某企业打算收购一辆商务车做公务用车。该商务车登记日期为 2021 年 5 月,行驶里程不多;经查验,车辆相关税费票据、证件(照)齐全有效。该车辆当初购车价和目前市场价一致,为 26.8 万元,该车型残值约为 18\,000 元,如若购入车辆,需进行简单维修,花费约为 3\,000 元,试利用加速折旧法求算该车收购价格。

解题过程如下:

1. 分析题目

(1) 车辆 2021 年 5 月登记,2023 年 11 月进行评估,可知该车辆已经使用 2 年 6 个月,按照国家汽车报废标准可知,车辆规定使用年限为 15 年,则取折旧年限为 15 年。

(2) 车辆原值与重置成本均为 26.8 万元,残值为 18\,000 元,维修费用为 3\,000 元。

(3) 本题将利用双倍余额递减法和年数总和法计算该车辆的评估值。

2. 采用双倍余额递减法进行评估

根据公式(3-28)可知,年折旧率为 $\dfrac{2}{15}\times 100\%\approx 13.3\%$。

根据公式(3-28)和公式(3-29)可知,年折旧额＝车辆年初剩余价值×年折旧率＝车辆原值×$(1-$年折旧率$)^{\text{已使用年限}-1}\times$年折旧率。 具体如表 3-11 所示。

表3-11　双倍余额递减法计算累计折旧额

年份	重置成本(元)	折旧率	年折旧额(元)	累计折旧额(元)
2021.05—2022.04	268 000	2/15	35 733	35 733
2022.05—2023.04	232 267	2/15	30 903	66 636
2023.05—2023.11	201 364	2/15	13 397	80 033

由表3-11可知,最后一年车辆只使用半年时间,则其折旧额为年折旧额的一半,即为13 397元。即车辆折旧全额为80 033元。

根据公式(3-22)可知,该车的评估值为268 000−80 033−3 000=184 967(元)。

3. 采用年数总和法进行评估

根据公式(3-32)可知,递减系数(年折旧率)$=\dfrac{预计使用年限-已使用年限}{\sum 预计使用年限}=$

$\dfrac{预计使用年限+1-已使用年限}{\dfrac{预计使用年限\times(预计使用年限+1)}{2}}$。

根据公式(3-31)可知,年折旧额=(车辆原值−车辆残值)×递减系数。

表3-12　年数总和法计算累计折旧额

年份	重置成本(元)与车辆残值之差	折旧率(递减系数)	年折旧额(元)	累计折旧额(元)
2021.05—2022.04		15/120	31 250	31 250
2022.05—2023.04	268 000−18 000=250 000	14/120	29 167	60 417
2023.05—2023.11		13/120	13 542	73 959

由表3-12可知,最后一年车辆只使用半年时间,则其折旧额为年折旧额的一半,即为13 542元。即车辆折旧全额为73 959元。

根据公式(3-22)可知,该车的评估值为268 000−73 959−3 000=191 041(元)。

综上所示,两种方法计算得到的车辆评估值接近,也较符合实际市场情况。

任务实施

1. 分配任务

每5人为一组,选出一名组长,组长对小组任务进行分工。组员按组长要求完成相关任务。具体任务要求如下：

（1）对比分析折旧法、重置成本法和现行市价法的优缺点，以及各自的应用场景。

（2）根据以上三种方法对下列车辆进行评估。一辆使用 5 年的私家车，里程数为 6 万 km，车辆技术状况成新率为 90%，年限成新率系数为 70%；车辆无须进行检修即可使用，该类车型残值约为 1.2 万元；目前同类型车辆新车成交价约为 20 万元，同级别的二手车交易价格为 11.6 万元、12 万元、11.2 万元、10.98 万元、11.5 万元、12.5 万元等。

（3）小组之间以辩论赛形式对得出的三种价格展开讨论，判断哪种方法是最优方法。

2. 注意事项

（1）车辆使用年限以 15 年为限。

（2）任务结束后，需要将辩论视频或图片上传至课程平台。

3. 任务工单

具体任务工单如表 3-13 所示。

表 3-13　任务工单

任务名称					
姓名		班级		学号	
任务地点		任务时间		日期	
设备及工具					
	工作计划				任务结果
折旧法求评估值					
重置成本法求评估值					

（续表）

现行市价法求评估值		
根据任务结果写出整改建议或学习计划		

 任务拓展

一、选择题

1. 折旧一般指固定资产折旧，意思是在固定资产使用寿命内，按照确定的方法对应计折旧额进行_____。

    A. 统计分析　　　　　B. 系统分摊　　　　　C. 重新核算　　　　　D. 分类归纳

2. 目前常用的折旧方法主要有：直线法和_____两类。

    A. 加速折旧法　　　　B. 工作量法　　　　　C. 双倍余额递减法　　D. 年数总和法

3. 以下哪种折旧方法无须考虑车辆残值。（　　　）

    A. 平均年限法　　　　B. 工作量法　　　　　C. 双倍余额递减法　　D. 年数总和法

4. 折旧法比较适用于二手车的_____。

    A. 交易　　　　　　　B. 置换　　　　　　　C. 抵押　　　　　　　D. 收购

5. 折旧法是一种计算简便，适用范围广泛的评估方法。但其本质上忽略了汽车在不同环境或时期内的_____，导致评估结果不能很好地反映实际情况。

    A. 功能配置　　　　　B. 使用时限　　　　　C. 使用强度　　　　　D. 使用成本

二、判断题

1. 折旧年限是一个平均年限，指的是一种预计经济使用年限，一般高于物质使用年限。

    （　　　）

2. 平均年限法在使用时没有考虑车辆在使用过程中相关支出的情况。　　　　　（　　　）

3. 机动车的折旧是指机动车随着时间的推移或在使用中，由于损耗而转移到产品中去的那部分价值。　　　　　　　　　　　　　　　　　　　　　　　（　　）

4. 加速折旧法（也称为递减折旧法），是指在汽车使用早期少提折旧、在使用后期多提折旧的一种方法。　　　　　　　　　　　　　　　　　　　　　　　　（　　）

5. 采用折旧法进行车辆评估时，为了使评估结果更贴近真实，推荐使用直线法。　　（　　）

三、计算题

1. 某公司在 2018 年 12 月购进一辆轻型货车，并在当月完成注册登记，花费金额为 150 000元。预计该车辆使用年限为 15 年，车辆净残值率为 5%，总行驶里程为 600 000 km，每个月行驶里程约为 5 000 km。试利用工作量法求算该车辆的月折旧额，截至 2023 年 12 月，通过平均年限法求算该车辆的折旧总额。

2. 某企业打算收购一辆中型客车用作商务接送。中型客车登记日期为 2019 年 12 月，行驶里程不多；经查验，车辆相关税费票据、证件（照）齐全有效。该车辆当初购车价和目前市场价一致，为 40.8 万元，该车型残值约为车价 5%。如若在 2023 年 12 月想购入此车辆，仍需进行简单维修，花费约为 2 000 元，试利用加速折旧法求算该车收购价格。

项目四 > 二手车鉴定评估实务

项目导读

本项目主要介绍一些基本的二手车鉴定评估业务流程，包括评估准备、凭证审核与鉴定估算和二手车鉴定评估报告撰写等鉴定评估活动的相关工作。

根据实际需要，二手车鉴定评估机构开展鉴定评估经营活动作业流程分为受理鉴定评估、查验可交易车辆、签订委托书、登记基本信息、判别事故车、鉴定技术状况、评估车辆价值、撰写并出具鉴定评估报告、归档工作底稿等 9 个步骤。

本项目重点介绍三个任务，分别是：评估准备、凭证审核与鉴定估算和二手车鉴定评估报告撰写。

项目目标

知识目标

1. 熟悉二手车鉴定评估的依据。
2. 掌握二手车鉴定评估委托合同的使用方法。
3. 掌握机动车证件类型和识别方式。
4. 掌握车辆税费种类和车辆税费凭证的识别方法。
5. 掌握撰写二手车鉴定评估报告的要求。
6. 掌握二手车鉴定评估报告书的作用、类型和结构。
7. 了解二手车鉴定评估报告的基本制度。

技能目标

1. 能介绍二手车鉴定评估程序。
2. 能介绍二手车鉴定评估方法。
3. 能签订二手车鉴定评估委托合同。

4. 能确认被评估车辆及评估委托人的机动车来历凭证、机动车行驶证、机动车登记证书等是否合法有效。

5. 能核实被评估车辆税费缴纳情况。

6. 运用所学知识正确撰写并归档二手车鉴定评估报告书。

素养目标

1. 培养学生严谨、全面地分析问题的能力。

2. 培养学生诚信和团队协作精神。

3. 逐步培养学生按照规范和标准完成二手车鉴定评估的工作习惯。

任务一 评估准备

任务描述

要使买卖双方对二手车的评估价格基本满意,就要寻找一个有能力进行鉴定评估的机构,而鉴定评估机构则要安排有资质的评估师与委托方进行接洽。评估师必须进行精心的事前准备,首先要明白车主鉴定评估的意图或目的,然后提供一个可以遵循的依据和令人信服的评估流程和标准等。

那么评估师鉴定评估二手车前的准备工作有哪些?

任务分析

要进行二手车鉴定评估工作,就要熟悉如何设立二手车鉴定评估机构、二手车鉴定评估的依据等内容。二手车鉴定评估的前期准备工作是指进行二手车鉴定评估前需要做的一系列工作,主要包括业务洽谈、实地考察、受理委托和拟定鉴定评估作业方案等。

知识链接

一、二手车鉴定评估的依据

二手车鉴定评估是指二手车鉴定评估机构对二手车技术状况及其价值进行鉴定评估的经营活动。二手车鉴定估价应当本着买卖双方自愿的原则,不得强制进行,属国有资产的二手车应当按国家有关规定进行鉴定评估。二手车鉴定评估机构应当遵循客观、真实、公正和公开的原则,依据国家法律法规开展二手车鉴定评估业务,出具车辆鉴定评估报告;并对鉴定评估报告中车辆的技术状况包括是否属事故车辆等评估内容负法律责任。需要指出的是,二手车评估定价人员必须经过专业培训,通过国家有关部门组织的资格考试,取得"二手车鉴定评估师"职业资格证书,方可上岗从事有关二手车鉴定评估业务。

二手车鉴定评估工作和其他工作一样,在评估时必须有科学依据,这样才能得出较为正确的结论。二手车鉴定评估的依据是指评估工作所遵循的法律、法规、经济行为文件以及其他参考资料,二手车鉴定评估的主要依据标准一般包括理论依据、行为依据、法律依据、产权依据和取价依据五部分。

(一) 理论依据

二手车鉴定估价实质上属于资产评估的范畴,因此其理论依据,必然是资产评估学的有关理论和方法,在操作中应遵守我国有关资产评估和管理的政策法规,具体涉及二手车价格评估的政策法规主要有:《国有资产评估管理办法》《机动车强制报废标准规定》及其他有关的政策法规。

(二) 行为依据

行为依据是指实施二手车鉴定评估的依据。一般包括经济行为成立的有关决议文件以及评估当事方的评估业务委托书。

(三) 法律依据

法律依据是指二手车鉴定评估所遵循的法律法规,主要包括:

(1)《国有资产评估管理办法》。

(2)《机动车强制报废标准规定》。

(3)《机动车登记规定》。

(4)《报废机动车回收管理办法》。

(5)《汽车产业发展政策》。

(6)《二手车流通管理办法》。

(7)《机动车运行安全技术条件》。

(8)其他方面政策法规。

(四) 产权依据

产权依据是指表明机动车权属证明的文件,主要包括机动车来历凭证、机动车登记证书、机动车行驶证、出租车营运证、道路营运证等。

(五) 取价依据

取价依据是指实施二手车鉴定评估的机构或人员,在评估工作中直接或间接取得或使用对二手车鉴定评估有借鉴或佐证作用的资料。二手车价格评估中的价格依据主要有历史依据和现实依据,前者主要是二手车的账面原值、净值等资料,它具有一定的客观性,但不能作为估价的直接依据;后者在评估价值时以评估基准日为准,即以现时价格、现时车辆功能状态等为准。

取价依据主要包括价格资料和技术资料。

（1）价格资料。价格资料包括最新二手车辆整车销售价格、易损零部件价格、车辆精品装备价格、维修工时定额和维修价格资料；国家税费征收标准、车辆价格指数变化、各品牌车型残值率等资料。

（2）技术资料。技术资料包括机动车的技术参数，新产品、新技术、新结构的变化；车辆故障的表面现象与差别；车辆维修工艺及国家有关技术标准等资料。

开展二手车鉴定评估业务是需要开具二手车鉴定评估报告的，此报告具有法律效应，而且由鉴定评估公司盖章，鉴定评估师会根据技术依据对车辆进行上百项检测。

二、二手车鉴定评估机构的设立

要进行二手车鉴定评估，就需要设立二手车鉴定评估机构，二手车鉴定评估机构指的是从事二手车鉴定评估经营活动的第三方服务机构。二手车鉴定评估师与高级二手车鉴定评估师分别指依法取得二手车鉴定评估师、高级二手车鉴定评估师国家职业资格的人员。二手车鉴定评估机构条件和要求主要有哪些呢？根据国家标准《二手车鉴定评估技术规范》（GB/T 30323—2013）和重庆市地方标准《二手新能源汽车鉴定评估规范》（DB50/T 1487—2023）规定整理如下：

1. 经营场地

经营面积不少于 200 m²，有非露天的客户接待区、检测评估区、设备存储区等功能区。

2. 经营资质

（1）从事二手新能源汽车鉴定评估的机构应取得业务范围内经营资质、营业执照等相关资质。

（2）应有 3 名以上机动车鉴定评估师，1 名以上高级机动车鉴定评估师。

（3）从事二手新能源汽车鉴定评估的人员上岗前，应进行新能源汽车和电工操作安全知识培训，并取得机动车鉴定评估师（职业技能等级证书）和特种作业操作证——低压电工作业证。

3. 经营管理

（1）有规范的名称、组织机构、固定场所和章程，客观、真实、公正和公开地开展二手车鉴定评估业务。

（2）资质、营业执照、鉴定评估作业流程、规章制度及收费标准等相关信息应公示在经营场地醒目位置。

（3）应秉持客观、独立、科学、公正、诚实原则，廉洁自律，遵守关联回避原则。

（4）鉴定评估报告内容不应受当事人或第三方的干扰。鉴定评估师应根据机构管理和市场需要，签署个人诚信承诺书，并对鉴定评估车辆信息负责。

（5）建立质量管理体系，包括鉴定评估师及专业人员培训考核制度，确保鉴定评估人员职业素质、专业技能和鉴定评估工作质量。

（6）应建立设施设备管理制度，做到按时维护，妥善保管，保持设施设备完好及正常运行，并按国家规定对相关计量器具定期送检，保证计量器具精准、可靠。

（7）应建立安全作业及应急管理制度，定期开展培训及安全检查。

（8）应建立和完善车辆鉴定评估档案制度，一车一档，合理确定建档内容、档案查阅范围和保管期限等。

（9）应根据委托书的要求做好相关保密工作，不向无关人员泄露相关信息。

（10）若从事司法鉴定活动，应符合司法机关的相关条件及规定。

4. 设备设施

（1）应配备满足工作开展需要的办公设备、汽车举升设备及符合国家有关规定的消防设施。

（2）应配备电脑解码器（整车诊断仪或 OBD 信息读取设备）、动力蓄电池（以下简称"电池"）健康状态检测设备、全自动电子车身检测仪或车辆结构尺寸检测设备。

（3）应配备车辆外观缺陷测量工具、漆膜厚度仪、轮胎气压表、轮胎花纹深度尺、制动片厚度测量尺、强光手电筒或者照明工具、照相机、拆卸套筒、万用表等常用操作工具。

（4）应配备绝缘手套、护目镜、绝缘鞋等个人安全防护设备。

三、二手车评估业务洽谈

1. 洽谈内容，明确评估业务基本事项

业务洽谈是二手车评估的第一项工作，是一项重要的日常工作。业务洽谈工作的好坏直接影响二手车评估机构的形象和信誉，也是企业生存的基础。因此，鉴定评估人员应该重视并做好业务洽谈工作。

二手车销售流程

与客户进行业务洽谈的主要内容有：车主基本情况、车辆情况、委托评估的意向，时间要求等。通过业务洽谈，应该初步了解下述情况：

（1）车主单位（或个人）的基本情况。车主即机动车所有人，指拥有车辆所有权的单位或个人。了解洽谈的客人是否是车主，如果是车主本人，即有车辆处置权，否则，无车辆处置权。

（2）评估目的。评估目的是评估所服务的经济行为的具体类型，具体类型包括：车辆交易、车辆置换、企业资产变更、车辆拍卖、抵押贷款、保险、司法鉴定、修复价格评估等。

根据评估目的，选择计算标准和评估方法。一般来说，委托二手车交易市场评估的大多数是属于交易类业务，车主要求鉴定评估的目的大都是作为买卖双方成交的参考底价。

（3）评估对象及其基本情况。

① 二手车类别。是汽车，还是拖拉机，或是摩托车。

② 机动车名称、型号、生产厂家、燃料种类、出厂日期。

③ 机动车管理机关初次注册登记的日期、已使用年限、行驶里程。

④ 机动车来历。是市场上购买，还是走私罚没处理或是捐赠免税车。

⑤ 车籍。车辆牌证发放地。

⑥ 使用性质。是公务用车、商用车，还是专业运输车或是出租营运车。

⑦ 各种证件税费等是否齐全，是否按时办理年检和保险。

⑧ 事故情况。有无发生过事故，事故的位置、更换的主要部分和总成情况。

⑨ 现时技术状况。了解发动机异响、排烟、动力、行驶等情况。

⑩ 大修次数。有无大修，大修次数等。

⑪ 选装件情况。是否加装音响、真皮座椅、桃木内饰等选装件，与基本配置的差异等。

在洽谈中，上述基本情况已摸清楚以后，就应该做出是否接受委托的决定。如果不能接受委托，应该说明原因，客户对交易中有不清楚的地方，应该接受咨询，耐心地解答和指导；如果接受委托，就要签订二手车评估委托书。

2. 洽谈礼仪

（1）规范用语。语言是人类进行信息交流的符号系统。狭义的语言指由文字的形、音、义构成的人工符号系统。广义的语言包括一切起沟通作用的信息载体，不但包括说话、写字，甚至连距离、手势、眼神、体势、表情等都涵盖在内。谈判时使用规范的语言能充分反映一个人的能力、修养和素质。

（2）着装礼仪。鉴定评估人员在接待与拜访客户时，若能做到形象得体、举止适度、尊重客户，便能够使双方关系有一个良好的开端，并且能突出企业形象。要做到形象得体，鉴定评估人员必须注意衣着、装饰、化妆、整洁等四个方面的问题。

（3）电话交流礼仪。电话交流可以将必要的信息准确、迅速地传给对方。电话交流的要点如下：

① 电话交谈时，姿势应端正，不要吃东西或嚼口香糖，敷衍客户。

② 放记事本和笔在电话机旁，以便记下通话要点。

③ 问候客户，并使用礼貌词语。用简短的语言说明问题。

④ 不能回答来电问询时，不要简单地将电话转来转去，一开始就要确定将电话直接转给谁。

⑤ 通电话时，要比当面谈话说得慢些、清楚些。

⑥ 请教客户姓名，通话时尽可能多地称呼对方。

⑦ 通话时不要与身旁的人谈不相干的事。

四、实地考察、签署二手车鉴定评估业务委托书、拟定鉴定评估作业方案

1. 实地考察内容

主要了解车辆现时状态、鉴定估价的工作量和鉴定工作难易程度。

2. 签署二手车鉴定评估业务委托书

二手车鉴定评估业务委托书又称为二手车评估委托合同，是指二手车评估机构与法人、其他组织或自然人相互之间为实现二手车评估的目的，明确相互权利义务关系所订立的协议。二手车鉴定评估委托书有规定的内容和样式，如项目一的图 1-6 所示。

二手车鉴定评估业务委托书是鉴定评估机构与委托方对各自权利、责任和义务的约定，是一种经济合同性质的契约。

（1）二手车鉴定评估业务委托书应写明：委托方和评估机构的名称、住所、工商登记注册号、上级单位、鉴定评估资格类型及证书编号；评估目的、评估范围、被评估车辆的类型和数量、评估工作起止时间、评估机构的其他具体工作任务；委托方需做好的基础工作和配合工作；评估收费方式和金额；反映评估业务委托方和评估机构各自的责任、权利、义务以及违约责任的其他具体内容。

（2）二手车鉴定评估业务委托书必须符合国家法律法规和二手车鉴定评估行业管理规定，并做到内容全面、具体、含义清晰准确。

（3）涉及国有资产占有单位的二手车鉴定评估项目，应由委托方按规定办妥有关手续后再进行评估业务委托。

3. 拟定鉴定评估作业方案

二手车鉴定评估机构要根据评估项目的规模大小、复杂程度、评估目的做出鉴定评估作业方案。

鉴定评估作业方案指的是二手车鉴定评估机构根据二手车鉴定评估委托合同的要求而制定的规划和安排。二手车鉴定评估人员执行评估业务时,应该按照鉴定评估机构编制的鉴定评估作业方案,以便对工作做出合理安排和保证在预计时间内完成评估项目。

鉴定评估作业方案主要内容包括:评估目的、评估的范围、评估基准日、安排具有鉴定评估资格的评估人员及协助评估人员工作的其他人员、现场工作方案、评估程序、评估具体工作和时间安排、拟采用的评估方法及其具体步骤等。

二手车鉴定评估人员应当重点考虑以下因素:

(1) 被评估车辆和评估目的。

(2) 评估风险,评估业务的规模和复杂程度。

(3) 相关法律、法规及宏观经济近期发展变化对评估对象的影响。

(4) 被评估车辆的结构、类别、数量、分布。

(5) 与评估有关的资料的齐备情况及变现的难易程度。

(6) 评估小组成员的业务能力,评估经验及其优化组合。

(7) 对专家及其他评估人员的合理使用。

确定鉴定评估作业方案后,下达二手车鉴定评估作业表(见项目二的表 2-1),进行鉴定评估工作。

1. 分配任务

学生每 2 人自由结成一小组,一人扮演车主,一人扮演评估师,模拟二手车评估前的业务接洽情景,并完成二手车鉴定评估委托书。

2. 注意事项

(1) 模拟二手车评估前的业务接洽情景时要真实,接待二手车顾客咨询,与顾客针对二手车相关方面进行沟通和交流,了解顾客的需求和用途,做到礼貌接待,服务周到。

(2) 任务结束后,需要对车辆及相应工位进行 6S 管理。

3. 任务工单

受理二手车鉴定评估委托具体任务工单如表 4-1 所示,同时完成二手车鉴定评估委托书的填写。

表 4-1 任务工单

任务名称					
姓名		班级		学号	
任务地点		任务时间		日期	
设备及工具					
	工作计划			任务结果	
请描述你所了解到的车主的基本情况					
请描述车主要求评估的目的和委托评估二手车的基本情况					
请记录你了解到的其他信息					

通过对所有洽谈的结果分析,请你分析是否达成委托鉴定评估意向,并根据任务结果写出整改建议或学习计划

是否达成委托鉴定评估意向? □是、□否。

如果达成委托鉴定评估意向,请记录车主要求的评估时限及期望的价格。

_____

如果没达成委托鉴定评估意向,请记录原因。

_____

 任务拓展

一、填空题

1. _____是指二手车鉴定评估机构对二手车技术状况及其价值进行鉴定评估的经营活动。

2. 二手车鉴定评估的主要依据标准一般包括_____、_____、_____、_____和_____五部分。

3. _____是鉴定评估机构与委托方对各自权利、责任和义务的约定,是一种经济合同性质的契约。

4. 二手车鉴定评估的前期准备工作是指进行二手车鉴定评估前需要做的一系列工作,主要包括_____、_____、_____和_____等。

二、选择题

1. 下列二手车鉴定评估工作步骤中,(　　)是首先进行的。

　　A. 登记基本信息　　　　　　　　　　B. 查验可交易车辆

　　C. 判别事故车　　　　　　　　　　　D. 鉴定技术状况

2. 选用合理的评估标准和评估方法,体现了(　　)。

　　A. 公平性　　　　　　　　　　　　　B. 独立性

　　C. 客观性　　　　　　　　　　　　　D. 科学性

3. 从事二手车鉴定评估业务,(　　)作为执业水平的有效证明。

　　A. 需要考取职业资格证书　　　　　　B. 需要考取职业能力证书

　　C. 需要考取职业水平等级证书　　　　D. 不需要考取任何证书

4. 下列选项中,(　　)不是二手车鉴定评估的原则。

　　A. 有效　　　　　　B. 公正　　　　　　C. 真实　　　　　　D. 客观

三、简答题

1. 根据实际需要,二手车鉴定评估机构开展鉴定评估经营活动的作业流程通常分为哪几步?

2. 与客户进行业务洽谈的主要内容有哪些?

3. 电话交流可以将必要的信息准确、迅速地传给对方,电话交流的要点有哪些?

4. 什么是鉴定评估作业方案? 如何拟定鉴定评估作业方案?

任务二　凭证审核与鉴定估算

任务描述

机动车上路行驶,应该具备按照国家法规和地方法规应该办理的各项有效证件和应该缴纳的各项税费凭证。二手车属特殊商品,它的价值包括车辆实体本身的有形价值和以各项手续构成的无形价值,只有这些手续齐全,才能构成车辆的全部价值;也只有手续齐全,机动车辆才能发挥实际效用。因此,二手车鉴定评估人员应该掌握二手车相关证明和凭证的检查,验明车辆合法性。

任务分析

验明车辆合法性主要是识别机动车所有人及其车辆应有的、合法的证明、凭证的时效性、有效性、合法性,尽量规避职业、经营风险,合理降低成本,判定待评估车辆是否符合可交易条件。如对这些证件资料有疑问,应向委托方提出,由委托方向发证机关(单位)索取证明材料,或自行向发证机关(单位)查询核实。《二手车鉴定评估技术规范》(GB/T 30323—2013)规定,对于不可交易的车辆,除特殊需要外,不进行技术鉴定和价值评估。

对可交易车辆应该核查:

(1)来历和处置的合法性。查看机动车登记证或产权证明。

(2)使用和行驶的合法性。检查手续是否齐全、真实、有效;是否年检;检查机动车行驶证登记的事项与行驶牌照及实物是否相符。

知识链接

一、二手车凭证的审核

国家规定已注册登记的机动车所有权发生转移的,现机动车所有人应当于机动车交付之日起三十日内提交相关资料到指定地点交验车辆,办理转移登记。二手车凭证的检查要坚持先查验后交易的原则。根据《二手车流通管理办法》规定,二手车交易必须提供车船购置税、车船税和车辆保险费等税费缴付凭证。

主要审核卖主的身份证、车辆来历凭证、机动车行驶证、机动车登记证书、有效的机动车安全技术检验合格标志、车辆购置税完税证明、车船使用税缴付凭证和车辆保险单等法定证明、凭证是否齐全。最直接有效的办法是去车管所查车辆档案,如果是通过正规渠道进行的二手车交易,车管所都会有车辆登记记录。

具体操作是:第一,通过检查卖主的身份证可以判定卖主是否对所卖机动车拥有使用权和支配权。第二,核查机动车来历证明,也就是原始的购车凭证,如果已经是二手车,则要看是否有二手车的购车凭证。第三,核查机动车行驶证,因为这是机动车取得合法行驶权利的凭证。第四,核查车辆的登记证明,每一辆在路上行驶的车都会在当地车管所进行登记注册,必要的时候可以致电车管所进行核实。第五,检查机动车号牌,看看有无涂抹更改的痕迹,应做到与行驶证上登记的号牌一致才行。第六,检查车架号,也应该与行驶证上登记的号码保持一致,车架号通常被刻在车辆的仪表板上。第七,检查保险单,只有上了保险的车才有可能在车辆发生交通事故的时候将车主的损失降到最低。如果是带有营运性质的车辆,还要检查是否有道路运输证。最后还需要注意查验的是三项费税的缴费证明,包括养路费缴费证明、购置税和车船使用税完税证明。

1. 车辆来历凭证

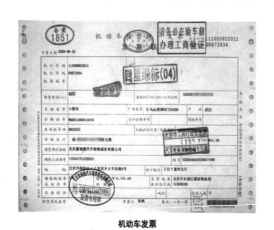

机动车发票

图 4-1　机动车销售统一发票

机动车来历证明是指:

(1)在国内购买的机动车,其来历证明是全国统一的机动车销售发票或者二手车交易发票,如图 4-1 所示。在国外购买的机动车,其来历证明是该车销售单位开具的销售发票及其翻译文本,但海关监管的机动车不需提供来历证明。

(2)人民法院调解、裁定或者判决转移的机动车,其来历证明是人民法院出具的已经生效的调解书、裁定书或者判决书,以及相应的协助执行通知书。

(3)仲裁机构仲裁裁决转移的机动车,其来历证明是仲裁裁决书和人民法院出具的协助执行通知书。

(4)继承、赠予、中奖、协议离婚和协议抵偿债务的机动车,其来历证明是继承、赠予、中奖、协议离婚、协议抵偿债务的相关文书和公证机关出具的公证书。

（5）资产重组或者资产整体买卖中包含的机动车,其来历证明是资产主管部门的批准文件。

（6）机关、企业、事业单位和社会团体统一采购并调拨到下属单位未注册登记的机动车,其来历证明是全国统一的机动车销售发票和该部门出具的调拨证明。

（7）机关、企业、事业单位和社会团体已注册登记并调拨到下属单位的机动车,其来历证明是该单位出具的调拨证明。被上级单位调回或者调拨到其他下属单位的机动车,其来历证明是上级单位出具的调拨证明。

（8）经公安机关破案发还的被盗抢且已向原机动车所有人理赔完毕的机动车,其来历证明是权益转让证明书。

机动车来历凭证分新车来历凭证和二手车来历凭证。

新车来历凭证是指经国家工商行政管理机关验证盖章的机动车销售发票。其中有的销售发票是国家指定的机动车销售单位的销售发票。从新车来历凭证可以看出车主购置车辆日期和原始价值。

二手车来历凭证是指经国家工商行政管理机关验证盖章的二手车交易发票,或由人民法院出具的发生法律效力的判决书/裁定书和调解书。

2. 机动车行驶证

机动车行驶证是由公安车辆管理机关依法对机动车辆进行注册登记核发的证件,它是机动车取得合法上路行驶权的凭证,如图 4-2 所示。机动车行驶证是机动车行驶必须携带的证件,也是二手车过户、转籍必不可少的证件。车辆交易需要在年检有效期间内,行驶证要有年检有效期证明。

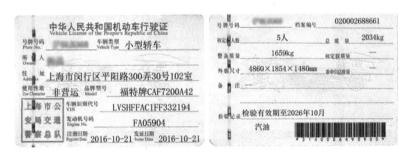

图 4-2 机动车行驶证

3. 机动车登记证书

机动车登记证书样本如图 4-3 所示。分期付款的车辆在未付完款时,该证存放在银行里,无该证不能进行机动车交易。

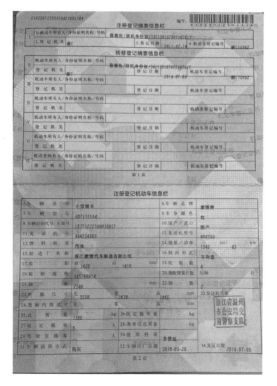

图 4 - 3　机动车登记证书

4. 车辆购置附加费证明

一般车主往往忽略车辆购置附加费证明如图 4 - 4 所示,但是交易中这个手续审查是必要的,一般来说正规交易车辆都有这个手续,但是特殊的"黑牌车"、走私车、罚没车没有这个证明,需要缴纳购置附加费然后出具证明才能过户。

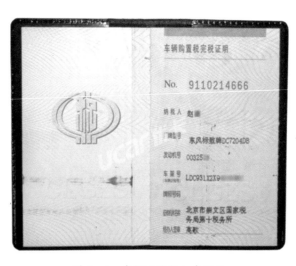

图 4 - 4　车辆购置附加费证明

5. 车主身份证明

（1）机关、企业、事业单位、社会团体的身份证明，是指该单位的组织机构代码证书、加盖单位公章的委托书和被委托人的身份证明。机动车所有人为单位的内设机构，本身不具备领取组织机构代码证书条件的，可以使用上级单位的组织机构代码证书作为机动车所有人的身份证明。

（2）外国驻华使馆、领馆和外国驻华办事机构、国际组织驻华代表机构的身份证明，是该使馆、领馆或者该办事机构、代表机构出具的证明。

（3）居民的身份证明，是指居民身份证或者临时居民身份证。在暂住地居住的内地居民，其身份证明是居民身份证或者临时居民身份证，以及公安机关核发的居住、暂住证明。

（4）军人（含武警）的身份证明，是指居民身份证或者临时居民身份证。在未办理居民身份证前，是指军队有关部门核发的军官证、文职干部证、士兵证、离休证、退休证等有效军人身份证件，以及其所在的团级以上单位出具的本人住所证明。

（5）中国香港、澳门特别行政区居民的身份证明，是指其入境时所持有的港澳居民来往内地通行证或者港澳同胞回乡证，香港、澳门特别行政区居民身份证和公安机关核发的居住、暂住证明。

（6）中国台湾地区居民的身份证明，是指其所持有的有效期六个月以上的公安机关核发的台湾居民来往大陆通行证或者外交部核发的中华人民共和国旅行证和公安机关核发的居住、暂住证明。

（7）华侨的身份证明，是指中华人民共和国护照和公安机关核发的居住、暂住证明。

（8）外国人的身份证明，是指其入境时所持有的护照或者其他旅行证件、居（停）留期为六个月以上的有效签证或者居留许可，以及公安机关出具的住宿登记证明。

（9）外国驻华使馆、领馆人员、国际组织驻华代表机构人员的身份证明，是指由外交部核发的有效身份证件。

如果车主身份证到期，可以用临时身份证；单位如果变更名称或倒闭，需要开具工商部门的证明。

6. 车船使用税

车船使用税是以车船为征税对象，向拥有车船的单位和个人征收的一种税。车船税实行定额税率。定额税率也称固定税额，是税率的一种特殊形式。定额税率计算简便，适宜于从量计征的税种。车船税的适用税额，依照条例所附的车船税税目税额表执行。如果没有缴纳到交易当日，需要补缴。

二、不予办理机动车转移登记的情形

（1）机动车所有人提交的证明、凭证无效的。

（2）机动车来历凭证涂改的，或者机动车来历凭证记载的机动车所有人与身份证明不符的。

（3）机动车所有人提交的证明、凭证与机动车不符的。

（4）机动车未经国家机动车产品主管部门许可生产、销售或者未经国家进口机动车主管部门许可进口的。

（5）机动车的有关技术数据与国家机动车产品主管部门公告的数据不符的。

（6）机动车达到国家规定的强制报废标准的。

（7）机动车属于被盗抢的。

（8）机动车与该车的档案记载的内容不一致的。

（9）机动车未被海关解除监管的。

（10）机动车在抵押期间的。

（11）机动车或者机动车档案被人民法院、人民检察院、行政执法部门依法查封、扣押的。

（12）机动车涉及未处理完毕的道路交通安全违法行为或者交通事故的。

（13）超过检验有效期未进行安全技术检验的。

（14）其他不符合法律、行政法规规定的情形。

三、鉴定估算

二手车鉴定估算包含两部分，一是二手车技术鉴定，二是二手车价格估算。

（一）二手车技术鉴定

1. 技术鉴定要达到的基本目的

（1）为车辆的价值估算提供科学的评估证据。

（2）为期望使用者提供车辆技术状况的质量公证。

（3）为车辆发生的经济行为提供法律依据。

2. 技术鉴定要达到的基本事项

（1）识别伪造、拼装、组装、盗抢、走私车辆。

（2）鉴别手续牌证的真伪。

（3）鉴别由事故造成的严重损伤。

（4）鉴别由自然灾害（水淹、火烧）造成的严重损伤。

（5）鉴别车辆内部和外部技术状况。

3. 技术鉴定应检查的部位和检查的项目

（1）静态检查。

（2）动态检查。

（3）仪器检查。

（二）二手车价格估算

二手车价格估算主要包括市场调查与资料搜集、价值评定估算和常用估算方法。

1. 市场调查与资料搜集

进行市场调查与资料搜集的目的是：确定被评估车辆的现行市场价格。进行市场询价时，应重点做好如下工作：

（1）确定被评估车辆基本情况（车辆类型、厂牌型号、生产厂家、主要技术参数等）。

（2）确定询价参照对象及询价单位（询价单位名称、询价单位地址、询价方式、联系电话或传真号码、询价单位接待人员姓名等），并将询价参照对象情况与被评估车辆基本情况进行比较，在两者相一致的情况下，询到的市场价格才是可比的、可行的。

（3）确定询价结果。市场调查和询证资料经过整理，就可以编制成车辆询价表，车辆询价表亦是二手车鉴定评估主要的工作底稿之一。

2. 价值评定估算

（1）确定估算方法。

① 二手车鉴定评估应熟知、理解并正确运用现行市价法、收益现值法、重置成本法、清算价格法以及这些评估方法的综合运用。

② 对同一被评估车辆宜选用两种以上的评估方法进行评估。

③ 有条件选用市价法进行评估的，应以市价法为主要的评估方法。

④ 营运车辆的评估在评估资料可查并齐全的情况下，可选用收益法为其中的一种评估方法。

⑤ 二手车鉴定评估一般适宜采用市价法和成本法进行评估。

（2）评价评估结果。

① 对不同评估方法估算出的结果，应进行比较分析。当这些结果差异较大时，应寻找并

排除出现差异的原因。

② 对不同评估方法估算出的结果应做下列检查：

a. 计算过程是否有误。

b. 基础数据是否准确。

c. 参数选择是否合理。

d. 是否符合评估原则。

e. 公式选用是否恰当。

f. 选用的评估方法是否适宜评估对象和评估目的。

③ 在确认所选用的评估方法估算出的结果无误之后，应根据具体情况计算求出一个综合结果。

④ 在计算求出一个综合结果的基础上，应考虑一些不可量化的价格影响因素，对结果进行适当的调整、或取用、或认定该结果作为最终的评估结果。

⑤ 当有调整时，应在评估报告中明确阐述理由。

3. 常用估算方法

二手车的常用估算方法有平均年限法、工作量法、双倍余额递减法和年数总和法。

（1）平均年限法。每年折旧额＝原值/预计使用年限。例如 10 万元的汽车预计使用 10 年，则二手车评估方法是每年应计算 1 万元的折旧。也就是说在第一年末，汽车的价值是 9 万元；第二年末，汽车的价值是 8 万元；以此类推。

（2）工作量法。这个二手车评估方法具体是，按照行驶的里程计算折旧，折旧额＝原值（已经行驶的里程/预计使用里程）。例如 10 万元的汽车预计行驶里程为 10 万 km，则每行驶 1km 提取 1 元的折旧。也就是说在行驶 1 万 km 后，汽车的价值是 9 万元；在行驶 2 万 km 后，汽车的价值是 8 万元；以此类推。

（3）双倍余额递减法。计算公式是：折旧的百分比＝2/预计使用年限。每年的折旧额＝年初时的价值（折旧的百分比），在预计使用年限的最后两年平均分摊剩余的价值。例如 10 万元的汽车预计使用 10 年，折旧的百分比为 20%。

第一年末汽车的剩余价值是 8 万元（10 万元—10 万元的 20%）。

第二年末汽车的剩余价值是 6.4 万元（8 万元—8 万元的 20%）。

第三年末汽车的剩余价值是 5.12 万元（6.4 万元—6.4 万元的 20%）。

第四年末汽车的剩余价值是 4.096 万元。

第五年末汽车的剩余价值是 3.277 万元。

第六年末汽车的剩余价值是 2.621 4 万元。

第七年末汽车的剩余价值是 2.097 万元。

第八年末汽车的剩余价值是 1.678 万元。

第九年末汽车的剩余价值是 1.342 万元。

第十年末汽车报废。

（4）年数总和法。评估方法公式是：折旧额＝原值（还可以使用的年限／使用年限总和）。例如 10 万元的汽车预计使用 10 年，使用年限总和＝10＋9＋8＋7＋6＋5＋4＋3＋2＋1＝55。

第一年末汽车的剩余价值是 8.182 万元（10 万元—10 万元×10/55）。

第二年末是 6.546 万元（8.182 万元—10 万元×9/55）。

第三年末是 5.091 万元（6.546 万元—10 万元×8/55）。

第四年末是 3.818 万元。

……

第十年末汽车报废。

 **任务实施**

1. 分配任务

每 5 人为一组，选出一名组长，组长对小组任务进行分工。组员按组长要求完成查验可交易车辆相关任务。具体任务要求如下：

（1）组长选取不同实训车辆，让组员描述如何查验可交易车辆。

（2）针对实训车辆，组员分别核查车辆是否有来历证明、是否有行驶证、是否有登记证书、是否有号牌。

（3）针对实训车辆，组员分别核查车辆各类检验标志（包括交强险标志）是否齐全和各类税费证明是否齐全。

2. 注意事项

（1）组员查验可交易车辆时，请注意不要拥挤，以免发生磕碰。

（2）任务结束后，需要对车辆及相应工位进行 6S 管理。

3. 任务工单

具体任务工单如表 4-2 所示。

表 4-2 任务工单

任务名称					
姓名		班级		学号	
任务地点		任务时间		日期	
设备及工具					
	工作计划			任务结果	
你所核查的车辆是否有来历证明、是否有行驶证、是否有登记证书、是否有号牌					
你所核查的车辆各类检验标志(包括交强险标志)是否齐全					
你所核查的车辆的各类税费证明是否齐全					

通过对所有检查结果的分析,请将所检查车辆做出可交易车辆的判别。并根据任务结果写出整改建议或学习计划

根据以上检查结果,你认为该被评估车辆□是　□否为不可交易车辆。你得出上述结论的理由是_____。

 **任务拓展**

一、填空题

1. 二手车属特殊商品,它的价值包括车辆实体本身的_____和以各项手续构成的_____,只有这些手续齐全,才能构成车辆的全部价值。

2. 机动车来历凭证分_____和_____。

3. 根据《二手车流通管理办法》规定,二手车交易必须提供_____,_____和_____等税费缴付凭证。

二、选择题

1. 下列选项中,(　　)不是二手车法定证件。

　A. 原始购车发票　　　　　　　　　B. 行驶证

　C. 登记证书　　　　　　　　　　　D. 驾驶证

2. 二手车的合法手续证明一般不包括(　　)。

　A. 车辆来历证明、机动车行驶证

　B. 机动车登记证、车辆号牌、车辆运输证

　C. 车辆购置税、机动车交强险标志

　D. 交通事故处理意见书

3. 下列选项中,(　　)不是机动车必须具备的合法手续。

　A. 机动车来历证明　　　　　　　　B. 道路运输证

　C. 机动车登记证书　　　　　　　　D. 机动车检验合格标志

4. 下列选项中,(　　)不是二手车必须具备的税费证件。

　A. 车辆购置税完税证　　　　　　　B. 车船税完税证

　C. 养路费缴纳证　　　　　　　　　D. 交强险保单

三、简答题

1. 查验可交易车辆时,需要做哪些工作?

2. 机动车的法定证件都有哪些？各种税费单据有哪些？

3. 说明经验法判断行驶证真伪的方法。

4. 二手车的常用估算方法有哪些？

任务三 二手车鉴定评估报告撰写

任务分析

二手车鉴定评估报告是评估师向委托方传达评估调查、分析工作及评估结论的重要文件。根据《二手车鉴定评估技术规范》要求，二手车鉴定评估机构应将二手车鉴定评估报告及其附件与工作底稿独立汇编成册，存档备查。档案保存一般不低于 5 年；鉴定评估目的涉及财产纠纷的，其档案至少应当保存 10 年。

任务描述

二手车鉴定评估报告不仅是一份评估工作的总结，而且是价格的公正性文件和二手车交易双方认定二手车价格的依据。评估师在评估报告中必须明确地告诉评估报告使用者所采用的评估方法和选择该方法的原因。

本任务主要包括编写和提交二手车鉴定评估报告：

1. 编写二手车鉴定评估报告

编写二手车鉴定评估报告可分为如下两个步骤：

第一步，在完成二手车鉴定评估数据的分析和讨论的基础上，对有关部分的数据进行调整。由具体参加评估的二手车鉴定评估人员草拟出二手车鉴定评估报告。

第二步，就鉴定评估的基本情况和评估报告初稿的初步结论与委托方交换意见，听取委托方的反馈意见后，在坚持独立、客观、公正的前提下，认真分析委托方提出的问题和建议，考虑是否应该修改评估报告，对报告中存在的疏忽、遗漏和错误之处进行修正，待修改完毕即可撰写出正式的二手车鉴定评估报告。

2. 提交二手车鉴定评估报告

二手车鉴定评估机构撰写出正式的鉴定评估报告以后，经过审核无误，按以下程序进行签名盖章：先由负责该项目的二手车鉴定评估人员签章，再送复核人审核签章，最后送评估机构负责人审定签章并加盖机构公章。

二手车鉴定评估报告签发盖章后即可连同作业表等送交委托方。

知识链接

一、二手车鉴定评估报告的概念与作用

根据《二手车鉴定评估技术规范》要求,二手车鉴定评估机构应建立和完善二手车鉴定评估档案制度,并根据评估对象及有关保密要求,合理确定适宜的建档内容、档案查阅范围和保管期限。开展二手车鉴定评估活动应坚持客观、独立、公正、科学的原则,按照关联回避原则,回避与本机构、评估人有关联的当事人委托的鉴定评估业务。在经营场所明显位置悬挂二手车鉴定评估机构核准证书和营业执照等证照,张贴二手车鉴定评估流程和收费标准。

对二手车的估值,《二手车鉴定评估技术规范》要求一般情况下,推荐选用现行市价法;在无参照物、无法使用现行市价法的情况下,选用重置成本法。

二手车鉴定评估机构和二手车鉴定人员确定了评估对象的评估额后,应将评估结论写成评估报告。二手车鉴定评估报告是记述评估成果的文件,也可以看成评估人员提供给委托评估者的"产品"。

二手车鉴定评估报告的质量高低,除取决于评估结论和评估方法的准确性、参数确定的合理性之外,还取决于报告的格式、文字表述水平及印刷质量等。前者是评估报告的内在质量,后者则是评估报告的外在质量,两者不可偏废。

二手车鉴定评估报告对管理部门及各类交易的市场主体都是十分重要的。一份二手车鉴定评估报告,特别是涉及国有资产的评估报告资料,不仅是一份评估工作的总结,也是其价格的公正性文件和资产交易双方认定资产价格的依据。由于目的的不同,其作用可从两个方面进行分析。

1. 委托方(客户)对二手车鉴定评估报告作用的理解

(1) 作为产权变动交易作价的基础材料,二手车鉴定评估报告的结论可以作为车辆买卖交易谈判底价的参考依据,或作为投资比例出资价格的证明材料,特别是对涉及国有资产的二手车的客观公正的作价,可以有效防止国有资产的流失,确保国有资产价格的客观、公正、真实。

(2) 作为各类企业进行会计记录的依据,按评估值对会计账目的调整必须由有关机关批准。

(3) 作为法庭辩论和裁决时确认财产价格的举证材料。一般是指发生纠纷案时的资产评估,其评估结果可作为法庭做出裁决的证明材料。

（4）作为支付评估费用的依据。当委托方（客户）收到评估资料及报告后没有提出异议，也就是说评估的资料及结果符合委托书的条款，委托方应以此为前提和依据向受托方的评估机构付费。

（5）二手车鉴定评估报告是反映和体现评估工作情况，明确委托方、受托方及有关方面责任的根据。报告采用文字的形式，对受托方进行机动车评估的目的、背景、产权、依据、程序、方法等过程和评定的结果进行说明和总结，体现了评估机构的工作成果。同时，二手车鉴定评估报告也反映和体现了受托的机动车评估结果与鉴定估价师的权利和义务，并以此来明确委托方和受托方的法律责任。撰写评估结果报告赋予机动车估价师在评估报告上签字的权利。

2. 评估机构对二手车鉴定评估报告作用的理解

（1）二手车鉴定评估报告是评估机构成果的体现，是一种动态管理的信息资料，体现了评估机构的工作情况和工作质量。

（2）二手车鉴定评估报告是建立评估档案、归集评估档案资料的重要信息来源。

二、二手车鉴定评估报告的类型

二手车鉴定评估报告分为定型式、自由式与混合式三种。

（1）定型式二手车鉴定评估报告又称封闭式二手车鉴定评估报告，采用固定格式、固定内容，评估人员必须按要求填写，不得随意增减。其优点是通用性好，写作省时省力，缺点是不能根据评估对象的具体情况而深入分析某些特殊事项。如果能针对不同的评估目的和不同类型的机动车作相应的定型式二手车鉴定评估报告，则可以在一定程度上纠正这一缺点。

（2）自由式二手车鉴定评估报告又称开放式二手车鉴定评估报告，是由评估人员根据评估对象的情况而自由创作、无一定格式的二手车鉴定评估报告。其优点是可深入分析某些特殊事项，缺点是易遗漏一般事项。

（3）混合式二手车鉴定评估报告兼取前两种二手车鉴定评估报告的格式，兼顾了定型式和自由式两种报告的优点。一般来说，专案案件采用自由式二手车鉴定评估报告为佳，例行案件采用定型式二手车鉴定评估报告为佳。

不论二手车鉴定评估报告的形式如何，均应客观、公正、翔实地记载评估结果和过程。如果仅以结论告知，必然会使委托评估者或二手车鉴定评估报告的其他使用者心理上的信任度降低。二手车鉴定评估报告的用语要力求准确、肯定，避免模棱两可或易生误解的文字，对于难以确定的事项应在报告中说明，并描述其可能影响二手车价格的情形。

三、二手车鉴定评估报告的基本要求与内容

评估鉴定评估报告基本要求如下：

（1）评估鉴定评估报告必须依照客观、公正、科学、实事求是的原则，如实地撰写。

（2）评估鉴定评估报告应包含评估主体客体、评估目的、评估程序、评估标准、评估方法。

（3）评估鉴定评估报告要写明评估基准日和基准地。

（4）评估鉴定评估报告要有法律、法规依据，附件齐全。

鉴定评估报告要写明被评估车辆现时技术状况、评估计算过程和报告结论（即评估值），结构完整的报告是在旧汽车评估鉴定登记表、旧机动车鉴定评估作业表的基础上撰写的。

二手车鉴定评估报告不管是采取自由式，还是定型式或混合式，其报告内容必须至少记载以下事项：

1. 一般事项

一般事项需包含信息有：车主、所有权性质、联系电话、地址、经办人、车辆名称、型号、生产厂、结构特点、发动机号、车架号、载重量/座位数/排量、燃料种类、初次登记日期、牌照号、车籍、已使用年限、累计行驶里程、工作性质、大修次数。

2. 工作条件

工作条件应包含信息有：维护情况、现时状态、事故情况、技术状况鉴定、账面原值、账面净值、成交价格、重置价格、成新率、评估价值、评估目的、评估说明。

四、鉴定评估报告撰写

（一）绪言填写内容

（1）首先阐明评估主体鉴定评估机构的名称。

（2）接受评估客体即被评估车辆的所有人（车主）的委托。

（3）对什么型号、车牌号车辆进行鉴定评估，明确被评估车辆的型号和车牌号。

（4）说明评估时间在哪年哪月哪日。

（二）委托方与被评估车辆所有人

（1）委托方指的是签订委托书全权代表人姓名、委托方经办人或联系人姓名。

（2）根据机动车行驶证所示：填写被评估车辆车主姓名。

（三）评估目的

根据委托书注明的评估目的选项打钩或填涂方框。

（四）评估对象

填写被评估车辆的厂牌型号、牌照号、发动机号、车架号（VIN17位代码）、初次入户登记日期、年审检验合格至某年某月。

（五）鉴定评估基准日及基准地

鉴定评估的时间作为鉴定评估基准日，填写清楚某年某月某日和地点。

（六）评估原则

评估原则是客观性、独立性、公正性、科学性。

（七）评估依据

1. 行为依据

机动车鉴定评估委托书（×××）号。

2. 法律、法规依据

（1）《国有资产评估管理办法》（国务院令第91号）；

（2）原国家国有资产管理局《关于印发〈国有资产评估管理办法施行细则〉的通知》（国资办发〔1992〕36号）；

（3）原国家国有资产管理局《关于转发〈资产评估操作规范意见（试行）〉的通知》（国资办发〔1996〕32号）；

（4）国家经贸委等部门《汽车报废标准》（国资办发〔1997〕456号）、《关于调整汽车报废标准若干规定的通知》（国经贸资源〔2000〕1202号）。

（5）其他相关的法律、法规等。

3. 产权依据

委托鉴定评估车辆的机动车登记证书编号：××××××。

4. 评定及取价依据

技术标准资料：《机动车运行安全技术条件》（GB7258－2017）。

技术参数资料：汽车制造企业车型性能、装备一览表。

技术鉴定资料：①评估鉴定人员现场勘察记录表；②评估鉴定人员市场调查资料。

（八）评估方法

有多种评估方法可供选择，即现行市价法、重置成本法、收益现值法、清算价格法、其他。

备注：其他——指利用两种或两种以上的评估方法对车辆进行鉴定评估，并以它们评估结果的加权值为最终评估值的方法。

选择哪一种方法就在方框内涂黑，每一种方法都有计算公式，计算时套入公式计算，就可以计算出评估值。

（九）评估过程

按照接受委托、验证、现场查勤、评定估算、提交报告的程序进行。

（十）评估价值

车辆评估价格_____元，金额大写_____。

（十一）特殊事项说明

根据实际情况填列。

（十二）评估报告法律效力

根据实际情况填列。

（1）评估基准日至某年某月某日，90天止。

（2）旧机动车鉴定评估机构（盖章）。

（3）注册旧机动车鉴定估价师（签字）。

（4）报告复核人（签字、盖章）：报告复核人须具有高级鉴定估价资格。

（5）机动车鉴定评估机构法人代表（签字、盖章）。

（6）报告书撰写日期某年某月某日。

（十三）附件

（1）旧机动车鉴定评估委托书。

（2）车辆行驶证、购置附加税（费）证复印件。

（3）旧汽车评估鉴定登记表。

（4）旧机动车鉴定评估作业表。

（5）鉴定估价师职业资格证书复印件。

（6）鉴定评估机构营业执照复印件。

（7）旧汽车照片（要求外观清晰，牌照能够辨认）。

五、案例分析

案例一:关于奥迪车价格评估报告

案例提示:旧机动车评估中经常会遇到发生重大交通事故的车辆,要求评估人员能够鉴别事故的大小及对车辆的技术状况和价值的影响,经常采用的方法是说明事故的大小,在正常重置成本法和市场比较法的基础上,确定折损率加以评估。本例采用重置成本法(综合调整系数)及确定折损率评估。

××××鉴定评估机构评报字(200)第××号

(一)绪言

××(鉴定评估机构)接受××××的委托,根据国家有关资产评估的规定,本着客观、独立、公正、科学的原则,按照公认的资产评估方法,对奥迪车辆进行了解评估。本机构鉴定评估人员按照必要的程序,对委托鉴定评估车辆进行了实地查勘与市场调查,并对其在2022年9月15日所表现的市场价值做出了公允反映。现将车辆评估情况及鉴定评估结果报告如下。

(二)委托方与车辆所有方简介

委托方××××,委托方联系人××××,联系电话:×××××。

根据机动车行驶证所示,委托车辆车主×××。

(三)评估目的

根据委托方的要求,本项目评估目的是为调解买卖奥迪车过程中的价格纠纷,提供价格依据。

(四)评估对象

评估车辆的厂牌型号(奥迪 Audi A6L 2.8);车牌号码(××-×××);发动机号(×××××××　);车辆识别代号/车架号(×××××××××××××××××);初次登记日期(2019年8月);年审检验合格至2022年8月;购置附加税(费)证(齐全);车船使用税(已交)。

(五)鉴定评估基准日

鉴定评估基准日2021年8月31日。

(六)评估原则

严格遵循"客观性、独立性、公正性、科学性"原则。

(七)评估依据

1. 行为依据

机动车鉴定评估委托书(×××)号。

2. 法律、法规依据

(1)《国有资产评估管理办法》(国务院令第91号)。

(2)原国家国有资产管理局《关于印发〈国有资产评估管理办法施行细则〉的通知》(国资办发〔1992〕36号)。

(3)原国家国有资产管理局《关于转发〈资产评估操作规范意见(试行)〉的通知》(国资办发〔1996〕32号)。

(4)国家经贸委等部门《汽车报废标准》(国资办发〔1997〕456号)、《关于调整汽车报废标准若干规定的通知》(国经贸资源〔2000〕1202号)。

(5)其他相关的法律、法规等。

3. 产权依据

委托鉴定评估车辆的机动车登记证书编号:××××××。

4. 评定及取价依据

技术标准资料:《机动性车运行安全技术条件》(GB 7258—1997)。

技术参数资料:一汽-大众奥迪 A6L 系列车型性能、装备一览表。

技术鉴定资料:

(1)评估鉴定人员现场勘察记录表。

(2)某修理厂提供的事故定损修理清单。

(3)某保险公司提供的事故理赔清单。

(八)评估方法

本次评估采用重置成本法(综合调整系数、市场变现系数),并考虑交通事故所造成的车辆损失对车辆市场价格的影响。

价格评估鉴定和计算过程如下:

(1)价格评估人员接受委托后,对评估标的奥迪 A6L 2.8 现场勘察,并进行了试驾,经鉴定发现了以下问题:前减支架左右相差 3 cm,严重超出国家标准。在举升架上勘察车辆底部,发现车身有明显的碰撞后的焊痕,打开行李舱也发现有焊痕,关门时也发现声音异常,判断有重大事故发生。路试过程中,车速达 100 km/h,车身感觉晃动,明显与其他奥迪车相比缺少安全舒适感。

为客观公正地评估该车,鉴定评估人员经市场调查,调阅了该车的各项维修记录,发现该车曾有两次重大事故。一次追尾,造成的损失约 11 万元;另一次被追尾造成的损失约接近 8 万元;修理部门和保险公司提供了相关的清单。清单显示:2 次碰撞,造成的修理换件项目大致有:散热器 1 923 元、冷凝器 3 144 元、稳定杆 1 104 元、前保险杠 3 300 元、前照灯壳体

3 578 元、左前翼子板 7 500 元、车门骨架焊接总成 2 504 元、安全气囊传感器 7 400 元、防盗器传感器 726 元……修理项目达 200 多项；总计损失约 19 万元（详见修理定损清单）。

（2）评估计算过程。本次评估采用重置成本法，2019 年 8 月，奥迪 A6L 2.8 技术领先型市场售价为 523 200 元。其基本配置有变速器型式：无级/手动一体式，发动机型式：2.8 L/V 形 6 缸/5 气门电控多点燃油喷射/双顶置凸轮轴/可变相位/可变长度进气歧管，整车装备：带记忆电动外后视镜、带记忆前电动座椅、APS 前后驻车报警装置、定速巡航装置、自动防眩晕内后视镜、动力转向随助力调节系统。在 2021 年 8 月 31 日评估基准日，该车型已不再生产，被新车型所替代。但仍然有库存车辆销售，其售价为 445 000 元。

$$重置价格 = 售价 + 上牌税费$$
$$= 445\,000 + 445\,000/1.17 \times 10\%$$
$$\approx 483\,034（元）$$

计算成新率：已使用年限为 2 年，规定使用年限为 15 年。

$$成新率 = (1 - 2/15) \times 调整系数 \times 100\%$$
$$= (1 - 2/15) \times 0.78 \times 100\%$$
$$\approx 67\%$$

其中，δ（调整系数）= 技术状况（0.8）$\times$ 30% + 维修保养（0.7）$\times$ 25% + 国产名牌（0.9）$\times$ 20% + 公务生活消费（0.7）$\times$ 15% + 工作条件（0.8）$\times$ 10% = 0.78

计算综合成新率：根据旧机动车变现系数表确定变现系数为 0.9。

$$综合成新率 = 67\% \times 0.9 = 60.3\%$$

确定事故折损率：由于事故车修复后，对车辆的技术状况有影响，因此需确定事故折损率。根据评估人员的经验确定，该车事故折损率为 26%。

$$评估值 = 重置成本 \times 综合成新率 \times (1 - 折损率)$$
$$= 483\,034 \times 60.3\% \times (1 - 26\%)$$
$$= 215\,539.431 \text{元} \approx 21.5（万元）$$

（九）评估结论

车辆评估价格为人民币 215 000 元。金额大写贰拾壹万伍仟元整。

（十）特别事项说明

（1）评估机构或评估人员对于评估标的没有现实或潜在的利益。

（2）因事故造成的修理费用的定损清单，评估机构与买卖双方均已沟通，并获得双方认可。

（十一）评估报告法律效力

（1）本项评估结论有效期为90天，自2021年8月31日评估基准日至2021年11月30日止。

（2）当评估目的在有效期内实现时，本评估结果作为作价参考依据。超过90天，需重新评估。另外在评估有效期内若被评估车辆的市场价格或因交通事故等原因导致车辆的价格变化，对车辆评估结果产生明显影响时，委托方也需重新委托评估机构重新评估。

鉴定评估报告书的使用权归委托方所有，其评估结论仅供委托方为本项评估目的使用和送交旧机动车鉴定评估主管机关审查使用，不适用于其他目的；因使用本报告书不当而产生的任何后果与签署报告的鉴定估价师无关；未经委托方许可，本鉴定评估机构承诺不将报告书的内容向他人提供或公开。

附件1.旧机动车鉴定评估委托书

附件2.旧机动车鉴定评估作业表

附件3.车辆行驶证、购置附加税（费）证复印件

附件4.鉴定估价师职业资格证书复印件

附件5.鉴定评估机构营业执照复印件

附件6.旧机动车照片（要求外观清新，车辆牌照能够辨认）

注册旧机动车鉴定估价师　复核人

（签字、盖章）　　　（签字、盖章）

（旧机动车鉴定评估机构盖章）

年　　月　　日

案例二：关于雪佛兰车价格评估报告

案例提示：旧机动车评估中经常会选用市场法和成本法评估同一辆车，其结论往往不一致，有时相差较大，要求我们根据市场经验取不同权重修正评估结论。

××××鉴定评估机构评报字(200)第××号

（一）绪言

××（鉴定评估机构）接受××××的委托，根据国家有关资产评估的规定，本着客观、独立、公正、科学的原则，按照公认的资产评估方法，对雪佛兰车辆进行了解评估。本机构鉴定评估人员按照必要的程序，对委托鉴定评估车辆进行了实地查勘与市场调查，并对其在2020年6月30日所表现的市场价值做出了公允反映。现将车辆评估情况及鉴定评估结果报告如下：

（二）委托方与车辆所有方简介

委托方××××,委托方联系人××××,联系电话:×××××。

根据机动车行驶证所示,委托车辆车主×××。

(三)评估目的

根据委托方的要求,本项目评估目的是为买卖雪佛兰车过程中确定交易价格提供价格依据。

(四)评估对象

评估车辆的厂牌型号(雪佛兰 SGM77720J);车牌号码(××-×××);发动机号(×××××××××);车辆识别代号/车架号(×××××××××);初次登记日期(2018 年 6 月);年审检验合格至 2020 年 6 月;养路费交至 2020 年 12 月;购置附加税(费)证(齐全);车船使用税(已交)。

(五)鉴定评估基准日

鉴定评估基准日:2020 年 6 月 30 日。

(六)评估原则

严格遵循"客观性、独立性、公正性、科学性"原则。

(七)评估依据

1. 行为依据

机动车鉴定评估委托书(×××)号。

2. 法律、法规依据

(1)《国有资产评估管理办法》(国务院令第 91 号)。

(2)原国家国有资产管理局《关于印发〈国有资产评估管理办法施行细则〉的通知》(国资办发〔1992〕36 号)。

(3)原国家国有资产管理局《关于转发〈资产评估操作规范意见(试行)〉的通知》(国资办发〔1996〕32 号)。

(4)国家经贸委等部门《汽车报废标准》(国资办发〔1997〕456 号)、《关于调整汽车报废标准若干规定的通知》(国经贸资源〔2000〕1202 号)。

(5)其他相关的法律、法规等。

3. 产权依据

委托鉴定评估车辆的机动车登记证书编号:××××××。

4. 评定及取价依据

技术标准资料:《机动性车运行安全技术条件》(GB 7258—2017)。

技术参数资料:上海通用雪佛兰车系列车型性能、装备一览表。

技术鉴定资料：

（1）评估鉴定人员现场勘察记录表。

（2）评估鉴定人员市场调查资料。

（八）评估方法

本次评估采用重置成本法（综合调整系数、市场变现系数）、市场比较法加权平均确定市场价格。

价格评估鉴定和计算过程如下：

1. 运用重置成本法计算：

（1）确定重置成本

重置成本＝新车购价＋上牌税费

新车购价经市场调查，2020 年 5 月，别克老款 SGM77720J 已不再生产，现生产的为雪佛兰科鲁兹 2.0G，市场售价为 18.98 万元。其配置差异如下表：

		车型配置	安全配置
雪佛兰老款	SGM7720J	非真皮方向盘、木纹内饰、CD 唱机、怀档、灰色布饰座椅	前排双安全气囊、前座高度可调节安全带、ABS4 轮防抱死制动系统、OBD 车载电脑诊断系统、高位制动灯和转向指示灯、四门前后门侧面防撞杆、全金属封闭承载式车身
雪佛兰科鲁兹 2.0G	SGM7720J	标准配置、CD 播放系统、钛晶石英钟、木纹内饰、电子控制空调系统、米色布饰座椅	前排双安全气囊、前座高度可调节安全带、ABS4 轮防抱死制动系统、OBD 车载电脑诊断系统、高位制动灯和转向指示灯、四门前后门侧面防撞杆、全金属封闭承载式车身

从上表可以看出，两款雪佛兰车安全配置基本相同，均无天窗。雪佛兰科鲁兹 2.0 车型配置较为新潮，两款车一次性功能贬值相差约 12 000 元；因此确定重置价为 189 800 － 12 000＝177 800（元）

$$重置成本＝177\,800＋177\,800/1.17×10\%＝192\,997（元）$$

（2）确定综合成新率

该车为 2017 年 6 月上牌，至基准日 2020 年 6 月已使用 36 个月，规定使用年限为 180 个月。

$$成新率＝（1－36/180）×100\%$$
$$＝（1－0.2）×100\%$$
$$＝0.8$$

其中，计算综合成新率：调整系数＝技术状况（0.9）×30%＋维修保养（0.8）×25%＋国产名牌（0.9）×20%＋公务生活消费（1）×15%＋工作条件（0.8）×10%＝0.9

$$综合成新率＝成新率×调整系数＝80\%×0.9＝72\%$$

（3）评估值＝重置成本×综合成新率

$$＝192\,997×72\%＝138\,957.84\ 元$$

2. 运用市场比较法计算

评估人员根据市场调查资料选用两款别克车作为参照物，其分析如下表。

品牌	参照物Ⅰ别克 SGM7250G(老款)	参照物Ⅱ别克君威 SGM7252G	被评估车辆别克 SGM7250G(老款)
上牌日期	2017 年 8 月价格 25.8 万	2017 年 3 月价格 24.38 万	2017 年 6 月价格 25.8 万
交易日期	2020 年 5 月	2020 年 4 月	2020 年 6 月
交易数量	1	1	1
综合成新率	73%	81%	72%
付款方式	现款	现款	现款
物价指数	1	1.01	0.98
公开市场成交价	120 000 元	150 000 元	求评估值

解：（1）以参照物Ⅰ为参照对象进行各项差异量化和调整

结构性能差异量化与调整，参照物Ⅰ为老式车型，和被评估车一样，无须调整。

销售时间差异量化与调整，0.98÷1＝0.98。

新旧程度差异量化与调整，该项调整系数为 120 000×（72%－73%）＝－1 200 元

销售数量和付款方式无差异。

$$评估值＝(120\,000－1\,200)\times 0.98＝116\,424$$

(2) 以参照物Ⅱ为参照对象作各项差异量化和调整

结构性能差异量化与调整,参照物Ⅱ为新式车型。被评估物为老式车型,评估基准日该项结构差异为12 000元。

该调整系数为12 000×72%＝8 640元。

销售时间差异量化与调整,0.98÷1.01＝0.98。

新旧程度差异量化与调整,该项调整系数为150 000×(72%－81%)＝－13 500元。

销售数量和付款方式无差异。

评估值＝(150 000－8 640－13 500)×0.98＝125 303元。

综合参照物Ⅰ参照物Ⅱ,被评估车辆评估值＝(116 424＋125 303)/2＝120 863.5元

运用重置成本法计算的结论和市场比较法的结论分别为:138 957.84元、120 863元,评估鉴定人员考虑别克车百公里油耗较高、保值率相对不高,因此重置成本法权重和市场比较法权重分别取0.3、0.7。

$$被评估车辆评估值＝138\,957.84\times 0.3＋120\,863\times 0.7＝126\,291.45\,元\approx 126\,000\,元$$

(九) 评估结论

车辆评估价格为人民币￥126 000元。金额大写壹拾贰万陆仟元整。

(十) 特别事项说明

(1) 评估机构或评估人员对于评估标的没有现实或潜在的利益。

(2) 评估标的产权明晰,评估时未考虑车辆欠费等对车辆价格的影响。

(十一) 评估报告法律效力

(1) 本项评估结论有效期为90天,自评估基准日至2020年9月30日止。

(2) 当评估目的在有效期内实现时,本评估结果作为作价参考依据。超过90天,需重新评估。另外在评估有效期内若被评估车辆的市场价格或因交通事故等原因导致车辆的价格变化,对车辆评估结果产生明显影响时,委托方也需重新委托评估机构重新评估。

鉴定评估报告书的使用权归委托方所有,其评估结论仅供委托方为本项评估目的使用和送交旧机动车鉴定评估主管机关审查使用,不适用于其他目的;因使用本报告书不当而产生的任何后果与签署报告的鉴定估价师无关;未经委托方许可,本鉴定评估机构承诺不将报告书的内容向他人提供或公开。

附件1. 旧机动车鉴定评估委托书

附件2. 旧机动车鉴定评估作业表

附件 3. 车辆行驶证、购置附加税(费)证复印件

附件 4. 鉴定估价师职业资格证书复印件

附件 5. 鉴定评估机构营业执照复印件

附件 6. 旧机动车照片(要求外观清新,车辆牌照能够辨认)

注册旧机动车鉴定估价师　　　　复核人

　　(签字、盖章)　　　　　　(签字、盖章)

　　　　　　　　　　　　　　　　(旧机动车鉴定评估机构盖章)

　　　　　　　　　　　　　　　　年　　　月

1. 分配任务

每 5 人为一组,选出一名组长,组长对小组任务进行分工。组员按组长要求编制二手车鉴定评估报告。

2. 注意事项

(1) 实事求是,切忌出具虚假报告。

报告书必须建立在真实、客观的基础上,不能脱离实际情况,更不能无中生有。报告拟定人应是参与鉴定评估并全面了解被评估车辆的主要鉴定评估人员。

(2) 坚持一致性做法,切忌表里不一。

报告书文字、内容要前后一致,正文、评估说明、作业表、鉴定工作底稿、格式甚至数据要互相一致,不能出现互相矛盾的不一致情况。

(3) 提交报告要及时、齐全和保密。

在正式完成二手车鉴定评估报告工作后,应按业务约定书的约定时间及时将报告书送交委托方。送交报告书时,报告书及有关文件要送交齐全。

3. 任务工单

编制二手车鉴定评估报告具体任务工单如表 4-3 所示,同时完成二手车鉴定评估报告的填写。

表 4-3 任务工单

任务名称					
姓名		班级		学号	

（续表）

任务地点		任务时间		日期	
设备及工具					

工作计划		任务结果
评估资料的分类整理	被评估二手车的有关背景资料、技术鉴定情况资料及其他可供参考的数据记录等评估资料是编制二手车鉴定评估报告的基础。一个较复杂的评估项目应由两个或两个以上评估人员合作完成，将评估资料进行分类整理，包括评估鉴定作业表的审核，评估依据的说明，最后形成评估的文字材料	
鉴定评估资料的分析讨论	在整理资料工作完成后，应召集参与评估工作的有关人员，对评估的情况和初步结论进行分析讨论。如果发现其中提法不妥、计算错误、作价不合理等方面的问题，要求进行必要的调整。若采用两种不同方法评估并得出两个不同结论的，需要在充分讨论的基础上得出一个正确的结论	
鉴定评估报告的撰写	鉴定评估报告的负责人应根据评估资料讨论后的修改意见，进行资料的汇总编排和鉴定评估报告的撰写工作；然后就二手车鉴定评估的基本情况和鉴定评估报告初稿得到的初步结论与委托方交换意见，听取委托方的反馈意见后，在坚持客观、公正、科学、可行的前提下，认真分析委托方提出的问题和意见，考虑是否应该修改鉴定评估报告，对报告中存在的疏忽、遗漏和错误之处进行修正，待修正完毕即可撰写出正式的二手车鉴定评估报告	
鉴定评估报告的审核	鉴定评估报告先由项目负责人审核，再报评估机构经理审核签发，同时要二手车鉴定评估人员签字并加盖评估机构公章。送达客户签收，必须要求客户在收到鉴定评估报告后，按送达回证上的要求认真填写并要求收件人签字确认	

（续表）

根据任务结果写出整改建议或学习计划

二手车鉴定评估报告

_____ 评报字（20   年）第_____号

一、绪言

_____接受_____的委托，根据国家有关评估及《二手车流通管理办法》和《二手车鉴定评估技术规范》的规定，本着客观、独立、公正、科学的原则，按照公认的评估方法，对牌号为_____的车辆进行了鉴定。本机构鉴定评估人员按照必要的程序，对委托鉴定评估的车辆进行了实地查勘与市场调查，并对其在_____年_____月_____日所表现的市场价值做出了公允反映。现将该车辆鉴定评估结果报告如下：

二、委托方信息

委托方：_____　委托方联系人：_____

联系电话：_____　车主姓名/名称：_____

三、鉴定评估基准日　_____年_____月_____日

四、鉴定评估车辆信息

厂牌型号：_____　牌照号码：_____

发动机号：_____　车辆 VIN 码：_____

车身颜色：_____　表征里程：_____　初次登记日期：_____

年审检验合格至：_____年_____月　　交强险截至日期：_____年_____月

车船税截至日期：_____年_____月

是否为查封、抵押车辆：□是　□否　　车辆购置税（费）证：□有　□无

机动车登记证书：　□有　□无　　机动车行驶证：□有　□无

未接受处理的交通违法记录：□有　□无

使用性质：□公务用车　□家庭用车　□营运用车　□出租车　□其他：_____

五、技术鉴定结果

技术状况缺陷描述：_____

　　重要配置及参数信息：_____

_____

_____

_____

_____ 。

　　技术状况鉴定等级：_____　等级描述：_____ 。

六、价值评估

　　价值估算方法：□现行市价法□重置成本法□其他_____ 。

　　价值估算结果：车辆鉴定评估价值为人民币_____元，金额大写：_____ 。

七、特别事项说明

八、鉴定评估报告法律效力

　　本鉴定评估结果可以作为作价参考依据。本项鉴定评估结论有效期为90天，自鉴定评估基准日至_____年_____月_____日止。

九、声明

　　（1）本鉴定评估机构对该鉴定评估报告承担法律责任。

　　（2）本报告所提供的车辆评估价值为评估基准日的价值。

　　（3）该鉴定评估报告的使用权归委托方所有，其鉴定评估结论仅供委托方为本项目鉴定评估目的使用和送交二手车鉴定评估主管机关审查使用，不适用于其他目的，否则本鉴定评估机构不承担相应法律责任；因使用本报告不当而产生的任何后果与签署本报告书的鉴定评估人员无关。

　　（4）本鉴定评估机构承诺，未经委托方许可，不将本报告的内容向他人提供或公开，否则本鉴定评估机构将承担相应法律责任。

　　附件：

　　二手车鉴定评估师（签字、盖章）　　　　　　复核人（签字、盖章）

　　　年　　　月　　　日　　　　　　　　　　（二手车鉴定评估机构盖章）

　　　　　　　　　　　　　　　　　　　　　　　年　　　月　　　日

一、填空题

1. _____是评估师向委托方传达评估调查、分析工作及评估结论的重要文件。

2. 评估师在鉴定评估报告中必须明确地告诉鉴定评估报告使用者所采用的_____ 和选择该方法的_____。

3. 二手车鉴定评估报告不仅是一份评估工作的总结,而且是价格的_____和二 手车交易双方认定二手车价格的_____。

二、选择题

1. 鉴定评估报告有效期为(　　)。

   A. 8 个月　　　　　　B. 90 天　　　　　　C. 1 年　　　　　　D. 200 天

2. 鉴定评估报告的使用权归(　　)所有。

   A. 委托方　　　　　B. 评估机构　　　　C. 受托方　　　　　D. 评估师

3. 鉴定评估报告中的评估原则应遵循(　　)的原则。

   A. 客观性、自立性、公正性、科学性、一般性

   B. 透明性、独立性、公正性、科学性、专业性

   C. 客观性、独立性、公正性、科学性、专业性

   D. 客观性、自立性、公正性、科学性、专业性

4. 鉴定评估报告中的取价依据主要有(　　)。

   A. 安全及排放标准等　　　　　　　　　B. 状态报告书等

   C. 市场价格、物价指数等　　　　　　　D. 参数表、技术规范等

三、简答题

1. 如何编写二手车鉴定评估报告?

2. 二手车鉴定评估报告的基本要求有哪些?

3. 二手车鉴定评估报告不管是采取自由式,还是定型式或混合式,其报告内容必须至少记载哪些事项?

4. 二手车鉴定评估报告中一般包括哪些附件?

项目五 〉二手车交易实务

项目导读

　　本项目主要介绍二手车交易实际工作流程,包括汽车收购、销售、置换等交易活动的相关工作。在进行二手车交易时,评估师也扮演了销售人员的角色,这就要求评估师不仅能够熟悉各种交易流程和所需要的手续,协助客户办理车辆过户工作,同时还要以饱满的工作热情和周到的服务对待每一位客户。

项目目标

知识目标

1. 了解我国二手车交易的类型。
2. 了解国内外二手车交易的特点。
3. 掌握二手车收购的流程。
4. 掌握二手车销售定价确定方法。
5. 熟悉二手车置换服务业务流程。

技能目标

1. 通过小组协作,能够完成二手车收购、销售、置换等工作。
2. 会填写交易过程中的各种手续和合同。
3. 能够使用多种方法确定合理的收购定价和销售价格。

素养目标

1. 培养学生严谨、全面地分析问题的能力。
2. 逐步培养按照规范和标准完成二手车交易的工作习惯。
3. 逐步培养热情周到的服务意识。

任务一 二手车收购定价

任务描述

2019 年注册登记的车辆雪佛兰科鲁兹,在进行收购时,收购部门对该车进行了评估,根据车况、新车购买价格、车辆使用年限、行驶里程等因素,确定出该车的收购价格。

任务分析

二手车收购价值的确定是根据其特定的目的,在二手车鉴定估价的基础上,充分考虑市场的供求关系,对评估的价格做快速变现的特殊处理。

知识链接

一、二手车收购的基本流程

1. 证件检查

主要是对车主身份、车辆的各项手续以及相关证件进行初步的核对,初步判定该车是否具备交易的合法性。

2. 车辆鉴定

主要是判断车辆各项功能的技术状态、有无事故等。经验不足的评估师一旦在这个环节出现失误,将会给企业带来直接的损失。

3. 商谈价格

通过双方的商谈决定最终的成交价。

4. 签订协议

作为保障双方权益的法律文件,写明责任划分、车款交付等,许多地区已经采用了政府提供的参考文本。

5. 支付车款

为了保证原车主在车辆过户时能及时配合(我国许多地区规定,在车辆过户时,原车主须提供身份证明,否则不予过户),收购方往往会留扣部分押金。同时在原车主将车辆交付收购方之前,可能车辆还有交通违法行为尚未处理,因此这部分押金还可用于支付本该由原车主缴纳的交通违法行为的罚款。

6. 收购成功

双方对车辆和相关证件进行交接。

二手车业务收购流程具体细则如表5-1所示。

表5-1　二手车业务收购流程(细则)

责任人	流程	详细描述	使用工具	标准话术
前台、客服、新车销售顾问	收购/置换	接待来电/来店客户:销售顾问要甄别是新购、换购还是置换客户。注:①收购指客户仅购买新车而不出售旧车;②置换指客户购买新车,并将旧车出售抵新车款	新车销售顾问填写×××公司客户流量登记表	**来店**:您好,欢迎光临安心二手车 **来电**:您好,安心二手车销售顾问××为您服务。(1) 先生(女士)是咨询新车还是对我们的置换业务感兴趣?(2) 安心二手车不以营利为目的,而是让您安心享受方便实惠。(3) 初次购车客户:我们公司有新车销售、旧车置换业务,您的朋友如果有旧车的话可以过来置换新车,我们将介绍置换业务。(4) 二次购车客户:我们公司有认证二手车业务,如果您想置换新车的话,我们会给您提供专业的置换服务。(5) 旧车置换客户:请您稍微等一下,评估师在外面评估车(在做二手车业务),我先给您介绍新车,一会让他过来,对您的车进行评估。(穿插询问客户是否真正想置换,并试探客户对旧车的心理价格预期,通知评估师)

责任人	流程	详细描述	使用工具	标准话术
销售顾问、评估师	评估师介绍公司二手车业务,销售顾问与客户谈妥新车购买事宜	（1）评估师介绍公司二手车业务,厂家二手车置换补贴政策,确认客户出售二手车意向及车型。 （2）销售顾问介绍引导客户购买新车车型,谈妥价格,签订订单	二手车集客登记表、汽车销售合同	（1）交易安心:您的旧车还有其他两种交易方式。一是卖给朋友,卖贵了会影响到朋友关系,甚至因此连朋友都没得做;卖便宜了,您心里也不痛快啊! 更重要的是,一旦车出了较大的问题,彼此心里都不舒服吧? 二是通过二手车市场交易,又有上当受骗的可能。所以选择安心二手车的置换业务可以使您解除这些不必要的担忧,做到安心交易。 （2）手续方便:您如果单独处理手中的旧车,跑市场、谈价格、办手续,无疑会耽误您很多时间,给您增添不少麻烦。而我们安心二手车置换业务可以为您提供一站式服务,您只需准备好相关的资料,买新车、卖旧车一次就给您全办好了,方便快捷。 （3）价格实惠:安心二手车的专业置换业务是服务于新车销售的,并不以营利为目的。所以您完全可以放心,我们会在合理的范围内,给您最实惠的价格。 （4）活动补贴:有机会参与厂家针对不同车型推出的各种奖励活动,获得置换补贴或礼包
评估师	评估师初步查勘客户出售车辆车况	（1）快速查验客户出售车辆品牌、车型、挂牌时间、上牌地区、使用年限、破损程度等情况。 （2）第一次车况确认:目测、耳听、路试车辆大	车辆状态评估表	先生(女士)您好, （1）麻烦您出示机动车辆行驶证。 （2）请打开车门、发动机舱盖和行李舱。 （3）请让我们为您的车进行一次路试

(续表)

责任人	流程	详细描述	使用工具	标准话术
		致状况,包括①车辆基本状况;②外装;③内装;④机械电气类;⑤发动机;⑥传动;⑦行驶部分		
评估师	根据客户意向和市场行情为客户报价	(1)根据客户出售车辆品牌、车型、上牌地区、使用年限、破损程度、客户期望值等综合情况,为客户报收购价位区间。 (2)确认客户是否当日出售旧车或办理置换新车业务	车辆状态评估表	先生(女士)您好,经过初步查验,结合当前新车提车价位和二手车市场行情,您的爱车估价大概在 XX 元～YY 元之间,如果您确认今天出售旧车或置换新车,请把车开到售后市场进行二次查验,以方便我们为您的爱车给出一个更合理的报价
评估师	如与客户达成共识则对车辆进行二次查验	第二次车况确认: 借助检测工具,对车况进行全面检测,主要包括: (1)外观确认:包括检查车辆是否发生碰撞受损、车门是否平整、油漆脱落情况和车辆的金属锈蚀程度;轮胎、玻璃的磨损程度及更换状况。 (2)内饰确认:检查车厢内部。要查看座位的新旧程度、座椅是否下凹、座椅能否正常调节;车窗玻璃升降是否灵活;仪表是否原装;踏板是否有弹性。	车辆状态评估表、二手车技术勘察报告	先生(女士)您好,请您到客户休息室稍事休息,或让销售顾问为您介绍新车,现在我们要为您的爱车进行专业检测

（续表）

责任人	流程	详细描述	使用工具	标准话术
		（3）发动机底盘确认：检查发动机。包括观察发动机的外部状况，看气缸外有无油迹；检查发动机油量，抽出机油量度尺查看机油是否混浊不堪或起水泡；揭开散热器看风扇传动带松紧是否合理等。检查车辆前后椅、车架、钢板弹簧、传动轴中间轴承等，检查车底部漏水、漏油情况。 （4）电气及附属装置确认：检查灯光、空调、反光镜、收音机、CD 机、随车工具等		
销售顾问、财务负责人、信息员	根据车况、市场行情对客户最终报价	车辆合法性确认： （1）检查车辆识别码、发动机号是否与车辆行车执照记载吻合，厂牌、型号、发动机功率、出厂日期是否与行车执照一致。 （2）检查车辆有无登记证书；有无行车证，行车证是否按规定已经进行年检；车辆有无购置附加税证。 （3）检查车辆保险单及保险到期时间。 （4）检查车辆是否安装 ETC 及 ETC 状态。	车辆状态评估表	先生(女士)您好，麻烦出示您的身份证，我们需要复印留档

（续表）

责任人	流程	详细描述	使用工具	标准话术
		（5）车辆是否领取环保标。 （6）查询车辆是否有违章记录。 车辆手续检查： （1）机动车登记证书、机动车行驶证、机动车登记表副表。 （2）车辆标准照片2张。 （3）机动车转移登记申请表（水性笔或钢笔填写，不得涂改）。 （4）来历证明：二手车销售统一发票。 （5）机动车所有人身份证明（个人：身份证复印件、户口本复印件；单位：组织机构代码证复印件）。 （6）机动车所有人一寸照片。 （7）机动车登记业务流程记录单（封袋）。 （8）车船税纳税凭证。 （9）交通强制险及商业险保单。 （10）机动车评估书。 （11）经办公司组织机构代码证和经办人身份证复印件（必须在有效期内）。		

责任人	流程	详细描述	使用工具	标准话术
		(12) 改装车提供承诺书,进口车提供查询单,特种车提供审批文件		
评估师	根据车况、市场行情对客户最终报价	最终报价原则: (1) 确认客户车辆合法、手续齐全、查验违章情况为前提。 (2) 根据车辆车况二次后场综合检测判定。 (3) 查询当前新车提车价。 (4) 对比价格(市场法):①五大数据来源对比(新车数据、拍卖数据、网上数据、公司成交记录数据等);②二手车市场变化趋势表(市场行情数据)。 (5) 根据购车年限(主要因素)、里程数(参考)基准定价:① 按使用年限计算;②按行驶里程计算(20 000 km 折算一年);③上述两项结果取高者(以该款车辆新车现在的市场最低售价为计算基数)。 (6) 维修及费用估算(直接投入):①确认维修点(方案):哪儿修哪儿不修;②确认维修程度:精修还是粗修;③估	车辆状态评估表	先生(女士)您好,我们经过精准查验,结合当前新车提车价位和二手车市场行情,考虑到您是在我们店置换新车,我们为您的旧车给出的最终超值报价是××元

（续表）

责任人	流程	详细描述	使用工具	标准话术
		算手续价值;④估算库存时间、资金周转时间。 （7）减扣销售获利。 （8）探准客户期望值,把握住客户性格特点。 （9）判定竞争对手实力,结合自身收购/销售实力。 综合上述多方面因素,给出一个合理、信服的最终报价		
评估师	客户接受价格签订合同前处理完所有违章	客户接受报价,根据客户车辆违章查询结果,请客户去交管部门处理完毕违章、违法		先生(女士)您好,请您到交管部门处理违章、违法,以方便我们为您办理旧车收购业务
评估师	签订合同	评估师为顾客解读旧机动车买卖合同内容,顾客阅读全文条款后确认签字	旧机动车买卖合同	先生(女士)您好,请您仔细阅读旧机动车买卖合同,如果没什么异议,请在旧机动车买卖合同上签字
评估师	核档验证完成车辆及手续交接	请车主配合,去二手车交易大厅核档验证: （1）验证车辆合法性。 （2）车主在本人身份证复印件上签字确认:本人自愿转让××××(车牌号),并按手印。 （3）查验车主有无在逃嫌疑	行车证、身份证	先生(女士)您好,请您与我到二手车市场交易大厅进行核档验证,以方便您的旧车再次过户

（续表）

责任人	流程	详细描述	使用工具	标准话术
评估师、财务人员	完成车辆及手续交接，将车辆手续移交财务	（1）评估师与客户共同查验旧车和随车手续，填写二手车交车检查确认表，并共同签字确认，完成交车。 （2）评估师办理二手车入库手续，到财务为客户办理二手车收购付款手续。 （3）将二手车手续移交财务，二手车保留行驶证和一把车钥匙	二手车交车检查确认表、二手车入库单、付款结算单	先生(女士)您好，如果没什么问题，请在二手车交车检查确认表上签字确认

二、二手车收购评估

影响二手车收购价格的因素有很多，以下为有可能影响二手车收购价格的因素。

1. 市场客观因素

（1）对于广大消费者而言，选对购车时机很重要。譬如，即将进入传统的淡季，商家在资金周转的压力下，会被迫降价。对十万左右的二手车，降价几千元也不足为奇。

（2）地点的选择也有技巧，一般二手车商会去拍卖会、4S店等地方拿车，然后再在市场上销售。如果我们也能去转转，也许那5%～10%的利润就省下来了。

（3）现在新车市场的价格很让人费解，年底加价，过完年又降几万。如果新车降一万，那此车型的二手车恐怕会降价不止一万。新车市场的降价对二手车市场有很大的冲击力。

（4）机动车登记证就像人的户口簿一样，记载着车辆的很多信息，转手频率在上面有明确的登记。如果一台车频繁转手，就预示着这台车可能存在问题，需要引起注意。即使车况没什么问题，降价几千块也是常有的事。

2. 保值率高低因素

汽车的品牌效应对二手车的价格有着比较大的影响力，在同等条件下，汽车保有量大、品牌知名度高的二手车会卖出不错的价钱。

3. 车辆事故因素

车辆碰撞后,对于车辆状况进行评估,主要参考其关键部位如车架、发动机、变速器、电子控制设备的损伤程度,这些损伤会对车辆价值产生超过 10% 的损失,严重的损伤可能造成 30% 以上。一般的剐蹭和更换配件对于车辆折旧的影响不大。侧翻事故和正面碰撞对车辆的影响较大,严重的碰撞对车辆的使用性能会产生明显的影响,因此也会造成车辆价值较大的损失。

4. 保养好坏因素

汽车保养是指保持和恢复汽车的技术性能,保证汽车具有良好的使用性和可靠性。汽车在运行过程中,由于机件磨损、自然腐蚀和其他原因,技术性能将有所下降,如长期缺乏必要的维护,不仅车本身的寿命会缩短,还会成为影响交通安全的一大隐患。及时正确地进行保养,会使汽车的使用寿命延长,安全性能提高,免去许多修车的烦恼。保养的好坏对价格的影响非常值得关注。

5. 费用有无因素

在对车辆价格影响的因素里面,最容易忽视的是费用部分。购车后还会有一大笔的后续投入。对一辆 8 万的二手车来说,保险通常要 3 500 元,年票、车船税 1 500 元,还有过户等费用,加在一起要 6 000 元左右(这里不包含滞纳金),是一笔不小的数目。

6. 使用年份因素

根据经验算法,新车前 5 年折旧率分别为:16%、12%、10%、8%、6%,由数据可以看出折旧在逐年递减,所以选购使用 4 年左右的二手车比较划算。当然不同品牌,不同级别,折旧率也会发生变化。年限对二手车价位的影响是起决定性作用的。

7. 行驶里程因素

有的旧车经纪公司以汽车行驶的里程数折算价格,如每行驶 1 万 km 折旧 1 万元。有人推出"54321 法":一部车有效寿命为 60 万 km。将其分为 5 段,每段 12 万 km,每段价值依序为新车价的 15 分之 5、4、3、2、1。假设新车价值为 20 万元,已行驶 12 万 km,那么该车还值 20 万×(4+3+2+1)/15=13.3 万元。其实里程数最能反映用车频率,是价格的标尺,不过由于里程数更改比较容易,此算法只可用作参考。

8. 配置高低因素

新车市场细分加剧,从而导致车型级别分类较多,大致可以分三大类:标准型、舒适型、豪华型。很多舒适型、豪华型汽车配有真皮座椅、天窗、木纹内饰、电动加热、多功能方向盘、

6 个安全气囊、原车导航等。在购买新车时，这些配置对价格的影响明显，但对二手车的价格影响有限。有些新车标准型和豪华型价格相差在 8 万元左右，二手车相差却在 1 万元左右。颜色对二手车价格也有影响，大众色（银色）影响较小，冷僻色影响较大。

9. 品牌知名度因素

市场主流品牌的二手车残值率相对较高；而一些冷门品牌保有量较少，保值率相对较低。

三、二手车收购定价

（一）二手车收购定价与二手车鉴定估价的区别

建立在经营基础上的二手车收购行为，区别于单纯的车辆评估。在盈利的前提下，不同的人提出的收购定价是不同的，估价太低，卖车方不愿意，收购不成功；估价太高，没有利润，甚至导致亏损。因此，能够准确地、具有市场竞争力地进行收购定价尤为重要。因此，在二手车市场的实际交易中，二手车的收购定价和鉴定估价是不一样的。

1. 估价的主体不同

鉴定估价的主体是独立的鉴定评估师，在技术鉴定的基础上必须公正地反映车辆的实际价值，其结果不可随意改动；收购定价的主体则是车市（经销公司）的车辆收购人员（评估师），他以买家的身份与卖方进行价格的商议和洽谈，根据供求价格的规律可以讨价还价。需要注意的是，除了公估公司、律师事务所等第三方评估机构外，评估师大多被二手车经销商聘用，因此在实际的交易过程中，评估师也承担着谈判收购的职责。因此，这里所指的评估师不仅仅是对车辆进行鉴定评估，而且要代表经营者进行收购业务，也承担着收购人员的角色。

2. 估价的目的不同

二手车鉴定估价是受人委托，在将要发生的经济行为中给评估对象提供价值依据，是以服务为目的的。而收购定价则是以营利为目的的。

3. 估价思路和方法不同

二手车鉴定估价要求遵守国家颁布的有关评估法规，按特定的目的选择适宜的评估标准和方法，具有约束性。收购定价接受国家有关评估法规指导，根据估价的目的，参照评估。

（二）确定收购基准价

在市场交易中，常用的收购基准价计算方式主要有两种。

1. 以现行市价法、重置成本法确定收购价格

现行市价法是最准确也是最简单的方法，但要求收购者要了解市场行情。采用重置成

本法进行收购时,除了参考当前新车的售价外,也要考虑该车的原始价格,以平衡买卖双方的利益。

特别提示:在二手车交易具体环节中,买卖双方都会追求自身利益的最大化,只有在交易双方达成一致、认可的价格基础上,才能达成交易。如果二手车经营者想达成交易,就要保证车主的损失不应过大,至少应该在其可以接受的范围之内。

2. 以销售预期价为基础的计算方法

这是交易中非常实用的计算方法:收购基准价＝销售期望价－纯利润期望值－总成本费用。

销售期望价是评估师对这辆车将来可能成交价格的判断,纯利润期望值就是评估师收购以后的最低获利期望。还应充分考虑收购至销售该车过程中的总成本费用。总成本费用由固定成本费用和变动成本费用之和构成。固定成本费用包括房租和人员工资;变动成本费用包括该种类型的新车降价带来的贬值,以及出于客户对车辆外观以及性能方面的考虑,二手车经营者要对车辆进行全面的维护和翻新,以及刊登广告的费用和停车费支出、货币利息等。车辆滞留的时间越长,总成本费用就越多。

(三) 二手车收购方法

二手车的收购来源就是经营者生存之源。拓展二手车的收购来源,有效提高成交率,才能真正实现有效收购。因此,在二手车收购业务中,如何拓展收购来源以及如何提高成交率是两个最为重要的环节。

1. 收购车源

二手车的收购主要有以下几个渠道:

(1) 店面收购。在合适的区位设置店面非常重要,选址对了,经营也就成功了一半。一般二手车经营者会选择在二手车交易较为集中的区域(集散地)或者是在车辆管理所附近设置店面。俗话说:"店多成市。"这些地方有自然的集客能力,不用做广告,车主们都会来到这里咨询或出售车辆,只是竞争会比较激烈,收购的车辆价格普遍偏高。

(2) 合作渠道收购车辆。可通过与汽车 4S 店和维修厂合作以获取二手车来源,前者主要通过以旧换新业务获取二手车车源,后者则是在与车主频繁接触中获得车辆准备出售的信息。同时,挖掘历史成交客户资源也是许多二手车服务人员长期的工作,将历史成交的老客户定期逐一联络一遍,既可关心客户用车情况,解决疑难问题,提高服务形象,也可提醒车主换车。在合作渠道中,还可考虑相关企业,如轮胎店、保险公司等,这些企业在给客户提供服务时,也会得到一些信息,二手车经营者也可以从这些相关企业的服务人员处获得二手车车主信息。

（3）通过发布广告收购车辆。这种方式成本较高，报纸广告有"分类广告"栏目提供宣传，但是，只有争取到较好的版面，效果才会好，否则没有意义。另外就是网络渠道，现在有许多的专业二手车网站提供二手车信息。一些新车网站也设立了二手车栏目，收集和发布二手车信息，给二手车商提供车源渠道。

（4）二手车网站资源。通过二手车拍卖平台竞价收车，如车易拍、天天拍车等网站，也可在 51 汽车、二手车之家之类的二手车平台上找卖车用户。

（四）二手车收购注意事项

1. 辨别非法车辆

要防止收购偷盗车、伪劣拼装车，以及伪造手续凭证、车辆档案的车辆。

2. 新车型对车价的影响

当前新车型投放速度明显加快，技术含量和配置越来越高，致使老车型加快贬值甚至被淘汰。例如，迈腾经历了多次改革，虽然生产平台未变，但是早期的迈腾与现在的迈腾在装备上不可同日而语。因此，收购旧车时应以最新款的技术装备和价格为参照。

3. 新车降价的影响

新车降价是二手车经营中最大的风险之一，个别车型的降价幅度很大，车商需广泛搜集市场信息。合理调整库存结构，加快交易频率，适度降低利润标准，缩短销售周期，以降低经营风险。

4. 车辆潜在故障

不同车辆的技术状况不同，出现故障的概率也不相同。例如，车辆行驶了一定里程数后就需要更换正时带，若不及时更换，后果会很严重。但二手车收购人员很难准确了解该车正时带的磨损状况，对这类故障的判断就需要有相当丰富的经验。

5. 买卖双方信息不对称

二手车原车主对车况是最清楚的，在出售时有责任如实反映和填写车辆的技术状态和使用维修情况，不应有任何隐瞒和欺诈行为。但部分出售者受利益的驱使，向收购者提供虚假信息，故意向消费者隐瞒二手车存在的问题，如隐瞒车辆曾经发生过事故或曾经修理过，从而蒙骗收购者。所以现在二手车市场均采用购销合同，在合同条款中，规定车主应如实地把车辆状况填写清楚。若在成交后发现有不实之处，车主应负相关责任，由此保证购销双方对车辆的信息对称,这也是市场公平交易中的基本原则。

6. 改动行驶里程表的里程数

车主私自减少汽车里程表读数,从而营造汽车的使用年限较短、使用强度较低的假象,蒙蔽收购者。

7. 政策法律环境

密切关注国家和地方有关二手车的政策与法规的变化,如国家对排放标准的要求、二手车交易发票的调整等,预测二手车价格的变动趋势,及时调整收购价格,降低风险。

1. 分配任务

学生以 4～5 人为一个团队,假设每个团队分别模拟二手车收购过程。团队通过商议讨论进行角色分配,可设置客户、总经理、旧车收购人、旧车营销人员、置换人员、拍卖人员等。

2. 任务实施步骤

(1) 准备就绪后,请根据各角色任务进行实训,演练二手车收购过程。

(2) 完成工单填写。

(3) 自评与互评。

(4) 任务结束后,需要对车辆及相应工位进行 6S 管理。

3. 任务工单

具体任务工单如表 5-2 所示。

表 5-2　任务工单

任务名称					
姓名		班级		学号	
任务地点		任务时间		日期	
设备及工具					

（续表）

任务情境
车主张先生想要转让一辆捷达汽车,经与二手车交易中心洽谈,由中心收购车辆。请大家根据二手车收购流程分组模拟二手车收购过程
车辆基本信息
车辆名称:一汽捷达; 型号:167GOD; 生产厂家:长春一汽; 发动机型号:ARCO1XXX; 燃油种类:汽油; 排量:1.6 L; 牌照号:浙 DXXXXX; 初次登记日期:2014 年 5 月; 累计行驶里程:8 万 km; 购买价格:9 万元。 经评估师对车况进行鉴定,其中离合器有打滑现象,变速器挂挡有异响(维修费用 700 元);转向系统低速有摆振现象,转向不灵敏(维修费用 1 550 元)

一、判断题

1. 二手车鉴定评估的价格,其实就是二手车的收购价。 （ ）

2. 车辆的总体价值中,包括各项手续的价值。 （ ）

3. 提高二手车的收购价格,就意味着将来销售利润的减少。 （ ）

4. 二手车收购定价计算方法中的折扣率,是指车辆能够当即出售的清算价格与现行市场价格之比值。 （ ）

5. 机动车所有权转移日,是指重新办理机动车登记的日期。 （ ）

二、选择题

1. 影响旧机动车价格的因素不包括(   )。

　　A. 使用年限 　　　　　　　　　　　B. 行驶里程

C. 部门因素   D. 相同类型新车价格

2. ( )不是二手车流通企业销售定价应考虑的因素。

     A. 收购价格   B. 需求量   C. 购买的对象   D. 利润

3. 下列选项关于确定二手车收购价格的叙述，( )不正确。

     A. 应根据其特定的目的   B. 以二手车鉴定估价为基础

     C. 要充分考虑市场的供求关系   D. 要考虑车辆的未来用途

4. ( )不属于固定成本。

     A. 房租   B. 车辆维护费   C. 管理费   D. 折旧

5. ( )是二手车从收购到售出时限内，不用支出的费用。

     A. 保险费   B. 日常维护费

     C. 收购支出的货币利息   D. 各项手续费

三、简答题

1. 请描述二手车收购的工作流程。

2. 二手车收购价格的确定需要考虑哪些因素？

3. 二手车收购会面临哪些风险？如果你是收购企业，会采取什么措施来降低风险？

任务二　二手车销售定价

 **任务描述**

　　在销售二手车时，要确定车辆的销售价格。首先可以通过了解二手车销售定价的方法，确定价格的范围。为了实现定价目标，二手车流通企业还需要考虑国家的价格政策、用户的要求、产品的性价比、品牌价值及服务水平，应用各种灵活的定价战术对基本价格进行调整，同时将价格策略和其他营销策略结合起来，如针对不同消费心理的心理定价和让利促销的各种折扣定价等，以确定最终的具体价格。

任务分析

　　销售二手车时，需要充分考虑市场的供求关系，在进行鉴定评估的基础上，确定车辆的价格。同时结合业务状况，充分考虑影响二手车销售定价的诸多因素，制定合理的销售定价策略，以市场营销的理念，科学地确定二手车的销售价格，以实现利益的最大化。

知识链接

一、二手车销售的流程

　　1. 二手车销售的基本流程如图 5-1 所示

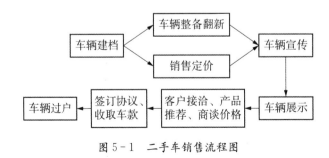

图 5-1　二手车销售流程图

2. 二手车销售业务流程的细则如表5-3所示

表5-3 二手车销售业务流程(细则)

责任人	流程	详细描述	使用工具	标准话术
销售顾问	客户到店/来电	接待到店/来电二手车求购客户,判断客户类型如是置换/出售/寄售/代销二手车转评估师,进入评估流程。	二手车销售意向客户登记表(二手车客户来店/来电登记表)	来店:您好,欢迎光临××二手车。来电:您好,××二手车,二手车销售顾问××为您服务。
销售顾问	车辆销售	销售顾问介绍引导购买二手车,确认客户购买意向,并详细填写意向客户登记表。销售顾问负责与客户商谈和跟踪回访。	二手车销售意向客户登记表	先生/(女士)方便留个电话吗?如在短时间内有适合您的车,我们会在第一时间与您联系。
销售顾问	试乘试驾	销售顾问一对一陪同客户按指定路线进行试乘试驾;试驾前必须按要求填写试乘试驾协议,对试驾客户必须检验其驾驶证。	试乘试驾协议书	麻烦出示一下您的驾驶证,协助我们填写试乘试驾协议书。
销售顾问、财务负责人	订单	销售顾问对于当日无法提车的客户尽量收取定金,签署定购合同。由销售经理签字。	二手车订购合同	客户,按照合同规定,如果由于您的原因不能在指定日期提车,该车的定金是不给予返还的。
销售顾问	成交	销售成交后,与客户签订销售合同,填写销售确认单,告知销售主管,并请销售经理在销售确认单上签字。确定过户日期。	二手车销售合同	为了新旧车主能够及时配合过户,财务规定需要您在我店留下相关车辆手续,过户后返还。
销售顾问、财务负责人、信息员	付款	销售顾问带客户到财务处付款,销售合同以业务盖章为准。销售确认单一式四份,财务留存一份,客户及信息员各留存一份。	二手车销售合同、销售确认单	麻烦出示您的身份证,我们需要复印留档。请保存好合同,过户完毕后凭车辆所有手续返还。

（续表）

责任人	流程	详细描述	使用工具	标准话术
销售顾问、信息员	出库	销售顾问到财务开具车辆出门条,同时领取车辆相关手续(需签字),车辆出公司将出门条交予传达室。	车辆出门条	麻烦您核对相关手续,如无疑义请签字确认。
销售顾问、售后服务部	交车	交付车辆相关手续、挂钩、铭牌等随车物品。请客户留言与客户合影留念。	车辆物品交接表	
销售顾问、信息员	过户	销售顾问对售出车辆所涉及的费用需填写费用单,详细写明车辆及费用明细,到信息员处进行记录,信息员签字,销售经理签字确认后,方可到财务报销。	报修单、售后费用结算单、物品赠送单、验证单	
销售顾问、财务负责人、信息员	结算	由销售顾问联系新旧车主(专营店),并与过户代办交接,跟踪过户进度,到过户最终完成。	过户流程跟进表(二手车进度看板)	

二、二手车销售定价

(一) 二手车销售定价的影响因素

1. 市场需求

二手车的销售符合所有商品的市场规律,这意味着,二手车的销售必须在市场可接受的基础上进行,必须有市场需求,适应市场对该产品的供需要求,才能被购买者接受。

2. 市场竞争情况

企业立足于市场,必须知己知彼,除了分析自身外,了解外界竞争环境也至关重要。自身产品在市场直接竞争的车型有哪些,如相对应的新车车型、同类二手车车型、可替代的同类车车型;销售定价要考虑本地区同行业竞争对手的价格状况,根据自己的市场地位和条件,确定价格计划,如选择与竞争对手相同的价格,还是低于竞争对手的价格。企业必须清楚这些情况。

3. 销售的目标客户群体

明确销售的目标客户群体便于在定价时确定其价格敏感程度,从而更准确地制定销售策略,如价格策略、品牌策略、品质策略、服务策略等。

4. 销售区域限制

限迁是指一些地方不允许外地一些排放标准低、年限久的车辆迁入,避免这些车辆大量流入本地市场。随着 2018 年全国取消限迁政策,目前,二手车大部分城市间可以实现流通,但部分城市实行环保限行政策,不符合环保要求的车辆无法流入二手车市场。

5. 成本因素

确定销售价格除了考虑以上市场因素外,还需要考虑成本和销售周期,这是实现企业盈利必须考虑的因素。二手车的销售价格如果无法补偿成本,企业的经营活动就难以维持。

(二) 二手车销售定价的方法

1. 成本加成定价法

成本加成定价法是成本导向定价法大类中的一种方法,它按照单位成本加上一定的百分比的加成来制定产品的销售价格,其公式为:

$$二手车销售价格 = 单位完全成本 \times (1 + 成本加成率)$$

采用成本加成定价法的关键在于确定成本加成率,二手车需求弹性很大,应该把价格定得低一些,加成率宜低,由此薄利多销。用进货成本来衡量,其加成率为:

$$加成率 = 毛利(加成) / 进货成本$$

单位完全成本是指一辆二手车的总成本费用,它包括这辆车应摊销的固定成本和变动成本。

2. 需求导向定价法

需求导向定价法又称为顾客导向定价法或市场导向定价法。它不是根据产品成本状况来定价,而是根据市场需求状况和消费者对产品的感觉差异来确定价格。其特点是产品的销售价格随需求的变化而变化。

3. 竞争导向定价法

竞争导向定价法是企业根据自身的竞争力，参考成本和供求情况，将价格定得高于、等于或低于竞争者价格，以实现企业定价目标和总体经营战略目标，谋求企业的生存和发展的一种方法。

上述定价方法中，成本加成定价法深受企业界欢迎，主要是由于：

① 成本的不确定性一般比需求少，将价格盯住单位成本，可以大大简化企业定价程序，而不必根据需求情况的瞬息万变而作调整。

② 只要行业中所有企业都采取这种定价方法，则价格在成本与加成相似的情况下也会大致相似，价格竞争也会因此减至最低限度。

③ 成本加成定价法对买方和卖方来讲都比较公平，当买方需求强烈时，卖方不利用这一有利条件谋取额外利益而仍能获得公平的投资报酬。因此应采用成本加成定价法来对二手车销售进行定价。

4. 其他方法

除了上述三种基本销售定价方法之外，还可以运用一些经验法来进行二手车销售定价，如百分比递减法、54321法、残值法等。

（1）百分比递减法。按照该车出厂的时间以年均 10% 的折旧率来计算。但如果新车使用不到一年就卖出，价格大概会损失 20%，一年之后可以按照 10% 来折旧计算。例如，一辆车出厂价格为 15 万元，正常使用 5 年后的价值是：$15 万元 \times (90\%)^5 = 8.85$ 万元。但这样计算得到的结果往往会有些偏高。

（2）54321法。按照一辆车的有效寿命为 60 万 km 估算，并将其分为 5 段，每段 12 万 km，每段价值依序是新车价的 15 分之 5、4、3、2、1。假设新车的价值为 15 万元，已行驶 12 万 km，那么该车的价值为 10 万元。当然，这种估价的方法也有其缺点，如行驶里程数被修改过的车不能用这种方法估价。

（3）残值法。影响二手车残值的因素很多，一方面是二手车本身的贬值，另外是由于降价造成的价格下降。残值的比率一般为 15%，在确定二手车的折旧价之前，先要用该车的原值减去残值部分，得到车辆的折旧总额。例如，小型车的使用年限是 15 年，那么折旧基数为 $15 + 14 + 13 + 12 \cdots\cdots + 1$，总值为 120。再假设原价为 15 万元，那么折旧总额就等于 $15 - 15 \times 15\% = 12.75$ 万元。

知 识 拓 展

不管采用什么样的方式，二手车价值始终无法绕开成新率。另外，作为二手车鉴定评估相关人员,还应深入理解二手车价值与价格的关系。在进行二手车鉴定评估过程中,不妨利用二手车成新率修正曲线进行价格判断。

在现有成新率曲线基础上,考虑未来影响成新率的主要因素,并采用适当的方法对其进行合理修正,从而预测未来成新率。由于成新率曲线会随时间发生变化,因此需在预测过程中考虑时效性。

成新率曲线预测的精确性将直接影响二手车鉴定评估的价值,而成新率曲线的变化则具有一定规律。在不考虑事故及重大灾害影响的前提下,车辆外观和性能参数值变化相对连续,使成新率曲线的变化过渡平顺。

成新率曲线的预测方法可参考在其他领域中广泛采用的多重相关算法、时间序列法和谐波分解法。在实际运用过程中,应对成新率模型进行必要的修正,从而获得比较切合实际的成新率曲线预测。

(1)多重相关算法。从成新率样本数据(即成新率曲线的历史数据)找出二手车成新率在全生命周期内的相关性,构造不同模型。将模型得到的预测值进行最优组合,得到一个加权平均值。根据线性估计理论,权重应与各自的方差成反比,加权平均值的方差的倒数等于各个方差倒数之和。

(2)时间序列法。把成新率的样本数据按时间顺序组成序列。根据此序列的自相关函数和偏自相关函数的截尾性能来建立自回归模型、滑动平均模型或自回归滑动平均模型。在预测方法上可采用条件期望预测法、平衡线性最小方差预测法或新息法自适应预测等。

任务实施

1. 分配任务

将学生以 4~5 人为一组作为一个团队,分为若干团队,每个团队独立成为一家旧车经纪公司。团队商议讨论进行角色分配,可设置客户、总经理、旧车收购人、旧车营销人员、置换人员、拍卖人员等。

2. 任务实施步骤

(1)讨论分析任务情境。

(2)进行二手车销售价格计算。

(3)确定二手车销售定价。

(4)任务结束后,需要对车辆及相应工位进行 6S 管理。

3. 任务工单

具体任务工单如表 5-4 所示。

表 5-4 任务工单

任务名称					
姓名		班级		学号	
任务地点		任务时间		日期	
设备及工具					
任务情境					
诚信二手车公司在 2020 年 12 月 1 日收购了一辆品牌型号为大众朗逸的三厢 2019 款 1.4 T 自动 280TSI 舒适版轿车,收购价格为 9.8 万元,整备翻新的费用是 1 000 元,车辆保险有效期至 2020 年 12 月 31 日,该车欲于 2020 年 12 月 31 日前销售。按该公司的固定成本构成情况分析,分摊二手销售这一块的固定成本摊销率为 1%。收购车辆时的运输费用为 65 元,从收购日起到预计的销售日,分摊到该车上的日常维护费用为 400 元,该车辆存放期间,银行的活期存款年利率为 0.36%;本车型属于大众车型,市场保有量较大,且销售情况平稳。该公司目前处于比较稳定的经营时期,二手车销售状况也比较稳定。					
销售价格计算过程					

 任务拓展

一、判断题

1. 二手车销售发票的价款中包括评估费。 （　　）

2. 二手车销售定价是受国家相关法律制约的。 （　　）

3. 唯有当各台二手车的销售价格定为最高价时,方可实现最大利润目标。 （　　）

4. 只有当二手车的销售价格高于其边际成本时,才有可能为企业创造利润。 （　　）

5. 当采用竞争导向定价法确定二手车销售价格时,其价格将与成本和需要无关。 （　　）

二、选择题

1. 下列关于二手车销售阶段定价策略的选项不正确的是（　　）。

　　A. 投入期以打开市场为主

　　B. 成长期以稳定市场为主

　　C. 成熟期以保持市场份额,利润总量最大为主

　　D. 衰退期以回笼资金为主

2. （　　）不是二手车销售定价的基本思路之一。

　　A. 收益　　　　　　B. 成本　　　　　　C. 需求　　　　　　D. 竞争

3. 在确定销售定价时,首先考虑应用（　　）法。

　　A. 成本加成　　　　B. 目标收益　　　　C. 需求导向　　　　D. 边际成本

4. 二手车个人直接交易和通过二手车经纪机构进行的二手车交易,需在（　　）办理交易过户手续。

　　A. 公安车辆管理部门　　　　　　　　B. 经纪机构

　　C. 二手车评估机构　　　　　　　　　D. 二手车交易市场

5. 下列（　　）是一种高瞻远瞩的目标。

　　A. 获取预期收益　　B. 获取最大利润　　C. 获取合理利润　　D. 占领市场

三、简答题

1. 二手车销售定价的影响因素是什么?

2. 二手车销售定价的方法有哪些?

任务三　二手车置换

任务描述

顾客在购买新车时,欲将其车辆进行二手车置换,二手车评估专员告知客户二手车置换的相关信息后,经过客户同意,引导客户进行二手车置换业务。

任务分析

在进行二手车置换业务时,区分以二手车交易为主导及以新车销售为主导两种不同的业务流程,依现场情况为客户办理业务,在办理过程中还要注意二手车置换的注意事项。

知识链接

一、了解二手车置换的概念

二手车置换简单来说就是以旧换新,由经销商在 4S 店或各级网点进行,通过满足车主换车的需求,开展二手车的收购业务,用二手车的价值来补足车主购买新车的价款,并提供相关服务,从而促进新车销售。二手车置换业务实质上是为了将二手车业务和新车销售业务紧密结合起来。

1. 二手车置换业务的产生

目前车主进行车辆更新的手续比较繁琐。车主首先要到二手车市场把车卖掉,其中要经历了解市场行情、咨询二手车价格、与经纪公司讨价还价直至成交、办理各种手续和等待回款等一系列步骤,至少需要好几天。等拿到钱后再到新车市场买新车,又是一番周折。因此,更新一辆车比买一辆新车麻烦得多。在生活节奏日益加快的今天,人们期盼有一种便捷的以旧换新业务,使他们在选择新车的同时,能很方便地处理旧车。于是二手车置换业务应运而生。

二手车置换业务既可以帮助经销商促进新车销售,从二手车的收购和销售过程中获得相当丰厚的利润,也可以让消费者通过置换获得便捷可靠的换车服务,并可能获得更加优惠的价格。

2. 二手车置换业务的发展

汽车置换业务在中国市场主要作为新车市场的一个辅助市场和竞争手段。最早开展二手车置换业务的是 2002 年上海通用推出的二手车品牌——"诚新二手车"。在通用的大力支持下,"诚新二手车"的二手车品牌活动也迅速在全国各大城市展开。随后各大汽车生产厂商也纷纷推出自己的二手车置换业务品牌,并对经销商的置换业务给予政策扶持。

当前置换业务的主要目标还是加快车辆更新周期,刺激新车消费,这和国外市场的经营宗旨有所不同。各大汽车生产厂商为扶持这一新市场,在经营模式、品牌形象、车辆供应、资金配套、储运分流、售后服务协调以及广告宣传方面,均给予了有力的支持,这使得置换业务能在竞争激烈的汽车市场迅速打开局面。

各经销商在开展置换业务时并不限制置换的旧车是否是本品牌,但如果是本品牌置换,将会提供更加优惠的政策。"诚新二手车"在开展置换业务时,以上海大众生产的 POLO 汽车来置换别克君越,仅能享受新车保修期延长一年/一万公里的优惠,而以通用的凯越来置换别克君越,将享受新车保修期延长一年/二万公里的优惠。

3. 二手车置换的价值和意义

二手车置换的价值和意义在于:第一,减轻消费者购买新车的负担;第二,有利于新车销售,扩大经销商盈利;最后还便利消费者购买。下面从两个方面阐述:

(1) 对新车生产厂商及其经销商而言:

① 获得更大利润。新车经销商为了开展二手车置换业务往往会推出让利置换、旧车增值的促销活动,其收购价格偏高,表面上减少了利润,但实际上经销商在品牌增值上同样能获得利润。

② 促进新车销售。在国外发达市场,二手车置换率高达 70%,二手车置换新车的销售促进作用日渐凸显,发展空间极大。

③ 提升品牌价值。新车生产厂商积极开展置换业务,鼓励经销商抬高价格收购本品牌的二手车,其目的是提高本品牌车辆的残值,提升品牌价值,增强消费者对其品牌的信任,从而获得长远的利益。

(2) 对二手车车主而言:

① 交易便捷。二手车置换服务将消费者淘汰旧车和购买新车的过程结合在一起,一次完成甚至一站完成,为用户解决了先要卖掉旧车再去购买新车的麻烦。

② 新车经销商让利置换,旧车增值。新车经销商在生产厂商的支持和授权下,将车辆置换作为顾客购买新车的一项增值服务,与顾客将旧车出售给二手车经纪公司不同,经销商通常是以二手车交易市场收购二手车的最高价格甚至更高的价格,确定二手车价格,置换的钱款直接冲抵新车的价格。

③ 享受"全程一对一"的置换服务。从旧车定价、过户手续,到新车的贷款、购买、保险、牌照等过程都由二手车置换经销商公司内部的专业部门完成,保证效率和服务水准。

④ 完善且有保障的售后服务。通过置换购买的新车,汽车置换授权经销商将提供包括保险、救援、替换车、异地租车等服务在内的完善服务。有的经销商还提供更加个性化的车辆保值回购计划,使顾客可以无须考虑再次更新时的车辆残值,安心使用车辆。

二、二手车置换的流程

(1) 顾客可通过电话或直接到二手车置换授权经销商处(一般是 4S 店或二级销售网点)进行咨询,也可以在二手车置换授权经销商的网站进行置换登记。

(2) 二手车鉴定评估定价。

(3) 二手车置换授权经销商的新车销售顾问陪同选定新车。

(4) 签订二手车购销协议以及置换协议。

(5) 置换二手车的钱款直接冲抵新车的车款,顾客补足新车差价后,办理提车手续,或由二手车置换授权经销商的销售顾问协助在指定的经销商处提取所订车辆,二手车置换授权经销商提供一条龙服务。

(6) 顾客如需贷款购新车,则置换二手车的钱款作为新车的首付款,二手车置换授权经销商为顾客办理购车贷款手续,提供因汽车消费信贷所产生的资信管理服务,并建立个人资信数据库。

(7) 二手车置换授权经销商办理旧车过户手续,顾客提供必要的协助和材料。

(8) 二手车置换授权经销商为顾客提供全程后续服务。

二手车置换的流程可参照下列过程:置换客户→经销商二手车部门→车辆检测→填写检测评估报告→车辆收购价评估→商谈确定二手车收购价格→商谈是否需要消费信贷→选定新车→确定付款方式付差价款→填写置换信息表→办理购车手续→用户提新车。

三、二手车交易基本流程

二手车交易基本流程为:开交易发票→机动车辆拓印(车辆信息)→机动车辆查验→车辆资料审核→收回原车牌照→车辆过户手续核查→车辆购置税过户→保险过户变更。

二手车交易发票是有国家统一规定格式的,在进行二手车交易时,应当由二手车交易市场经营者按规定向买方开具税务机关监制的统一发票,作为二手车转移登记的凭据,同时交纳相对应的交易税,交易税的多少根据过户机动车的交易金额、排量及购买年份决定,大致从400元到1500元不等。

1. 机动车辆拓印

机动车在进行查挡和验车时都要核对机动车的车架号和机体号(发动机、电动机等驱动机械号码)是否属实,因此准确地找出机动车车架号和机体号(发动机、电动机等驱动机械号码)所在位置,将其清晰地拓印出来是非常重要的。另外对于不同年份的机动车,拓印的要求也不同。

2. 机动车辆检验

机动车辆检验顾名思义就是查验汽车的一系列信息,包括车架号、发动机、轮距、轴距、轮胎规格、座位数等,审查机动车安全技术检验合格证明;制作机动车标准照片,并粘贴到机动车查验记录表上。符合规定的,在机动车查验记录表上签字。

3. 机动车辆资料审核

登记审核岗审查机动车注册、转移、注销登记/转入申请表、现机动车所有人身份证明、所有权转移的证明或者凭证、登记证书、行驶证和机动车查验记录表,属于机动车超过检验有效期的,还应当审查交通事故责任强制保险凭证。对涉及机动车的交通安全违法行为和交通事故处理情况进行核查;与被盗抢机动车信息系统比对,核查是否抵押或法院查封。符合规定的,录入登记信息,向现机动车所有人出具受理凭证。

4. 收回原车牌照

办理二手车过户不论是否迁出原车辆管理所辖区,均要更换车牌。将原车牌交由相关部门核实后,在机动车查验记录表上盖章。

5. 车辆过户手续核查

上述程序都完成之后,就可以将机动车登记证书、查档合格资料、验车合格资料交予辖区车辆管理部门进行办理。如果未迁出原车辆管理所管辖区,则由现机动车所有人确定机动车牌照后,签注登记证书、制作新牌照和新行驶证等交予现机动车主。

二手车过户就是把车辆户名由某个人的名字或单位名称转变成另一个人的名字或单位名称。办理机动车在辖区内车注册、转移、注销登记/转入的,申请人携下列资料按图5-2所示的顺序办理。

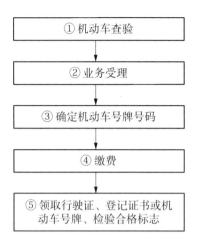

图 5-2 机动车注册、转移、注销登记/转入办理流程

机动车注册、转移、注销登记/转入申请表;机动车所有人的身份证明原件及复印件;机动车转移证明原件;机动车登记证书、行驶证和机动车号牌;机动车查验记录表;车辆识别代号拓印膜;属于海关监管的机动车的,还应当审查中华人民共和国海关监管车辆解除监管证明书或者海关批准的转让证明;属于机动车超过检验有效期的,还应当提交机动车安全技术检验合格证明和交通事故责任强制保险凭证;如代理人代办的,还须出示委托书和代理人的身份证明;法律、行政法规规定应当在机动车转移登记时提交的其他证明、凭证。

6. 车辆购置税过户

车辆一旦过户转移后,所有权就发生变化,相应的购置税完税凭证也要进行变更。具体的办理方法是车辆过户转移办理完结后,凭新车主的身份证、行驶证、车辆过户交易发票及车辆登记证书到原缴纳购置税地点的征集所办理购置税过户变更事宜。判断缴税地点可以查看完税凭证上的完税证明章的章号,然后拨打征集处电话、报出章号,就可以先前缴纳购置税的地点。如果凭证丢失,可同时办理丢失补办和过户事宜。

7. 保险过户变更

车辆交易时,有的保险还没有过期,这就需要在车辆过户手续办理完结之后,尽快办理保险的过户转移登记。目前各个保险公司在车辆保险过户上都有各自的规定,最有效的方法是在车辆过户完成之后,查看车辆保险单,拨打保险单上记载的保险公司分公司的电话,对保险过户事宜进行咨询后在最短的时间内完成保险过户。

四、4S 店二手车置换话术

二手车置换业务的成功运营能够成为 4S 店一个重要的盈利增长点，不但能提升销量还能提升客户满意度。下面是关于 4S 店开展二手车置换业务的话术。

（一）需求探寻

（1）销售顾问在接触客户时，如何第一时间了解到客户是否有置换意向？

答：新车销售顾问在第一时间接待过程中，通常会询问客户希望购买的车辆的情况，而没有问到客户目前拥有车辆的情况，所以要了解客户是否有置换意向，应该从以下方面来开展：

① 首先询问"您现在开什么车？"如果没有，可以直接介绍新车；如果有，则继续询问。

② 假如是可以置换的车，可以说："您的车正好是属于我们置换车的范围，公司对置换有特别优惠，所以我们的收购价格可以高于市场的价格，您如果现在置换是非常划算的。"

（2）当销售顾问发现客户没有置换意识时，如何向客户灌输置换的理念？

① 首先寻找话题，引起兴趣。比如："您知道最新用车的习惯吗？很多人一部车不再用好多年了，而是两三年就换新车啦，知道为什么吗？"

② 当客户好奇时，就开始导入理念。经济划算："汽车在使用两到三年后，车辆基本过了质保期，汽车的发动机传动带、轮胎、制动盘等都需要更换，这需要一大笔费用，另外油耗也会增加，继续使用成本会加大，因此很多人有了换车的念头，从经济上来讲，这个时候换车是比较划算的。"时尚流行："现代人消费的观念已经和以前完全不同了，新车型不断推出，人的审美观也在不断改变，开过两三年的车，车款已经过时了，不符合当下流行时尚，因此很多人也会选择换车，来跟上流行的脚步。"

（3）新车销售顾问应该如何探寻客户对其旧车价格的心理预期？

当客户明确表示想要置换时，新车销售顾问应该询问客户心理预期，比如：

①"您有在外面问过价格吗？"

②"您车子打算卖多少钱？"

（4）如果客户不愿意说出其旧车价格的心理预期，有什么方式可以测试到客户的反应？

我们可以通过以下问话的方式来测试客户的真实反应，这样，我们就可以探询到客户的价格心理预期：

①"上次我们评估师收了一台车，和您的车差不多，好像车况还好一些，大概是 5 万块……"

②"价格目前不太清楚，但是，我听说我们二手车卖场昨天刚卖了一部和您车差不多的，

里程数好像还低一点,大概卖了5万2……"

(5) 在置换客户来电接待中,如何有技巧地留取客户的联系方式?

在置换客户来电接待中,很多客户并不愿意留下联系方式,面对这种情况,我们可以采取一些技巧性的方式,留取客户信息,比如:

① "对不起,评估师外出看车了,您能不能留个电话,等他回来后马上给您回电?"

② "我们正好有一个客户想买您这样的车,我联系一下,看可不可以给您一个比较高的价格,您看我怎么和您联系呢?"

③ "我们电话有点小问题,您可不可以把电话给我,我马上给您回过去?"

④ "您好,我们最近正好有个活动,您可以留个电话,我们到时候好通知您。"

⑤ "您可不可以告诉我您的车牌号,我查询一下您车辆的违章记录?"

(二)降低客户心理预期

(1) 新车销售顾问在引荐评估师前,应该如何先期降低客户心理预期?

在引荐评估师前,适当降低客户心理预期,可以提高成交的胜算,我们可以通过以下几种方式,来降低客户心理预期:

① 解释新车重置价格:"您新车买的时候,价格还蛮高的,可是现在,新车降价比较厉害,所以现在您这款车价格已经便宜很多了,这还不包括让利,去掉让利后,价格就非常便宜了……"

② 车市淡旺季,时不我待:"您要是上个月来,价格也许能高一点,因为这个月是淡季,所以呢,价格可能低一些了,不过您放心,我会尽量给您争取高一些的。"

③ 我们就是最高价:"我们二手车业务本来就不是以营利为目的的,主要是促进新车销售,所以我们报的价格通常是高于市场价的,上次,我们有个客户也是不相信,后来跑去市场问,结果黄牛报的价格比我们还低两千。"

(2) 当客户心理预期大大高于实际价格时,新车销售顾问应该如何应对?

面对这种情况的时候,我们可以选择以退为进的方式来应对,比如:

① 建议客户暂时不要卖:"如果真是这个价格,我就建议您暂时不要卖,因为外面没有人可以出到这个价格的,对您来说不划算……"

② 了解真实意图:"您怎么会想要卖那么高呢?""您这个价格是依据什么来的呢?"

③ 再根据客户真实的想法来提出解决方法:"外面黄牛一般是高报低收……""网络的价格一般不是真实卖价,因为手续费和车况都没有说定,是虚的。""一车一况,一车一价,别人的车和您的车未必一样,所以也没有太大的可比性。"

④ 转移话题,继续跟进:"评估师和我关系不错的,要不我和他说说,看尽量给您评高点,

您看可以吧?"

（3）4S店二手车和市场黄牛相比，有何优势?

① 安心交易:"在我们这里做置换，过户完成后，都可以收到二手车的过户的各项单据，保证您在过户过程中，安心放心!"

② 一站服务:"在我们这里置换车辆，您不用自己跑市场、谈价格、办手续，这中间的所有麻烦和风险都由我们承担，而且在没有提到新车前，您还可以免费使用二手车，完全做到一条龙服务。"

③ 安全评估:"在车辆评估时，我们使用的是专用的33项评估表，对您的爱车进行系统的检测和评估，而且我们的评估师都受过厂家的培训，并获得国家评估师资格，在为您的爱车评估的同时，还会以检测的标准来为您的车提供养护建议，给您额外的增值服务。"

（4）客户在二手车交易过程有哪些保障?

① 第一重来自经销商:"您要是信不过我，也无所谓，我们公司开业已经好多年了，在这里也有一定的名气，这么大的店，跑得了和尚跑不了庙……"

② 第二重来自主机厂品牌:"就算您信不过我们公司，我们上面还有厂家，我们二手车业务是厂家认可的，专业度没的说，如果真有问题，他们也不可能不管的"。

（5）在二手车评估中，我们的评估价格通常是如何得来的?

评估的价格除了参考市场价格之外，还有一套标准的计算公式，我们的计算公式是国际通用的标准。主要的计算方法是:

① 新车重置价格＝（新车价－让利）。

② 折旧价＝新车重置价格×年份折旧。

③ 二手车收购价格＝折旧价－整备费用。

通过这样公式的计算，再参考市场价格，做一些微调，就得出最终收购的价格。

（三）引荐评估师

新车销售顾问在引荐评估师前，应该如何做前期铺垫?

主要从两个方面体现，一是专业，二是特权。

① 体现专业:"这位就是我们经销商的高级评估师李师傅，除了获得国家评估师资格外，还受过厂家的培训，再加上5年的专业评估经验，在二手车行业里绝对是专家，他会对您的车做一个公正透明的评估的。"

② 体现特权:"×总是我很好的朋友，要置换我们新车，他车子保养不错的，一会评估的时候，你可要多帮忙，价格能高一点就高一点，要把他谈跑我可和你没完哦。"

 **任务实施**

1. 分配任务

　　将学生以 4～5 人为一组作为一个团队,分为若干团队,每个团队独立成为一家旧车经纪公司。团队商议讨论进行角色分配,可设置客户、总经理、旧车收购人、旧车营销人员、置换人员、拍卖人员等。

2. 任务实施步骤

　　(1) 准备就绪后,请根据各角色任务进行实训,演练二手车置换过程。

　　(2) 完成工单填写。

　　(3) 自评与互评。

　　(4) 任务结束后,需要对车辆及相应工位进行 6S 管理。

3. 任务工单

　　具体任务工单如表 5-5 所示。

表 5-5　任务工单

任务名称					
姓名		班级		学号	
任务地点		任务时间		日期	
设备及工具					
任务情境					
车主张先生原本有一辆旧车,现想要购买一辆新车,准备将旧车进行置换。请根据二手车置换流程分组模拟二手车置换过程。					
车辆基本信息					
旧车名称:一汽捷达;　　　　　　　　　型号:167GOD; 生产厂家:长春一汽;　　　　　　　　发动机型号:ARC01XXX; 燃油种类:汽油;　　　　　　　　　　排量:1.6L; 牌照号:浙DXXXXX;　　　　　　　　初次登记日期:2014 年 5 月; 累计行驶里程:8 万 km;　　　　　　　购买价格:9 万元。 经评估师对车况进行鉴定,其中离合器有打滑现象,变速器挂挡有异响;转向系统低速有摆振现象,转向不灵敏。					

任务拓展

一、判断题

1. 交易后的二手车,必须先办理过户手续后,方可办理机动车登记证书。　　　　（　　）

2. 如果两个人之间私下达成二手车买卖,则没必要开具二手车交易发票。　　　　（　　）

3. 任何二手车交易评估都完全采用自愿原则。　　　　　　　　　　　　　　　　（　　）

4. 二手车经纪机构能够直接给买方开具二手车销售统一发票。　　　　　　　　　（　　）

5. 如果机动车维修时更换了发动机,则必须申请变更登记。　　　　　　　　　　（　　）

二、选择题

1. （　　）不是二手车交易必须具备的条件。

　　A. 车辆种类符合国家或者本地规定的安全技术性能要求,经公安交通部门检测合格

　　B. 二手车卖方应当拥有车辆的所有权或者处置权

　　C. 卖方具有合法、完整的车辆法定证明、凭证

　　D. 本单位或者上级单位出具的资产处理证明

2. 现机动车所有人于住所迁出或者机动车所有权转移之日起（　　）日内,向机动车管辖

　　地车辆管理所申请办理转出登记手续。

　　A. 10　　　　　　　B. 20　　　　　　　C. 30　　　　　　　D. 60

3. （　　）不是承担违约责任的方式。

　　A. 继续履行　　　　B. 保证金　　　　　C. 违约金　　　　　D. 赔偿金

4. （　　）不是二手车交易合同纠纷的处理方式。

　　A. 诉讼　　　　　　B. 仲裁　　　　　　C. 协商解决　　　　D. 强行管制

5. 买主最难获得的二手车信息是（　　）。

　　A. 价格　　　　　　B. 品牌　　　　　　C. 性能　　　　　　D. 服务

三、简答题

1. 简述二手车置换的概念。

2. 简述二手车的置换流程。

项目小结

本项目主要对二手车收购定价认知、二手车销售定价认知、二手车置换认知三个任务进行了学习。

二手车收购定价认知任务主要学习了二手车收购的基本流程、影响二手车收购的因素分析以及二手车收购的方法及注意事项。

二手车销售定价认知任务主要学习了二手车销售的流程、影响二手车销售定价的因素分析及二手车销售定价的方法。

二手车置换认知任务主要学习了二手车置换的概念及二手车置换的流程。

参考文献

［1］李书江,陈连成,张继鹏.二手车鉴定评估与贸易[M].沈阳:东北大学出版社.2013.

［2］王忠良.二手车鉴定评估及贸易[M].天津:天津科学技术出版社,2012.

［3］李亚莉,郝萍.二手车鉴定评估[M].上海:复旦大学出版社.2011.

［4］姜正根.二手车鉴定评估与交易[M].北京:中国劳动社会保障出版社.2011.

［5］陈永革,陈诚.二手车贸易(第2版)[M].北京:机械工业出版社.2017.

［6］明光星,厉承玉.二手车鉴定评估实用教程[M].北京:机械工业出版社.2011.